Auswirkungen des European Media Freedom Act (EMFA) auf die deutsche Medienregulierung

Schriften zum Medien-, Urheber- und Wirtschaftsrecht

Herausgegeben von Prof. Dr. Georgios Gounalakis

Band 33

PETER LANG

Berlin - Bruxelles - Chennai - Lausanne - New York- Oxford

Andreas Fischer

Auswirkungen des European Media Freedom Act (EMFA) auf die deutsche Medienregulierung

PETER LANG
Berlin - Bruxelles - Chennai - Lausanne - New York- Oxford

Bibliografische Information der Deutschen Nationalbibliothek
Die Deutsche Nationalbibliothek verzeichnet diese Publikation in der Deutschen Nationalbibliografie; detaillierte bibliografische Daten sind im Internet über http://dnb.d-nb.de abrufbar.

Zugl.: Marburg, Univ., Diss., 2024

D 4
ISSN 1867-1012
ISBN 978-3-631-92421-1 (Print)
E-ISBN 978-3-631-92422-8 (E-Book)
E-ISBN 978-3-631-92423-5 (E-PUB)
DOI 10.3726/b22178

Verlegt durch:
Peter Lang GmbH, Berlin, Deutschland

info@peterlang.com www.peterlang.com

Diese Publikation wurde begutachtet.

Meiner Frau und meinen Töchtern

Vorwort

Die ursprüngliche Fassung dieser Arbeit wurde im April 2024 vom Fachbereich Rechtswissenschaften der Philipps-Universität Marburg als Dissertation angenommen. Für die Veröffentlichung im Peter Lang Verlag wurde die Untersuchung vom Verfasser an den finalen Verordnungstext des EMFA angepasst und punktuell erweitert.

Ich möchte meinem Doktorvater Herrn Professor Dr. Georgios Gounalakis für die Betreuung meiner Arbeit und seine stets schnellen Reaktionen auf gelegentliche Nachfragen eines älteren Semesters danken. Ein besonderer Dank gilt auch Herrn Professor Dr. Michael Kling für die zeitnahe Erstellung des Zweitgutachtens.

Hannover, im Juni 2024 Andreas Fischer

Inhaltsverzeichnis

Abkürzungsverzeichnis

AEUV	Vertrag über die Arbeitsweise der Europäischen Union
AfP	Zeitschrift für das gesamte Medienrecht
APR	Arbeitsgemeinschaft Privater Rundfunk
ARD	Arbeitsgemeinschaft der öffentlich-rechtlichen Rundfunkanstalten der Bundesrepublik Deutschland
AStV	Ausschuss der Ständigen Vertreter der Regierungen der Mitgliedstaaten der Europäischen Union
AT	Österreich
AVMD-RL	Richtlinie über audiovisuelle Mediendienste
AVMWP	Ratsgruppe „Audiovisueller Sektor und Medien“
BayVBl.	Bayerische Verwaltungsblätter
BDZV	Bundesverband Digitalpublisher und Zeitungsverleger
BE	Belgien
BG	Bulgarien
BKartA	Bundeskartellamt
BKM	Beauftragte der Bundesregierung für Kultur und Medien
BKR	Zeitschrift für Bank- und Kapitalmarktrecht
BLM	Bayerische Landeszentrale für neue Medien
BMWT	Bundesministerium für Wirtschaft und Technologie
BNetzA	Bundesnetzagentur
BVerfG	Bundesverfassungsgericht
CLS	Juristischer Dienst des Rates
CMPF	Centre for Media Pluralism and Media Freedom
CULT	Ausschuss für Kultur und Bildung
CY	Zypern
CZ	Tschechien
DE	Deutschland
DK	Dänemark
DLM	Direktorenkonferenz der Landesmedienanstalten
DÖV	Die Öffentliche Verwaltung
DSGVO	Datenschutzgrundverordnung
DVBl	Deutsches Verwaltungsblatt
EE	Estland

EMFA	Verordnung (EU) 2024/1083 des Europäischen Parlaments und des Rates vom 11.04.2024 zur Schaffung eines gemeinsamen Rahmens für Mediendienste im Binnenmarkt und zur Änderung der Richtlinie 2010/13/EU (Europäisches Medienfreiheitsgesetz)
EMFA-E	Vorschlag der Europäischen Kommission vom 16.09.2022 für eine Verordnung des Europäischen Parlaments und des Rates zur Schaffung eines gemeinsamen Rahmens für Mediendienste im Binnenmarkt (Europäisches Medienfreiheitsgesetz) und zur Änderung der Richtlinie 2010/13/EU
EMR	Institut für Europäisches Medienrecht
EPD	Evangelischer Pressedienst
ERGA	Gruppe europäischer Regulierungsstellen für audiovisuelle Mediendienste
ErwG	Erwägungsgrund
ES	Spanien
EU	Europäische Union
EuR	Europarecht
EUV	Vertrag über die Europäische Union
EUZBLG	Gesetz über die Zusammenarbeit von Bund und Ländern in Angelegenheiten der Europäischen Union
EuZW	Europäische Zeitschrift für Wirtschaftsrecht
EVP	Europäische Volkspartei
FAZ	Frankfurter Allgemeine Zeitung
FI	Finnland
FKVO	Fusionskontrollverordnung
FR	Frankreich
GO	Geschäftsordnung
GR	Griechenland
GRCh	Charta der Grundrechte der Europäischen Union
Grüne/EFA	Grüne/Freie Europäische Allianz
GVK	Gremienvorsitzendenkonferenz
HDSIG	Hessisches Datenschutz- und Informationsfreiheitsgesetz
HessAGVwGO	Hessisches Gesetz zur Ausführung der Verwaltungsgerichtsordnung
HPMG	Hessisches Gesetz über privaten Rundfunk und neue Medien
HPresseG	Hessisches Gesetz über Freiheit und Recht der Presse

HR	Hessischer Rundfunk, Kroatien
HR-Gesetz	Gesetz über den Hessischen Rundfunk
HU	Ungarn
HVwVfG	Hessisches Verwaltungsverfahrensgesetz
IE	Irland
IMCO	Ausschuss für Binnenmarkt und Verbraucherschutz
IT	Italien
JA	Juristische Arbeitsblätter
JMStV	Jugendmedienschutz-Staatsvertrag
JuS	Juristische Schulung
JZ	JuristenZeitung
KEF	Kommission zur Überprüfung und Ermittlung des Finanzbedarfs der Rundfunkanstalten
KEK	Kommission zur Ermittlung der Konzentration im Medienbereich
KJM	Kommission für Jugendmedienschutz
KNA	Katholische Nachrichten-Agentur
KNA/MK	Katholische Nachrichten-Agentur/Medienkorrespondenz
Kommission	Europäische Kommission
KriPoZ	Kriminalpolitische Zeitschrift
LIBE	Ausschuss für bürgerliche Freiheiten, Justiz und Inneres
LT	Litauen
LU	Luxemburg
MMR	Zeitschrift für IT-Recht und Recht der Digitalisierung
MoU	Memorandum of Understanding
MStV	Medienstaatsvertrag
MT	Malta
MVFP	Medienverband der freien Presse
MW	MedienWirtschaft
NGO	Non-Governmental Organization
NJW	Neue Juristische Wochenschrift
NRW	Nordrhein-Westfalen
NVwZ	Neue Zeitschrift für Verwaltungsrecht
Parlament	Europäisches Parlament
PL	Polen
Rat	Rat der Europäischen Union
Renew Europe	Centrist political group in the European Parliament
RFinStV	Rundfunkfinanzierungsstaatsvertrag
RO	Rumänien

RP	Rheinland-Pfalz
RStV	Rundfunkstaatsvertrag
S&D	Socialists & Democrats
SI	Slowenien
SK	Slowakei
SLAPP	Strategic lawsuit against public participation
SMG	Saarländisches Mediengesetz
StGB	Strafgesetzbuch
StPO	Strafprozeßordnung
TMG	Telemediengesetz
UAbs.	Unterabsatz
Union	Europäische Union
VAUNET	Verband Privater Medien
VG	Verwaltungsgericht
VPRT	Verband Privater Rundfunk und Telemedien
VwGO	Verwaltungsgerichtsordnung
VwVfG	Verwaltungsverfahrensgesetz
WVRK	Wiener Vertragsrechtskonvention
ZAK	Kommission für Zulassung und Aufsicht
ZD	Zeitschrift für Datenschutz
ZD-Aktuell	Newsdienst der Zeitschrift für Datenschutz
ZDF	Zweites Deutsches Fernsehen
ZDF-StV	ZDF-Staatsvertrag
ZRP	Zeitschrift für Rechtspolitik
ZUM	Zeitschrift für Urheber- und Medienrecht
ZUM-RD	ZUM-Rechtsprechungsdienst

Einleitung

Die Europäische Kommission hatte am 16.09.2022 den Verordnungsvorschlag für einen „European Media Freedom Act“ (EMFA-E) angenommen und veröffentlicht. Nach einem für die Union kurzen Gesetzgebungsverfahren wurde bereits beim dritten politischen Trilog am 15.12.2023 eine vorläufige Einigung über das „Europäische Medienfreiheitsgesetz“ erzielt. Schließlich wurde der EMFA im März 2024 vom Europäischen Parlament und anschließend vom Rat der Europäischen Union endgültig angenommen.

Die medienrechtlich innovative EU-Verordnung enthält erstmals gemeinsame Vorkehrungen zum Schutz von Medienfreiheit, Medienpluralismus und redaktioneller Unabhängigkeit in der Europäischen Union. Hintergrund der Gesetzgebung ist der besorgniserregende Zustand der Medienfreiheit und -vielfalt in bestimmten Mitgliedstaaten wie Ungarn, Polen, Bulgarien und Griechenland. Die Kommission betont in diesem Kontext aber zu Recht, dass kein Mitgliedstaat gegen Gefahren für die Freiheit und Pluralität der Medien immun ist.

Diese Untersuchung verfolgt entsprechend der Themenstellung das Ziel, Auswirkungen des EMFA auf die deutsche Medienregulierung darzustellen. Da Unionsrecht entgegenstehendes mitgliedstaatliches Recht in der Anwendung zurückdrängt, kann sich der EMFA zum einen dahingehend auswirken, dass insbesondere Vorschriften des deutschen Medienrechts vollständig oder partiell unanwendbar werden. Zum anderen hat der EMFA in Teilen den Charakter einer Richtlinie und muss daher im nationalen Recht umgesetzt, konkretisiert und ausgestaltet werden. Weitere Auswirkungen können auf der faktischen Ebene entstehen und etwa die Relevanz zentraler Organe der Landesmedienanstalten betreffen.

Grundlage der im November 2023 als Dissertation abgegebenen Version dieser Untersuchung war – wie nicht anders möglich – allein der EMFA-E in der später korrigierten deutschen Sprachfassung. Nachdem Parlament und Rat den EMFA im März 2024 endgültig angenommen hatten, wurde die Arbeit vom Verfasser für die Veröffentlichung im Peter Lang Verlag an den finalen Gesetzestext angepasst und punktuell erweitert. Die Untersuchung basiert nun nicht mehr auf einer lediglich theoretischen Annahme, sondern nimmt die realen Auswirkungen des bereits in Kraft getretenen EMFA in den Blick.

Angesichts des weiten Spektrums heterogener Regelungsbereiche kann diese Arbeit eine lückenlose Analyse sämtlicher Vorschriften des EMFA nicht leisten.

Der Autor als ehemaliger Praktiker der Medienaufsicht hat insbesondere die Regelungen untersucht, die sich erheblich auf die Tätigkeit der Landesmedienanstalten und ihre bundesweiten Organe auswirken können. Anders als in der ursprünglichen Dissertation hat sich der Verfasser nunmehr dafür entschieden, den im Trilog besonders umstrittenen Art. 17 (jetzt 18) EMFA mit seinem neuartigen Schutzmechnismus für Inhalte bereits regulierter Mediendienste auf sog. VLOPs darzustellen und kursorisch zu bewerten.

Der Verfasser musste in seiner ursprünglichen Arbeit noch häufig im Konjunktiv formulieren, um mehreren Ungewissheiten gerecht zu werden. Insbesondere zu Beginn der Untersuchung war – auch wegen der Haltung der Länder – völlig offen, ob der EMFA-E als Verordnung in toto am Rat der Europäischen Union scheitern könnte. Trotz punktueller Schnittmengen zwischen den Standpunkten beider Unionsgesetzgeber war der finale Text des EMFA zum Zeitpunkt der Abgabe der Dissertation noch weitgehend offen. Soweit die in Teilen richtlinienähnliche Verordnung nunmehr in nationale Rechtsvorschriften umgesetzt werden muss, erschwert auch der grundsätzlich weite Gestaltungsspielraum des Gesetzgebers eine zuverlässige Prognose.

In dieser Arbeit hat der Verfasser mitunter über potenzielle Reaktionen des deutschen Gesetzgebers und über Taktik und diskrete Pläne der Europäischen Kommission spekuliert. Diese – hoffentlich realistischen – Mutmaßungen lassen sich naturgemäß nicht mit Quellen belegen, sondern beruhen allein auf beruflichen Erfahrungen des Autors.

Die Arbeit wurde nach Veröffentlichung des EMFA-E im September 2022 begonnen und inhaltlich (zunächst) abgeschlossen, nachdem das Europäische Parlament am 3. Oktober 2023 in Straßburg seinen Standpunkt mit großer Mehrheit beschlossen hatte. Die vom Verfasser zum Zwecke der Veröffentlichung vorgenommene Anpassung seiner Dissertation an den finalen Verordnungstext erfolgte in den Monaten April bis Juni 2024.

Das Europäische Medienfreiheitsgesetz wurde am 17.04.2024 im Amtsblatt der EU veröffentlicht und ist 20 Tage danach am 07.05.2024 in Kraft getreten. Seine einzelnen Vorschriften werden 6 bis 36 Monate nach dem Tag des Inkrafttretens der Verordnung Geltung erlangen und vom jeweiligen Datum an von nationalen Gerichten und Verwaltungsbehörden vorrangig anzuwenden sein.

Der EMFA wird sich im Einzelfall auf die Anwendbarkeit bestimmter Bundes- oder Landesgesetze auswirken. Bund und Länder als Gesetzgeber sollten der Praxis die mitunter komplexe Entscheidung über Anwendung oder Nichtanwendung nationaler Normen nicht einfach überlassen. Der Verfasser plädiert hier für eine proaktive Gesetzgebung, um die Einheitlichkeit der Rechtsanwendung innerhalb Deutschlands sicherzustellen. Perspektivisch dürfte der Bund hier die Nase vorn haben, da die Länder als Mediengesetzgeber nur im Konsens handlungsfähig sind und daher in der Regel Zeit brauchen. Den seit Jahren zögerlich verlaufenden Reformprozess beim Medienkonzentrationsrecht werden sie nun aber auf der inhaltlichen Grundlage des EMFA einvernehmlich abschließen müssen.

Der EMFA und seine Auswirkungen werden im Mitgliedstaat Deutschland den medienpolitischen und medienrechtlichen Diskurs wohl für längere Zeit dominieren. Der Verfasser begleitet diese Diskussion von der Seitenlinie und hofft, dass die Länder trotz ihrer meist kritischen Haltung zum EMFA-E die nun anstehende nationale Gesetzgebung zur Durchführung der Verordnung (EU) 2024/1083 unverzüglich und vor allem ohne Groll angehen werden. Rheinland-Pfalz als Vorsitzland der Rundfunkkommission kommt hierbei eine Schlüsselrolle zu. Dabei sollten die Länder insbesondere der Versuchung widerstehen, die unumgängliche Novellierung des MStV erst ab Geltung der Vorschriften des EMFA in die Wege zu leiten.

Kapitel 1: Hintergrund, Vorbereitung und Annahme durch die Europäische Kommission

1.1 Hintergrund des EMFA

Hintergrund der Kommissionsinitiative für ein „Europäisches Medienfreiheitsgesetz" waren besorgniserregende Vorgänge im Mediensektor bestimmter Mitgliedstaaten der EU. Seit dem Jahr 2020 werden im Rahmen von Berichten der Kommission zur „Lage der Rechtsstaatlichkeit in der Europäischen Union" nationale Defizite hinsichtlich Medienfreiheit und Medienpluralismus dargestellt und bewertet.[1] Diese Berichte bilden das zentrale Element des europäischen Mechanismus zur Wahrung der Rechtsstaatlichkeit und werden in einem aufwändigen Verfahren unter Einbeziehung von Mitgliedstaaten, Interessenträgern und weiteren Quellen erstellt.[2]

Im Rahmen dieser Arbeit werden diejenigen Berichte zur Rechtsstaatlichkeit in der EU und deren Hauptquellen berücksichtigt, die vor Annahme des EMFA-E durch die Kommission am 16.09.2022 veröffentlicht wurden. Neuere Dokumente wie die weltweite Rangliste der Pressefreiheit 2023 oder der Bericht über die Rechtsstaatlichkeit 2023 bleiben unberücksichtigt, da sie sich nicht mehr auf den Vorschlag der Kommission und allenfalls mittelbar auf das anschließende Gesetzgebungsverfahren auswirken konnten.

Die im jährlichen Zyklus vorgelegten Berichte über die Rechtsstaatlichkeit in der Union behandeln vier Bereiche: Justizsysteme der Mitgliedstaaten, Wirksamkeit der nationalen Korruptionsbekämpfung, Medienfreiheit und Medienpluralismus sowie institutionelle Fragen im Zusammenhang mit der Gewaltenteilung. Im Rahmen dieser Untersuchung sind in erster Linie die konkreten Ergebnisse zu Medienfreiheit und Medienpluralismus von Interesse. In den bis 2022 vorliegenden Berichten werden jeweils der „Media Pluralism Monitor" als wichtige Quelle und die „Rangliste der Pressefreiheit" als weitere bzw. andere Quelle genannt.[3] Im Bericht 2022 wird zusätzlich die „Plattform

---

1 *Europäische Kommission,* Rechtsstaatlichkeit EU 2020; *Europäische Kommission,* Rechtsstaatlichkeit EU 2021; *Europäische Kommission,* Rechtsstaatlichkeit EU 2022.

2 Vgl. *Europäische Kommission,* Mechanismus zur Wahrung der Rechtsstaatlichkeit.

3 *Europäische Kommission,* Rechtsstaatlichkeit EU 2020, Fn. 60; *Europäische Kommission,* Rechtsstaatlichkeit EU 2021, Fn. 42; *Europäische Kommission,* Rechtsstaatlichkeit EU 2022, Fn. 70.

des Europarats für den Schutz des Journalismus und für die Förderung der Sicherheit von Journalisten"[4] als andere Quelle erwähnt.

In diesem Kapitel werden die von der Kommission hervorgehobenen Quellen „Media Pluralism Monitor" und „Rangliste der Pressefreiheit" entsprechend der Chronologie der veröffentlichten Dokumente dargestellt. Die Untersuchung beginnt daher mit Reporters without Borders (RSF), die mit der ersten weltweiten Rangliste der Pressefreiheit (Oktober 2002)[5] in die Mediengeschichte eingegangen sind. Mehr als eine Dekade später erschien im Jahr 2014 der erste Media Pluralism Monitor (MPM) des Centre for Media Pluralism and Media Freedom (CMPF) in Florenz.[6]

1.2 Reporters Without Borders (RSF)

Die Organisation wurde im Jahr 1985 unter dem Namen Reporters sans frontières (RSF) von vier Journalisten in Montpellier gegründet.[7] Nach eigenem Selbstverständnis steht RSF bei der Verteidigung und Förderung der Informationsfreiheit an vorderster Front.[8] Zehn Jahre nach Gründung wurde RSF in Frankreich als gemeinnützige Organisation anerkannt und erhielt Beraterstatus beim Europarat, beim Menschenrechtsrat der Vereinten Nationen sowie bei der UNESCO.

Im Jahr 1994 wurde Reporter ohne Grenzen e.V. als deutsche Sektion von RSF in Berlin gegründet.[9] Der Verein arbeitet eng mit dem internationalen Sekretariat am Hauptsitz in Paris zusammen.

Zum 25-jährigen Bestehen der deutschen Sektion veröffentlichte RSF eine Chronik mit kurzen Rückblicken auf weltweit rund 50 prominente Einzelfälle der Jahre 1994 bis 2019. Mehrere der erwähnten Vorgänge betreffen Deutschland und andere Mitgliedstaaten der EU:

> 2005 ROG kritisiert die **Durchsuchung der Redaktionsräume** der Zeitschrift *Cicero*. Bundesinnenminister Otto Schily hatte die Razzia angeordnet, die 2007 als verfassungswidrig eingestuft wird.

---

4 *Council of Europe*, Platform to promote the protection of journalism and safety of journalists.

5 *Reporters Without Borders*, RSF publishes the first worldwide press freedom index.

6 *European University Institute*, Testing and Implementation of the MPM 2014.

7 Vgl. *Reporters Without Borders*, Who are we?

8 [...] at the forefront of the defence and promotion of freedom of information.

9 Vgl. *Reporter ohne Grenzen*, Unsere Arbeit.

2010 Die Journalisten **Thomas Datt** und **Arndt Ginzel** werden wegen übler Nachrede zu einer Geldstrafe verurteilt. Sie hatten in der „**Sachensumpf-Affäre**" [sic] über mögliche Verbindungen hochrangiger Justizbeamter ins Leipziger Rotlichtmilieu berichtet. ROG kritisiert das Verfahren heftig, bis 2013 das Urteil aufgehoben wird.
2017 Auf **Malta** stirbt die Investigativjournalistin **Daphne Caruana Galicia** durch eine Autobombe. ROG setzt sich bis heute für eine lückenlose Aufklärung des Mordfalls ein und ruft zu Protestmails an Maltas Botschaft in Berlin auf.
2017 ROG gelingt es, dem **Bundesnachrichtendienst** Grenzen aufzuzeigen. Dieser darf keine Verbindungsdaten aus Telefongesprächen der Organisation in seinem Metadaten-Analysesystem »VerAS« speichern. Das Bundesverwaltungsgericht gibt damit unserer **Klage** statt.
2018 In der **Slowakei** werden der Journalist **Ján Kuciak** und seine Verlobte in ihrem Haus erschossen. ROG setzt sich für die Aufklärung des Falls ein und fordert, dass Hintermänner bestraft werden.[10]

Nach dem Berichtszeitraum dieser Chronik ereigneten sich im Jahr 2021 in der EU zwei weitere Morde an Journalisten. In Griechenland[11] und den Niederlanden wurden Journalisten im „Mafia-Stil"[12] niedergeschossen, die insbesondere über organisierte Kriminalität, Korruption und umstrittenen Polizeischutz recherchiert hatten.

Nach dem Mord in den Niederlanden appellierte Christian Mihr[13] an die Mitgliedstaaten der EU:

> ‚Der hinterhältige Anschlag auf Peter de Vries zeigt erneut, welch immense Gefahr für Journalistinnen und Journalisten inzwischen in Europa vom organisierten Verbrechen ausgeht. [...] Zugleich müssen alle Mitgliedstaaten der EU gewährleisten, dass Investigativjournalistinnen und Kriminalreporter ihre wichtige Arbeit machen können, ohne Angst um ihr Leben haben zu müssen.'[14]

RSF nutzt – wie andere Interessengruppen – unterschiedliche Vorgehensweisen, um auf Initiativen wie den EMFA-E nach Möglichkeit bereits im Vorfeld Einfluss zu nehmen. Neben der Herausgabe offizieller Berichte wie der nachfolgend dargestellten „Rangliste der Pressefreiheit" steht RSF auch im direkten persönlichen Kontakt zur Kommission. Nach einem Treffen in der Pariser

---

10 *Reporter ohne Grenzen,* Chronik seit 1994.
11 *Reporter ohne Grenzen,* Griechenland: Polizei muss Journalisten glaubhaft schützen.
12 *Reporters Without Borders,* The European Union caught between two extremes.
13 Geschäftsführer von Reporter ohne Grenzen e.V.
14 *Reporter ohne Grenzen,* Niederlande/Europa: Vierter Journalistenmord in der EU.

Zentrale von RSF im Februar 2022 ließ sich die für den EMFA mitverantwortliche Kommissarin Věra Jourová[15] folgendermaßen zitieren:

> ‚We are preparing the Media Freedom Act by consulting widely with the media industry and press freedom organisations. In this context, I had a dense and constructive discussion today at RSF headquarters with Christophe Deloire and his team.'[16]

1.2.1 Rangliste der Pressefreiheit 2022

Die jährlich herausgegebene weltweite „Rangliste der Pressefreiheit" ist eine wichtige Quelle der Berichte über die Lage der Rechtsstaatlichkeit in der EU. Die 20. Ausgabe dieser Rangliste erschien im Jahr 2022 nicht wie in den Vorjahren üblich im April, sondern bewusst am 3. Mai (Welttag der Pressefreiheit).

Deutschland hat sich 2022 um drei Plätze von Rang 13 auf Rang 16 leicht verschlechtert.[17] Aus Sicht von RSF gibt es für diese Entwicklung drei wesentliche Gründe: Journalistinnen und Journalisten sowie ihre Quellen würden durch die nationale Gesetzgebung gefährdet, die Medienvielfalt nehme ab und vor allem gebe es zunehmende Gewalt gegen Medienschaffende bei Demonstrationen.

Europa ist nach Einschätzung von RSF weiterhin im Vergleich die Weltregion mit den freiesten Arbeitsbedingungen für Journalistinnen und Journalisten.[18] Unter den Top Ten (von insgesamt 180 Ländern) der „Rangliste der Pressefreiheit 2022" befinden sich dementsprechend acht Mitgliedstaaten der EU (Norwegen, Dänemark, Schweden, Estland, Finnland, Irland, Portugal und Litauen).[19] In diesen Ländern ist die Lage „Gut" oder „Zufriedenstellend" (Litauen).

Ab Platz 49 der Rangliste (Tonga) beginnen die Länder, deren Lage mit „Erkennbare Probleme" beschrieben wird. Folgende Mitgliedstaaten der EU werden diesem problematischen Bereich zugeordnet: Slowenien (54), Rumänien (56), Italien (58), Zypern (65), Polen (66), Malta (78), Ungarn (85), Bulgarien (91) und Griechenland (108).[20]

---

15 Vizepräsidentin der Europäischen Kommission, Kommissarin für Werte und Transparenz.

16 *Reporters Without Borders*, RSF receives visit from Vera Jourova.

17 *Reporter ohne Grenzen*, Nahaufnahme Deutschland.

18 *Reporter ohne Grenzen*, Weltweite Entwicklungen im Überblick.

19 Vgl. *Reporter ohne Grenzen*, Rangliste der Pressefreiheit 2022.

20 Ab Rang 111 wird die Lage als „Schwierig" bewertet. Der finale Bereich „Sehr ernst" beginnt mit Rang 153 (Belarus). Schlusslicht ist Nordkorea (Rang 180).

Die Situation innerhalb der Union ist somit durch erhebliche Unterschiede gekennzeichnet. Auf der einen Seite die oben genannten acht Mitgliedstaaten, in denen die Lage der Pressefreiheit im weltweiten Vergleich vorbildlich ist. Auf der anderen Seite immerhin neun Mitgliedstaaten mit einer erkennbaren Problemlage hinsichtlich der Pressefreiheit. RSF betont in einer Pressemitteilung, dass die Europäische Union hier zwischen zwei Extremen gefangen ist.[21]

Auf Einzelergebnisse aller Mitgliedstaaten der EU kann im Rahmen dieser Untersuchung nicht eingegangen werden. Zur Verdeutlichung der Problematik hat sich der Verfasser entschieden, die Verhältnisse der fünf Mitgliedstaaten in den Blick zu nehmen, die in der Rangliste der Pressefreiheit 2022 am schlechtesten platziert sind. Dabei lehnt sich die Darstellung jeweils an Länderberichte an, die sowohl von der RSF-Zentrale als auch von der deutschen Sektion veröffentlicht werden. In diesen Berichten enthaltene Bewertungen werden im Indikativ wiedergegeben. Wörtliche Zitate sind kenntlich gemacht.

1.2.1.1 Polen (Rang 66)[22]

Die Regierung hat seit Ende des Jahres 2015 den öffentlich-rechtlichen Rundfunk zu einem „Sprachrohr ihrer Politik“ gemacht und in ein „Propagandainstrument“ verwandelt. Dagegen ist der private Markt mit einflussreichen unabhängigen Medien „ziemlich pluralistisch“ geblieben.

Im Jahr 2020 wurde der Verlag Polska Press mit 20 der landesweit 24 Regionalzeitungen von einem staatlich kontrollierten Mineralölkonzern übernommen. Unmittelbar anschließend wurden mehrere Chefredakteure entlassen oder innerhalb des Konzerns umgesetzt und durch regierungsnahe Journalisten ersetzt. Die Regierung will ausländische Investoren vom Medienmarkt zurückdrängen und bezeichnet dies als „Repolonisierung“ der Medien.

Kritische Medien stehen finanziell unter Druck und werden häufig mit sog. SLAPP-Klagen[23] überzogen. Davon ist insbesondere die größte unabhängige Zeitung „Gazeta Wyborcza“ betroffen. Politische Werbung kommt meist regierungsfreundlich berichtenden Medien zugute. Das Ausmaß der Gewalt gegen Medienschaffende hat abgenommen, nachdem im Jahr 2020 während des „Frauenstreiks“ ein Höhepunkt erreicht worden war.

---

21 *Reporters Without Borders,* The European Union caught between two extremes.

22 Vgl. *Reporters Without Borders,* Poland; Vgl. *Reporter ohne Grenzen,* Polen.

23 Strategic lawsuit against public participation (Strategische Klagen gegen öffentliche Beteiligung).

1.2.1.2 Malta (Rang 78)[24]

Allgemeine Defizite bei der Rechtsstaatlichkeit und insbesondere die nicht hinreichende Unabhängigkeit der Justiz belasten den Journalismus auf Malta. Die Regierung hatte zwei Jahre nach dem 2017 verübten Mord an Daphne Caruana Galizia besonders auf Druck des Europarates eine öffentliche Untersuchung der Todesumstände eingeleitet, die zu folgendem Ergebnis kam: "The state has to shoulder responsibility for the assassination (of Daphne Caruana Galizia), because it created an atmosphere of impunity".

Erst in den Jahren 2021 und 2022 wurden drei Täter dieses Mordanschlages zu 15 bzw. 40 Jahren Haft verurteilt.[25] Einer der Auftragskiller erhielt bereits wenige Monate nach seiner Verurteilung mit gerichtlicher Erlaubnis Ausgang zum Besuch einer Familienfeier.[26] Angehörige der ermordeten Journalistin sind von posthumen Verleumdungsklagen betroffen.

Der öffentlich-rechtliche Sender PBS steht unter starkem Einfluss der Regierungspartei. Die drei traditionellen Zeitungen Times of Malta, Malta Independent und Malta Today sind dagegen unabhängig.

Journalistinnen und Journalisten werden weiterhin ungestraft bedroht und können von den Strafverfolgungsbehörden wegen fehlender Ressourcen nicht wirksam geschützt werden.

1.2.1.3 Ungarn (Rang 85)[27]

RSF hält den ungarischen Ministerpräsidenten Viktor Orbán für ein „Raubtier der Pressefreiheit". Seit seiner Rückkehr an die Macht im Jahr 2010 hat er immer wieder den Pluralismus der Medien und deren Unabhängigkeit angegriffen. Viele private Medien wurden übernommen oder geschlossen und der öffentlich-rechtliche Rundfunk wurde in ein Propagandaorgan umgewandelt. Etwa 80 % der Medien des Landes stehen faktisch direkt oder über befreundete Oligarchen unter Kontrolle der regierenden Partei Fidesz.

Die KESMA Stiftung mit fast 500 nationalen und lokalen Medienunternehmen, deren Berichterstattung zentral koordiniert wird, dient der Regierung. In anderen Bereichen des nationalen Marktes halten jedoch unabhängige Medien wie RTL Klub TV, die Tageszeitung Népszava und die Website 24.hu eine

---

24 Vgl. *Reporters Without Borders*, Malta; Vgl. *Reporter ohne Grenzen*, Malta.
25 *Times of Malta* vom 23.02.2021; *Times of Malta* vom 14.10.2022.
26 *Times of Malta* vom 25.02.2023.
27 Vgl. *Reporters Without Borders*, Hungary; Vgl. *Reporter ohne Grenzen*, Ungarn.

starke Stellung. Im Jahr 2021 wurde dem letzten großen unabhängigen Hörfunkveranstalter Klubrádió unter einem Vorwand die Verbreitung über eine UKW-Frequenz entzogen. Physische Gewaltakte gegen Journalistinnen und Journalisten sowie ungerechtfertigte Verhöre durch die Strafverfolgungsbehörden sind selten. Allerdings steht Ungarn unter Verdacht, Journalisten mit der Pegasus-Software überwacht zu haben.

Im direkten Zusammenhang mit der jährlichen Länderrangliste der Pressefreiheit steht eine Personenliste mit "Press freedom predators", die RSF seit dem Jahr 2001 in unregelmäßigen Abständen veröffentlicht. Zuletzt erschien diese Liste mit insgesamt 37 Staats- und Regierungschefs im Jahr 2021 und enthielt mit Viktor Orbán erstmals einen Ministerpräsidenten eines Mitgliedstaates der EU. In der begleitenden Pressemitteilung kommentiert RSF diesen Neuzugang:

> The new entrants also include predators of a very different nature such as [...] and a European prime minister, Hungary's Viktor Orbán, the self-proclaimed champion of "illiberal democracy" who has steadily and effectively undermined media pluralism and independence since being returned to power in 2010.[28]

Die deutsche Sektion veröffentlichte Einzelporträts dieser 37 „Feindinnen und Feinde der Pressefreiheit 2021" mit Informationen über die jeweilige Methodik, die bevorzugten Ziele und die offizielle Linie. Der Passus zu Viktor Orbán lautet auszugsweise wie folgt:

> **BEVORZUGTE ZIELE: die letzten unabhängigen Medien** Nach der Schließung der Tageszeitung *Népszabadsag* und der Übernahme der Nachrichtenportale *Origo.hu* und *Index.hu* durch Oligarchen haben die Regierenden nunmehr den Fernsehsender RTL, die Tageszeitung *Népszava*, die Wochenzeitungen *HVG, Magyar Hang, Magyar Narancs* und das Onlineportal *24.hu* im Visier.
> **OFFIZIELLE LINIE: kriegerisch**
> *»Wir müssen Medien bekämpfen, (...) die durch ausländische Gruppen und inländische Oligarchen unterhalten werden.«* **(Rede bei einer Gedenkfeier zum 170. Jahrestag der Revolution von 1848)**[29]

Nach Veröffentlichung der Rangliste der Pressefreiheit 2022 am 03.05.2022 und vor der Annahme des EMFA-E durch die Kommission am 16.09.2022 war die aktuelle Situation der Pressefreiheit in Ungarn Gegenstand von fünf RSF-Pressemitteilungen. Thema war insbesondere die drohende[30] und Anfang

---

28 *Reporters Without Borders,* "Press freedom predators" gallery – old tyrants, two women and a European.

29 *Reporter ohne Grenzen,* Feindinnen und Feinde der Pressefreiheit 2021.

30 *Reporters Without Borders,* Viktor Orbán's regime continues to crush media pluralism in Hungary.

September 2022 vollzogene Abschaltung der Budapester UKW-Frequenz des unabhängigen Senders Tilos Rádió. Obwohl es sich nicht um eine Auswahlsituation gehandelt hatte, wurde der Verlängerungsantrag von Tilos Rádió vom Medienrat am 30.08.2022 als unzulässig abgelehnt. Begründet wurde diese Entscheidung damit, dass im Antragsformular eine Frage nach dem Jingle des Senders nicht beantwortet worden war. Tilos Rádió hatte seit seiner Gründung vor 31 Jahren keine Jingles mehr und ließ daher das entsprechende Feld im Formular leer.[31]

Nach der erneuten Wiederwahl von Viktor Orbán im April 2022 appellierte die deutsche RSF-Sektion an die europäischen Institutionen, „sich stärker für die Rettung des ungarischen Journalismus einzusetzen".[32]

1.2.1.4 Bulgarien (Rang 91)[33]

Die Medienfreiheit in einem vergleichsweise armen und von Korruption betroffenen Mitgliedstaat ist nicht ausreichend abgesichert. Das Justizsystem leidet unter Korruption, geringer Unabhängigkeit sowie schwacher Effizienz und ist deshalb kaum in der Lage, die Pressefreiheit wirksam zu schützen. Unabhängige Medien werden durch Verleumdungsklagen, Steuerverfahren oder sehr hohe Bußgelder unter Druck gesetzt. Drohungen und körperliche Angriffe betreffen insbesondere Journalistinnen und Journalisten, die über organisierte Kriminalität, Korruption oder die Veruntreuung von Fördermitteln der EU berichten. In diesen Fällen fehlt den Behörden oft die Bereitschaft, Nachforschungen anzustellen oder die Täter zu bestrafen.

Für staatliche Werbung werden sowohl Landes- als auch EU-Mittel eingesetzt und in absolut intransparenten Verfahren vergeben. Diese öffentlichen Mittel kommen bevorzugt Medien mit regierungsfreundlicher Berichterstattung zugute.

1.2.1.5 Griechenland (Rang 108)[34]

Nach einem Regierungswechsel im Jahr 2019 wurden der öffentlich-rechtliche Rundfunk ERT und die staatliche Nachrichtenagentur per Präsidialdekret direkt dem Ministerpräsidenten unterstellt. ERT musste daraufhin zensierte

---

31 *Reporters Without Borders,* RSF urges Hungarian regulator to avoid dealing new blow to media pluralism.

32 *Reporter ohne Grenzen,* Ungarn: Mitten in Europa schwindet die Pressefreiheit.

33 Vgl. *Reporters Without Borders,* Bulgaria; Vgl. *Reporter ohne Grenzen,* Bulgarien.

34 Vgl. *Reporters Without Borders,* Greece; Vgl. *Reporter ohne Grenzen,* Griechenland.

Berichte insbesondere über die Lage in den Flüchtlingslagern und über die Coronakrise ausstrahlen. Die Polizei greift auch zu Gewalt und willkürlichen Verboten, um Journalistinnen und Journalisten davon abzuhalten, über unerwünschte Themen zu berichten. Der Anschlag auf den erfahrenen Kriminalreporter Georgios Karaivaz im April 2021 war der erste Journalistenmord in Griechenland seit elf Jahren.

In der Gesamtbewertung begründet RSF den im Jahr 2022 deutlich verschlechterten Rangplatz[35] damit, dass die Pressefreiheit in Griechenland in den Jahren 2021 und 2022 schwere Rückschläge erlitten hat.

1.3 Media Pluralism Monitor (MPM)

Wie bereits erläutert, ist der Überwachungsmechanismus für Medienpluralismus eine wichtige Quelle der Rechtsstaatlichkeitsberichte der Kommission. Die Bedeutung des MPM – insbesondere für die Vorbereitung des EMFA-E – wird durch folgendes Zitat der mitverantwortlichen Kommissarin Věra Jourová unterstrichen:

> ‚The Media Pluralism Monitor plays an important role in our work at the European Commission. We need the thorough analysis of media experts and researchers to contribute to our annual Rule of Law Report.
> (…) The Media Pluralism Monitor and, more broadly, the work of the European University Institute will be very important to prepare the Media Freedom Act. I am looking forward to receiving your input.‘[36]

Der MPM wird seit dem Jahr 2013 vom „Centre for Media Pluralism and Media Freedom“ (CMPF) entwickelt und implementiert, um die Risiken für den Medienpluralismus und die Medienfreiheit in Mitgliedstaaten der EU sowie in Kandidatenländern zu bewerten.[37] Das CMPF wurde im Jahr 2011 mit einem Zuschuss der EU eingerichtet, um innovative Forschungslinien zu Medienfreiheit und Medienpluralismus zu entwickeln und mit diesem Wissen europäische Politik- und Normsetzungsprozesse zu unterstützen. Organisatorisch ist das CMPF ein Teilbereich des Robert Schuman Centre for Advanced Studies[38], dieses wiederum ist eine Abteilung des European University Institute[39] in Florenz.

---

35 Rangliste der Pressefreiheit 2021: Griechenland Rang 70.

36 *European University Institute,* CMPF, Factsheet.

37 *European University Institute,* Centre for Media Pluralism and Freedom.

38 *European University Institute,* Robert Schuman Centre for Advanced Studies.

39 *European University Institute,* Homepage.

Der MPM ist ein wissenschaftliches Instrument zur Bewertung potenzieller Schwachstellen in nationalen Mediensystemen, die sich negativ auf den Medienpluralismus auswirken können. Dieses Tool wurde in zwei von der EU kofinanzierten Pilotprojekten in den Jahren 2014 und 2015 getestet. Der erste Prototyp des MPM war bereits im Jahr 2009 unter anderem von der KU Leuven[40] entwickelt worden. Nach der Testphase wurde der MPM ab dem Jahr 2016 regulär und seit 2020 im jährlichen Zyklus umgesetzt.

Als „flagship project"[41] des CMPF basiert der MPM auf 20 Indikatoren mit insgesamt 200 Variablen. Er ist ein wissenschaftliches und ganzheitliches Instrument, das sich auf 4 Bereiche konzentriert: den grundlegenden Schutz, die Marktpluralität, die politische Unabhängigkeit und die soziale Inklusion.[42]

1.3.1 MPM 2022

Der MPM 2022 hat die Ergebnisse der vorangegangenen vier Studien im Wesentlichen bestätigt.[43] Als zusätzliches Element der Transparenz wurde vom CMPF mit dem Länderranking eine Neuheit eingeführt.[44] Die Risiken für den Medienpluralismus in einem Land werden durch einen Prozentwert ausgedrückt, der eine Gesamtnote für die vier analysierten Bereiche darstellt. Im roten Bereich (hohes Risiko) der Visualisierung dieses Rankings liegen insgesamt 10 Staaten (7 EU-Mitgliedstaaten und 3 Kandidatenländer).

Im Folgenden werden, wie bei der Rangliste der Pressefreiheit, besonders problematische Ergebnisse[45] der fünf am schlechtesten platzierten Mitgliedstaaten der EU erläutert. Die Darstellung lehnt sich dabei an den jeweiligen Länderberichten des MPM 2022 an. In diesen Berichten enthaltene Bewertungen werden im Indikativ wiedergegeben.

1.3.1.1 Griechenland (64 % Risiko)[46]

Im Jahr 2021 scheint sich die Situation des Medienpluralismus und der Pressefreiheit gegenüber dem Vorjahr verschlechtert zu haben. 11 von 20 untersuchten Indikatoren wurden mit „hohes Risiko" bewertet. Bedrohungen der physischen

40 Katholieke Universiteit Leuven (Katholische Universität Löwen).
41 *European University Institute,* Media Pluralism Monitor.
42 Vgl. *Europäische Kommission,* Rechtsstaatlichkeit EU 2022, S. 20.
43 Vgl. *European University Institute,* MPM 2022 Results.
44 Vgl. *European University Institute,* MPM 2022 General Ranking.
45 Insb. Bereiche und Indikatoren mit „hohem Risiko".
46 Vgl. *European University Institute,* Greece – MPM 2022.

und der Online-Sicherheit von Journalistinnen und Journalisten prägten das Jahr. Eine besorgniserregende Entwicklung ist die Änderung von Art. 191 des griechischen Strafgesetzbuches zur Einführung des neuen Straftatbestandes „Verbreitung von Falschnachrichten" mit einer Höchststrafe von fünf Jahren Haft. Aufgrund des nicht hinreichend bestimmten Tatbestandes könnte diese Strafnorm gegen Journalistinnen und Journalisten missbräuchlich eingesetzt werden, um sie für regierungskritische Berichterstattung zu bestrafen.

Die Situation des Journalistenberufes, seine Standards und sein Schutz haben sich im Vergleich zum Vorjahr verschlechtert. Willkürliche Entlassungen von Journalisten oder Gehaltskürzungen waren mit dafür verantwortlich, dass die Arbeitsbedingungen von Journalistinnen und Journalisten in Griechenland unbefriedigend geblieben sind.

Besonders besorgniserregend ist die Zunahme von Gewalttaten gegen Journalisten. Im April 2021 wurde der Kriminalreporter Giorgos Karaivaz an einem Vormittag vor seinem Haus in Athen erschossen. Mehrere Journalisten und Fotoreporter wurden willkürlich festgenommen und inhaftiert. Prominente Geschäftsleute überziehen Journalisten mit SLAPP-Klagen, um kritische Berichterstattung zu unterbinden.

Unabhängigkeit und Effektivität der Medienbehörde haben sich gegenüber dem Vorjahr verschlechtert. Dieser Risikoindikator liegt mit 63 % nur noch knapp unter dem kritischen Bereich. Begrenzte Ressourcen und zu wenig Personal haben die effektive Erfüllung der Überwachungspflichten der Behörde behindert.

Der Einfluss von Medieneigentümern und kommerziellen Interessen auf redaktionelle Inhalte wird mit einem hohen Risiko von 83 % bewertet. Verschiedene Studien weisen seit langem auf eine enge Beziehung zwischen Medieneigentümern und kommerziellen Akteuren hin. Medienhäuser waren wegen ihrer Berichterstattung von Boykotten und Druck betroffen. Nach einem Eigentümerwechsel werden Personalentscheidungen auf Ebene der Chefredaktion häufig von kommerziellen Interessen beeinflusst.

1.3.1.2 Slowenien (64 % Risiko)[47]

In den Bereichen „Marktpluralität" und „Politische Unabhängigkeit" wurden hohe Risiken für den Medienpluralismus festgestellt.

Der nationale Medienmarkt ist klein und die horizontale Konzentration im Allgemeinen hoch. Der slowenische Hörfunkmarkt wird bei unklaren

---

47 Vgl. *European University Institute*, Slovenia – MPM 2022.

Eigentümerstrukturen von einem Akteur dominiert. Derselbe Verlag beherrscht den ebenfalls hoch konzentrierten Zeitschriftenmarkt.

Der Einfluss kommerzieller Interessen und der Eigentümer auf redaktionelle Inhalte wird mit einem hohen Risikofaktor von 90 % bewertet. Im Falle eines Eigentümerwechsels oder einer Änderung der Redaktionslinie gibt es keine einschlägigen Vorkehrungen zur Wahrung der sozialen Sicherheit von Journalistinnen und Journalisten.

Der Indikator zur politischen Unabhängigkeit der Medien zeigt mit 90 % ein sehr hohes Risiko an. Gegen politisch motivierte Eingriffe in die Redaktionspolitik gibt es nach wie vor keine rechtliche Absicherung. Der slowenischen Presseagentur STA wurde von der Regierung die gesetzlich vorgesehene Finanzierung verweigert und der Direktor der STA wurde vom damaligen slowenischen Ministerpräsidenten im März 2021 öffentlich zum Rücktritt aufgefordert. Die für Werte und Transparenz zuständige EU-Kommissarin Věra Jourová kommentierte diese Vorgänge bei einer Plenardebatte des Europäischen Parlaments über Medienfreiheit in Slowenien folgendermaßen: ‚Constant attempts to undermine the STA are a cause for serious concern'.[48] Im September 2021 sah sich die Kommissarin schließlich veranlasst, den damaligen slowenischen Kulturminister schriftlich darauf hinzuweisen, dass die Regierung STA finanzieren muss.

Der Indikator „Unabhängigkeit der Aufsichtsgremien öffentlicher Medien" wurde mit 92 % Risiko bewertet, da die Mitglieder des Programmrates bei RTV Slovenia mehrheitlich von der Nationalversammlung, politischen Parteien und der Regierung bestimmt werden.

1.3.1.3 Bulgarien (66 % Risiko)[49]

In drei von vier Bereichen (Marktvielfalt, soziale Integration und politische Unabhängigkeit) wurden besonders hohe Risiken für den Medienpluralismus festgestellt. Im Vergleich zum Vorjahr geben die Ergebnisse des MPM 2022 keinen Hinweis auf eine substanzielle Verringerung der Risiken für den Medienpluralismus.

Der Indikator „Konzentration von Nachrichtenmedien" weist mit 96 % ein sehr hohes Risiko auf. Es gibt noch keine spezifischen Schwellenwerte, um ein hohes Maß an horizontaler oder medienübergreifender Eigentümerkonzentration bei Nachrichtenmedien zu verhindern. Im Wettbewerbsrecht gibt es

48 *European University Institute,* Slovenia – MPM 2022, S. 17.
49 Vgl. *European University Institute,* Bulgaria – MPM 2022.

allgemeine Regeln, die nicht für den Medienbereich spezifiziert sind. Das Fehlen grundlegender Daten erschwert die Bewertung der tatsächlichen Medienkonzentration. Zu den Werbeeinnahmen liegen unvollständige Informationen vor, die auf ein hohes Maß an Konzentration im Fernseh- und Zeitungssektor hinweisen.

Der Einfluss des Handels und der Eigentümer auf redaktionelle Inhalte ist ähnlich problematisch wie in früheren Jahren. In der Praxis wird dieser Einfluss systematisch und nicht selten für politische Zwecke eingesetzt.

Der Indikator „Politische Unabhängigkeit der Medien" liegt mit 63 % noch knapp im mittleren Risikobereich. Politische Kontrolle über die Medien ist in Bulgarien seit Jahren ein drängendes Problem. Trotz einer dynamischen politischen Entwicklung standen auch im Jahr 2021 gerade lokale und kleinere Medien unter politischem Einfluss. Dieses Risiko ist für den Fernseh- und Zeitungssektor weiterhin hoch.

Der Indikator „Staatliche Regulierung der Ressourcen und Unterstützung des Mediensektors" erreicht mit 97 % die höchstmögliche Risikobewertung. Eine faire und transparente Verteilung der Mittel für staatliche Werbung ist gesetzlich nicht abgesichert und findet in der Praxis nicht statt.

1.3.1.4 Ungarn (66 % Risiko)[50]

Die Situation von Medienpluralismus und Pressefreiheit hat sich seit dem Jahr 2010 kontinuierlich verschlechtert. Leichte Verbesserungen im Jahr 2021 sind nicht auf Reformen oder eine Trendumkehr zurückzuführen, sondern eine Folge der wirtschaftlichen Erholung nach Beendigung der Notmaßnahmen zur Bekämpfung der Covid-19-Pandemie.

Im Berichtszeitraum hat eine internationale journalistische Untersuchung nachgewiesen, dass ungarische Behörden die Pegasus Spyware eingesetzt haben, um sich in Telefone von Journalisten, Beamten, Politikern und Kritikern der Regierung zu hacken. Die betroffenen Journalisten hatten an Themen im Zusammenhang mit politischer Korruption gearbeitet. Diese Telefonüberwachung war vom Justizministerium offiziell genehmigt und wurde von den ungarischen Geheimdiensten durchgeführt. Nach Aufdeckung der Affäre verhinderte die Regierung mit ihrer Zweidrittelmehrheit im Parlament die Einberufung des nationalen Sicherheitsausschusses. Die Medienbehörde gab keine öffentliche Stellungnahme ab. Der Präsident der nationalen Datenschutzbehörde behauptete, dass die Verwendung der Spyware legal gewesen sei. Die

50 Vgl. *European University Institute*, Hungary – MPM 2022.

Akten der offiziellen Untersuchung sind bis zum Jahr 2050 als geheim klassifiziert.

Das Mediengesetz von 2010 garantiert formell die Unabhängigkeit der nationalen Medienbehörde NMHH. Bei einer Zweidrittelmehrheit der Regierungspartei im Parlament bietet das Ernennungsverfahren für die Mitglieder des Medienrates allerdings keine hinreichende rechtliche Garantie für deren Unabhängigkeit. Seit Gründung des Medienrates wurden dessen fünf Mitglieder ausnahmslos von der Fidesz Partei nominiert und mit ihrer Parlamentsmehrheit für eine jeweils neunjährige Amtszeit gewählt. Kandidaten der Oppositionsparteien hatten angesichts der von Fidesz konsequent genutzten Mehrheitsverhältnisse im Parlament keine Chance. Der Präsident der Medienbehörde ist zugleich Vorsitzender des Medienrates und wird auf Vorschlag des Ministerpräsidenten durch den ungarischen Präsidenten ernannt. Im Oktober 2021 trat die damalige Präsidentin der Medienbehörde ein Jahr vor Ablauf ihrer Amtszeit zurück, um dem Ministerpräsidenten eine Nachfolgeregelung in der zu Ende gehenden Legislaturperiode vor den Parlamentswahlen im April 2022 zu ermöglichen.

Obwohl das Mediengesetz grundsätzlich Ausgewogenheit verlangt, lässt der von Fidesz kontrollierte Medienrat einseitige und propagandistische Berichterstattung in allen öffentlich-rechtlichen Radio- und Fernsehprogrammen zu.

Der Vorsitzende des Medienrates hat gegenüber dem Führungspersonal der öffentlich-rechtlichen Medien uneingeschränkte Arbeitgeberrechte. Er ernennt unter anderem den Generaldirektor und die stellvertretenden Direktoren und legt deren Gehalt fest.

Im November 2020 wurde vom Medienrat die Budapester UKW-Frequenz des Hörfunkanbieters Klubrádió neu ausgeschrieben. Dieser Privatsender war schon seit mehreren Jahren Ungarns letztes unabhängiges Nachrichten- und Talkradio. Obwohl der Medienrat beide Mitbewerber aus dem Verfahren ausgeschlossen hatte, vergab er die Frequenz im März 2021 nicht erneut an Klubrádió, sondern ohne Neuausschreibung vorübergehend an den zuvor disqualifizierten Bewerber Spirit FM. Diese Entscheidung wurde damit begründet, dass die Bewerbung von Klubrádió in vielerlei Hinsicht unzureichend sei.[51]

Der Indikator „Konzentration bei Nachrichtenmedien“ hat sich gegenüber dem Vorjahr durch einen florierenden Online-Markt mit vielen Einzeleigentümern verbessert. Bei den klassischen Medien gibt es keine nennenswerten

51 Klubrádió setzt seinen Betrieb mit geringerer Reichweite als Webradio fort (https://www.klubradio.hu/adas?hanganyag_id=live).

Veränderungen und insbesondere bei den Regionalzeitungen und im Hörfunk ist die Konzentration hoch. In Ungarn könne neben der herkömmlichen Konzentration durch Fusionen auch von „politischer“ oder „ideologischer“ Konzentration gesprochen werden, wenn wirtschaftlich voneinander unabhängige Medien denselben politischen Interessen folgen und sie dieselben Narrative teilen. Nach einer Quelle des Länderberichts soll es in der Praxis oft vorkommen, dass Herausgebern oder Journalisten von Vertretern der Regierung Schlüsselbotschaften diktiert werden.[52]

Die große Mehrheit der Radioprogramme und Lokalzeitungen steht erkennbar unter dem Einfluss der Regierung. Der private Fernsehveranstalter RTL und einzelne landesweite Zeitungen und Zeitschriften berichten weiterhin unabhängig und kritisch. Bei ausschließlich digital verbreiteten Textmedien haben regierungskritische Anbieter wie Telex, hvg.hu, 444.hu oder 24.hu eine marktbeherrschende Stellung und einen erheblichen Leseranteil.

Eine im Länderbericht zitierte wissenschaftliche Untersuchung schätzt, dass bis zu einem Drittel der gesamten Werbeumsätze Ungarns direkt oder indirekt vom Staat als größtem Werbekunden kommt. Staatliche Werbung wird nicht gleichmäßig, sondern bevorzugt an regierungsfreundliche Medien verteilt. Der Anteil staatlicher Werbung am Gesamtumsatz regierungsfreundlicher Tageszeitungen wird auf durchschnittlich 75 % geschätzt. Für Wochenzeitungen liegt dieser Schätzwert bei 92 %, für Fernsehsender bei 95 % und für Radios bei 90 %. Staatliche Werbung wird häufig als Information von öffentlichem Interesse ausgegeben, um Propagandazwecke oder Wahlkampf für die Regierungspartei zu verschleiern.

1.3.1.5 Polen (67 % Risiko)[53]

Der Indikator „Konzentration bei Nachrichtenmedien“ lag mit 88 % unter den Indikatoren, die mit dem höchsten Risiko bewertet wurden. In Polen werden Fusionen bei Nachrichtenmedien ebenso wie andere Bereiche der Industrie ausschließlich durch das allgemeine Wettbewerbsrecht reguliert. Im Berichtszeitraum genehmigte die somit allein zuständige nationale Wettbewerbsbehörde UOKiK die Übernahme von Polska Press durch das staatseigene Unternehmen PKN Orlen, das seit diesem Zusammenschluss den Markt der Lokal- und Regionalzeitungen beherrscht. Unmittelbar nach Vollzug der Übernahme im Dezember 2020 wurden die meisten Chefredakteure entlassen oder innerhalb

52 *European University Institute*, Hungary – MPM 2022, S. 17.
53 Vgl. *European University Institute*, Poland – MPM 2022.

des Konzerns auf andere Positionen versetzt. Bei politisch sensiblen Themen müssen sich die lokalen und regionalen Redaktionen an Sprachregelungen halten, die vom neuen Eigentümer PKN Orlen vorgegeben werden. Für diesen ausgedehnten Einfluss auf redaktionelle Inhalte und das Agenda Setting wurde in Polen der Begriff „Medienorlenisierung" (orlenizacja mediów) geprägt.

Die Regierung propagiert das Ziel einer „Repolonisierung der Medien" und übt Druck auf ausländische Unternehmen aus, ihre Anteile an staatseigene Unternehmen oder der Regierung wohlgesonnene polnische Investoren zu verkaufen.

Staatseigene Unternehmen und die Regierung verteilen Werbemittel bevorzugt an Medienunternehmen, deren Berichterstattung der Regierung sympathisch ist. Nutznießer dieser asymmetrischen Vergabepolitik erzielen bis zu 42 % ihrer Gesamteinnahmen aus Werbeaufträgen, die direkt oder indirekt vom polnischen Staat kommen. Diese Prozentangabe beruht auf einer Schätzung, da zuverlässige Daten über die Werbeausgaben auf den Gesamtmarkt nicht öffentlich zugänglich sind. Der Länderbericht zitiert eine Quelle, der zufolge konkret benannte Medien mit kritischerer Berichterstattung keine staatlichen Werbemittel bekommen haben.

Die politische Kontrolle über wichtige Personalentscheidungen bei den öffentlich-rechtlichen Medien hat in den Jahren 2016 bis 2021 ein hohes Niveau erreicht. Insbesondere die Führung des öffentlich-rechtlichen Fernsehsenders TVP unterstützt eine zunehmend einseitige Berichterstattung zugunsten der Regierung. TVP[54] wie auch der öffentlich-rechtliche Hörfunk PR[55] erhalten seit dem Jahr 2016 stets ansteigende Zuweisungen aus dem Staatshaushalt als „Entschädigung für nicht eingezogene Rundfunkgebühren". Das Aufkommen aus der Rundfunkgebühr ist dagegen in diesem Zeitraum nahezu unverändert geblieben.

1.4 Berichte über die Lage der Rechtsstaatlichkeit in der EU

Der seit 2020 im jährlichen Rhythmus von der Kommission herausgegebene Bericht über die Rechtsstaatlichkeit ist das zentrale Element im „Europäischen Mechanismus zur Wahrung der Rechtsstaatlichkeit".[56] Nach dem Prinzip der Rechtsstaatlichkeit ist jeder gleichermaßen an Recht und Gesetz gebunden und unterliegt den Entscheidungen durch unabhängige und unparteiische Gerichte. Viele Mitgliedstaaten der EU haben hohe Standards in Bezug auf die

54 Umgerechnet ca. 371 Mio. € (2022).
55 Umgerechnet ca. 52 Mio. € (2022).
56 Vgl. *Europäische Kommission*, Rechtsstaatlichkeit Instrumentarium.

Rechtsstaatlichkeit. Zugleich sind in den letzten Jahren vermehrt Herausforderungen für die Rechtsstaatlichkeit aufgetreten, die sich nach Art und Schwere der konkreten Defizite im Vergleich der Mitgliedstaaten unterscheiden.

Die Berichte über die Rechtsstaatlichkeit beschreiben und bewerten sowohl positive als auch negative Entwicklungen in den Mitgliedstaaten in vier für die Rechtsstaatlichkeit besonders relevanten Bereichen:

- Unabhängigkeit, Qualität und Effizienz der **Justizsysteme**.
- Rahmen für die **Korruptionsbekämpfung**.
- Fragen im Zusammenhang mit der **Gewaltenteilung**.
- **Medienfreiheit und Medienpluralismus,** wobei der Schwerpunkt auf Kernbereichen wie der Unabhängigkeit der Medienregulierungsbehörden, der Transparenz der Eigentumsverhältnisse im Medienbereich, der Transparenz und Fairness bei der Zuweisung staatlicher Werbung, der Sicherheit von Journalistinnen und Journalisten und dem Zugang zu Informationen liegt. Im diesjährigen Bericht wird erstmals systematisch auf öffentlich-rechtliche Medien eingegangen. Ein freies und pluralistisches Medienumfeld ist von zentraler Bedeutung für die Rechtsstaatlichkeit, die demokratische Rechenschaftspflicht und die Bekämpfung von Korruption. Die Bedeutung freier und pluralistischer Medien hat in jüngster Zeit zu mehreren Initiativen auf EU-Ebene geführt.[57]

Die Methodik für die Erstellung der jährlichen Rechtsstaatlichkeitsberichte soll im Rahmen dieser Arbeit nicht im Einzelnen dargestellt werden. Der Bericht ist das Resultat einer intensiven Zusammenarbeit der Kommission mit den Mitgliedstaaten und stützt sich auf eine Vielzahl nationaler, internationaler und sonstiger Quellen. Hauptquellen des Berichts für den Themenbereich „Medienfreiheit und Medienpluralismus" sind im Wesentlichen folgende:[58]

- Beiträge der Mitgliedstaaten
- Beiträge anderer Interessenträger
- Länderbesuche
- Media Pluralism Monitor (MPM), Mapping Media Freedom[59], Reporters Without Borders (RSF)
- Relevante Aspekte der Umsetzung der AVMD-RL[60]

57 *Europäische Kommission,* Rechtsstaatlichkeit EU 2022, S. 2 f.

58 *European Commission,* Methodology for the Rule of Law Report.

59 *European Centre for Press and Media Freedom,* Mapping Media Freedom.

60 Richtlinie 2010/13/EU vom 10.03.2010, ABl. EU 2010 L 95, 1; Geändert durch Richtlinie (EU) 2018/1808 vom 14.11.2018, ABl. EU 2018 L 303, 69.

- ERGA
- Direkte Kontakte mit nationalen Behörden u.a.
- Berichte des Europarates, Plattform des Europarates für den Schutz des Journalismus und für die Förderung der Sicherheit von Journalisten[61], Europäische Audiovisuelle Informationsstelle[62]

1.4.1 Bericht 2022

Die folgende Darstellung lehnt sich an den am 13.07.2022 von der Kommission veröffentlichten „Bericht über die Rechtsstaatlichkeit 2022 – Die Lage der Rechtsstaatlichkeit in der Europäischen Union" an.[63]

Die Kommission will in Wahrnehmung ihrer Rolle beim Thema Rechtsstaatlichkeit notwendige Reformen vorantreiben, die Zusammenarbeit fördern und auf Mängel hinweisen. Mit der dritten Ausgabe des Berichts verstärkt die Kommission diese Bemühungen und veröffentlicht als Anhang erstmals konkrete Empfehlungen an die Mitgliedstaaten. Diese Empfehlungen sollen Mitgliedstaaten bei laufenden oder geplanten Reformvorhaben oder im Hinblick auf systematische Herausforderungen unterstützen. Eine weitere Neuerung betrifft die öffentlich-rechtlichen Medien, deren Situation und redaktionelle Unabhängigkeit erstmals methodisch behandelt wird. Wie schon in den beiden ersten Ausgaben des Berichts gibt es für jeden Mitgliedstaat ein Länderkapitel mit qualitativen Bewertungen, die von der Kommission in eigener Verantwortung getroffen werden. Der Schwerpunkt dieser Analysen liegt auf relevanten Entwicklungen oder erheblichen Herausforderungen, die bereits im vorhergehenden Bericht und somit wiederholt festgestellt wurden.

Die zusammenfassende Darstellung des Berichts im Rahmen dieser Arbeit konzentriert sich auf den hier besonders relevanten Themenbereich „2.3 Medienpluralismus und Medienfreiheit". Die Abfolge der Einzelthemen entspricht der Systematik der Zwischenüberschriften des Berichts.

1.4.1.1 Unabhängigkeit der Medienaufsicht

Die nationalen Medienaufsichtsbehörden müssen funktional und faktisch unabhängig sein, über hinreichende Ressourcen verfügen und ihre Kompetenzen

61 *Council of Europe,* Platform to promote the protection of journalism and safety of journalists.

62 *Europarat,* Europäische Audiovisuelle Informationsstelle.

63 Vgl. *Europäische Kommission,* Rechtsstaatlichkeit EU 2022.

unparteiisch und transparent ausüben, um ihrer wichtigen Rolle bei Wahrung des Medienpluralismus gerecht werden zu können. Die im Jahr 2018 novellierte AVMD-RL enthält dazu eine Reihe von Anforderungen, die von den Mitgliedstaaten in nationales Recht umgesetzt werden mussten. Seit dem Vorjahresbericht und damit nach Ablauf der Umsetzungsfrist haben sechs weitere Mitgliedstaaten gesetzliche Regelungen zur Stärkung der Unabhängigkeit ihrer Medienbehörden erlassen.

Trotz einer formal meist korrekten Rechtslage bestehen nach wie vor Bedenken der Kommission, ob bestimmte Regulierungsbehörden in der Praxis unabhängig entscheiden können. Diese Bedenken beziehen sich einerseits auf die Möglichkeit unzulässiger politischer Einflussnahme auf Personalentscheidungen und andererseits auf eine unzureichende Mittelausstattung einzelner Medienaufsichtsbehörden.

In diesem Zusammenhang hat die Kommission gegenüber zwei Mitgliedstaaten von der neuen Möglichkeit Gebrauch gemacht, konkrete Empfehlungen auszusprechen. **Spanien** wird empfohlen,

> […] angemessene Ressourcen für die nationale Aufsichtsbehörde für audiovisuelle Medien zu gewährleisten, um ihre Tätigkeiten zu stärken, und dabei europäische Standards für die Unabhängigkeit von Medienaufsichtsbehörden insbesondere im Hinblick auf die Angemessenheit der Ressourcen zu berücksichtigen.[64]

Ungarn wird wegen einer anders gelagerten Problematik empfohlen,

> [...] Mechanismen zur Verbesserung der funktionellen Unabhängigkeit der Medienaufsichtsbehörde unter Berücksichtigung europäischer Standards für die Unabhängigkeit von Medienaufsichtsbehörden einzuführen.[65]

1.4.1.2 Transparenz der Eigentumsverhältnisse

Bei Kenntnis der Eigentümerstruktur eines Mediendiensteanbieters können Rezipienten die Inhalte dieses Mediendienstes im Einzelfall besser einordnen. Einschlägige europäische Normen mit Empfehlungscharakter[66] oder als Kann-Bestimmung[67] wurden in einer Reihe von Mitgliedstaaten gesetzlich umgesetzt und führten zu einer Verbesserung der Transparenz der Eigentumsverhältnisse

---

64 *Europäische Kommission,* Rechtsstaatlichkeit 2022 Empfehlungen, S. 9 ES.

65 *Europäische Kommission,* Rechtsstaatlichkeit 2022 Empfehlungen, S. 17 HU.

66 *Council of Europe,* Recommendation CM/Rec(2018)11 on the need to strengthen the protection and promotion of civil society space in Europe.

67 Art. 5 Abs. 2 AVMD-RL.

im Medienbereich. In anderen Mitgliedstaaten ist die Lage nach wie vor besonders herausfordernd. **Frankreich** wird deshalb empfohlen,

> […] die Transparenz hinsichtlich der Eigentumsverhältnisse im Medienbereich, insbesondere in Bezug auf komplexe Beteiligungsstrukturen, auf der Grundlage der bestehenden rechtlichen Garantien zu verbessern.[68]

Mit identischer Zielsetzung wird **Tschechien** empfohlen,

> […] weitere Reformen hinsichtlich der Transparenz von Informationen zu Eigentumsverhältnissen im Medienbereich fortzusetzen.[69]

1.4.1.3 Zuweisung staatlicher Werbemittel

Werbebuchungen des Staates auf nationaler, regionaler und lokaler Ebene oder von staatseigenen Unternehmen müssen auf der Grundlage fairer Kriterien erfolgen, um zu verhindern, dass eine Begünstigung regierungsfreundlich oder unkritisch berichtender Medien bewusst als Mittel politischer Einflussnahme eingesetzt wird. In einzelnen Mitgliedstaaten wurden Maßnahmen ergriffen, um die Transparenz bei Vergabe staatlicher Werbung zu verbessern. In **Bulgarien**, **Kroatien**, **Ungarn** und **Österreich** bestehen dagegen weiterhin „Probleme"[70], die die Kommission zu ähnlichen, aber nicht identischen Empfehlungen veranlasst haben:

> […] die Transparenz bei der Zuweisung staatlicher Werbung zu erhöhen, insbesondere bei staatlicher Werbung, die über Vermittler wie Medienagenturen in Auftrag gegeben wird.[71]
> […] den Rahmen für eine faire und transparente Zuweisung staatlicher Werbung durch Einführung klarer Kriterien, bewährter Verfahren und von Kontrollmaßnahmen zu stärken, um für eine effektive Funktionsweise des neuen Verfahrens für die öffentliche Auftragsvergabe für lokale und regionale Medien zu sorgen.[72]
> […] Rechtsvorschriften zur Gewährleistung einer fairen und transparenten Verteilung der Werbeausgaben durch den Staat und staatliche Unternehmen zu verabschieden.[73]

---

68 *Europäische Kommission,* Rechtsstaatlichkeit 2022 Empfehlungen, S. 10 FR.
69 *Europäische Kommission,* Rechtsstaatlichkeit 2022 Empfehlungen, S. 3CZ.
70 Die Kommission bevorzugt ansonsten den Begriff „Herausforderungen".
71 *Europäische Kommission,* Rechtsstaatlichkeit 2022 Empfehlungen, S. 2 BG.
72 *Europäische Kommission,* Rechtsstaatlichkeit 2022 Empfehlungen, S. 11 HR.
73 *Europäische Kommission,* Rechtsstaatlichkeit 2022 Empfehlungen, S. 17 HU.

> [...] den Rahmen für die Zuweisung staatlicher Werbung durch Behörden aller Ebenen zu reformieren, insbesondere um die Fairness und Transparenz bei der Verteilung zu erhöhen.[74]

1.4.1.4 Unabhängigkeit der öffentlich-rechtlichen Medien

Die Unabhängigkeit der Programmverantwortlichen und der Redaktionen öffentlich-rechtlicher Medien muss durch gesetzliche und institutionelle Regelungen abgesichert werden, um politische Einflussnahme auf diesen wichtigen Mediensektor zu verhindern. Für die Finanzierung des öffentlich-rechtlichen Rundfunks sind nach wie vor die einzelnen Mitgliedstaaten zuständig, sofern diese Finanzierung den Handel und Wettbewerb in der Union nicht in unzulässiger Weise beeinträchtigt. Erste europäische Standards und Leitprinzipien für den öffentlich-rechtlichen Rundfunk enthält eine Empfehlung des Europarates aus dem Jahr 2012.[75]

Einige Mitgliedstaaten sind bestrebt, die Unabhängigkeit ihrer öffentlich-rechtlichen Medien zu stärken. In anderen Mitgliedstaaten dagegen können bestehende Vorschriften die Unabhängigkeit der dortigen öffentlich-rechtlichen Medien nicht hinreichend gewährleisten. Insbesondere in Tschechien, der Slowakei und Zypern ist der Einfluss der Regierung auf Ernennung oder Entlassung von Führungskräften besorgniserregend.

Tschechien und **Zypern** wird empfohlen,

> [...] die Vorschriften und Mechanismen zur Stärkung einer unabhängigen Verwaltung öffentlich-rechtlicher Medien unter Berücksichtigung europäischer Standards für öffentlich-rechtliche Medien zu verschärfen.[76]

In Bezug auf **Ungarn**, **Malta**, **Polen**, **Rumänien**, **Slowenien** und die **Slowakei** gibt es zusätzliche Bedenken hinsichtlich der redaktionellen Unabhängigkeit öffentlich-rechtlicher Medien. Diesen sechs Mitgliedstaaten wird daher mit identischer Formulierung empfohlen,

---

74 *Europäische Kommission,* Rechtsstaatlichkeit 2022 Empfehlungen, S. 20 AT.

75 *Council of Europe,* Recommendation CM/Rec(2012)1 on public service media governance.

76 *Europäische Kommission,* Rechtsstaatlichkeit 2022 Empfehlungen, S. 3 CZ und S. 13 CY.

> [...] die Vorschriften und Mechanismen zur Verbesserung einer unabhängigen Verwaltung und der redaktionellen Unabhängigkeit öffentlich-rechtlicher Medien unter Berücksichtigung europäischer Standards für öffentlich-rechtliche Medien zu stärken.[77]

1.4.1.5 Lizenzbeschränkungen und staatliche Entscheidungen

Verfahren zur Erteilung oder Verlängerung einer Rundfunkzulassung müssen auf objektiven Kriterien beruhen und mit Transparenz und Fairness diskriminierungsfrei durchgeführt werden. Sie bieten einer nicht hinreichend staatsfernen Medienaufsicht die Gelegenheit, politisch missliebige Bewerber auf Wunsch oder im vermuteten Interesse der Regierung zu benachteiligen.

Polen wird wegen dieser Problematik empfohlen,

> [...] sicherzustellen, dass bei der Vergabe von Betriebslizenzen an Medienunternehmen faire, transparente und diskriminierungsfreie Verfahren angewandt werden.[78]

Gegen **Ungarn** läuft in diesem Zusammenhang bereits ein Vertragsverletzungsverfahren wegen eines Verstoßes gegen das EU-Telekommunikationsrecht. Der ungarische Medienrat hatte mit fragwürdiger Begründung den Antrag des unabhängigen Budapester Senders Klubrádió auf Verlängerung der Zuweisung der seit April 1999 genutzten UKW-Frequenz abgelehnt. Die Kommission hat daraufhin wegen Nichteinhaltung der EU-Vorschriften für die elektronische Kommunikation im Juni 2021 mit Übermittlung eines Aufforderungsschreibens an die ungarischen Behörden ein Vertragsverletzungsverfahren eingeleitet.[79] Da der anschließende Schriftwechsel mit Ungarn die Bedenken nicht ausräumen konnte, hat die Kommission am 15.07.2022 beschlossen, Ungarn vor dem Gerichtshof der Europäischen Union zu verklagen.[80]

Vor dem Hintergrund dieses laufenden Verfahrens und der mit Ungarn dazu geführten Diskussionen hielt die Kommission eine zusätzliche Empfehlung offenbar für wenig zielführend.

---

77 *Europäische Kommission,* Rechtsstaatlichkeit 2022 Empfehlungen, S. 17 HU et passim MT, PL, RO, SI u. SK.

78 *Europäische Kommission,* Rechtsstaatlichkeit 2022 Empfehlungen, S. 21 PL.

79 *Europäische Kommission,* Kommission leitet Vertragsverletzungsverfahren gegen Ungarn ein.

80 *Europäische Kommission,* Medienfreiheit: Kommission verklagt Ungarn vor dem Gerichtshof der Europäischen Union.

1.4.1.6 Zugang zu Informationen

Ein durchsetzbarer Rechtsanspruch auf Zugang zu Informationen und Dokumenten, über die (nur) staatliche und kommunale Behörden verfügen, ist für die Arbeit von Journalistinnen und Journalisten von grundlegender Bedeutung. Für die Praxis ist von besonderer Relevanz, wie offen oder restriktiv insbesondere Ablehnungsgründe und Bearbeitungsfristen gesetzlich geregelt sind.

In Bezug auf mehrere Mitgliedstaaten stellt die Kommission fest, dass positiv zu bewertende Reformvorhaben beschlossen wurden oder sich gegenwärtig im Gesetzgebungsverfahren befinden.

In **Belgien**, **Dänemark**, **Deutschland**, **Estland**, **Spanien**, **Litauen**, **Luxemburg**, **Malta**, **Österreich** und **Finnland** bestehen dagegen nach wie vor Herausforderungen und dementsprechend wird immerhin zehn Mitgliedstaaten – jeweils zugeschnitten auf die nationale Situation – folgendes empfohlen:

> […] den Rahmen für den Zugang zu amtlichen Dokumenten zu stärken, insbesondere durch Verbesserung der Antrags- und Beschwerdeverfahren und durch Beschränkung der Gründe für eine Ablehnung von Offenlegungsanträgen, […][81]
> […] das Verfahren zur Reform des Gesetzes über den Zugang zu Dokumenten der öffentlichen Verwaltung fortzusetzen, um das Recht auf Zugang zu Dokumenten zu stärken, insbesondere durch Beschränkung der Gründe für eine Ablehnung von Offenlegungsanträgen, […][82]
> […] den Plan zur Schaffung einer Rechtsgrundlage für ein Informationsrecht der Presse in Bezug auf Bundesbehörden […] weiterzuverfolgen.[83]
> […] eine kohärente und wirksame praktische Umsetzung des Rechts auf Zugang zu Informationen […] zu gewährleisten.[84]
> […] die Arbeit zur Verbesserung des Zugangs zu Informationen fortzusetzen, insbesondere durch Überarbeitung des Gesetzes über Amtsgeheimnisse.[85]
> […] die Gewährung des Zugangs zu amtlichen Dokumenten in der Praxis weiter zu verbessern und dabei insbesondere zu gewährleisten, dass die Gründe für eine Ablehnung von Offenlegungsanträgen nicht dazu genutzt werden, den Zugang z. B. für Journalistinnen und Journalisten unangemessen zu beschränken.[86]
> […] die Bearbeitungsdauer bei Anträgen auf Offenlegung amtlicher Dokumente […] zu verringern.[87]

---

81 *Europäische Kommission,* Rechtsstaatlichkeit 2022 Empfehlungen, S. 1 BE.
82 *Europäische Kommission,* Rechtsstaatlichkeit 2022 Empfehlungen, S. 4 DK.
83 *Europäische Kommission,* Rechtsstaatlichkeit 2022 Empfehlungen, S. 5 DE.
84 *Europäische Kommission,* Rechtsstaatlichkeit 2022 Empfehlungen, S. 6 EE.
85 *Europäische Kommission,* Rechtsstaatlichkeit 2022 Empfehlungen, S. 9 ES.
86 *Europäische Kommission,* Rechtsstaatlichkeit 2022 Empfehlungen, S. 15 LT.
87 *Europäische Kommission,* Rechtsstaatlichkeit 2022 Empfehlungen, S. 16 LU.

> […] die Einführung legislativer und sonstiger Garantien voranzutreiben, um das Arbeitsumfeld von Journalistinnen und Journalisten zu verbessern, auch was den Zugang zu amtlichen Dokumenten betrifft, […][88]
>
> […] die Reform im Bereich des Zugangs zu amtlichen Informationen […] voranzubringen.[89]
>
> […] die Reform des Gesetzes über die Öffentlichkeit der Tätigkeit von Behörden fortzusetzen, um für einen wirksamen und breiteren Zugang zu Dokumenten zu sorgen, […][90]

1.4.1.7 Sicherheit von Journalistinnen und Journalisten

Die Plattform des Europarates für den Schutz des Journalismus und für die Förderung der Sicherheit von Journalisten[91] wie auch die Plattform Mapping Media Freedom[92] mussten im Jahr 2021 einen signifikanten Anstieg sog. Warnmeldungen feststellen. Beide Plattformen erfassen gemeldete Vorfälle, bei denen Journalistinnen und Journalisten in Ausübung ihrer Arbeit Opfer von Bedrohungen, Behinderungen und tätlichen Übergriffen wurden.

In einigen Mitgliedstaaten wurden neue Maßnahmen ergriffen oder werden gegenwärtig vorbereitet, um die Sicherheit von Journalistinnen und Journalisten zu erhöhen.

Die Kommission vermisst insbesondere in **Griechenland**, **Slowenien** und der **Slowakei** entschlossenere Anstrengungen, um die Sicherheitslage für Journalistinnen und Journalisten zu verbessern und empfiehlt diesen Mitgliedstaaten,

> […] legislative und andere Schutzmaßnahmen zur Verbesserung der physischen Sicherheit und des Arbeitsumfelds von Journalistinnen und Journalisten im Einklang mit der kürzlich verabschiedeten Grundsatzvereinbarung (Memorandum of Understanding) und unter Berücksichtigung europäischer Standards für den Schutz von Journalisten einzuführen.[93]
>
> […] rechtliche und sonstige Garantien zum Schutz von Journalistinnen und Journalisten, insbesondere im Internet, einzurichten […][94]

88 *Europäische Kommission,* Rechtsstaatlichkeit 2022 Empfehlungen, S. 18 MT.
89 *Europäische Kommission,* Rechtsstaatlichkeit 2022 Empfehlungen, S. 20 AT.
90 *Europäische Kommission,* Rechtsstaatlichkeit 2022 Empfehlungen, S. 26 FI.
91 *Council of Europe,* Platform to promote the protection of journalism and safety of journalists.
92 *European Centre for Press and Media Freedom,* Mapping Media Freedom.
93 *Europäische Kommission,* Rechtsstaatlichkeit 2022 Empfehlungen, S. 8 GR.
94 *Europäische Kommission,* Rechtsstaatlichkeit 2022 Empfehlungen, S. 24 SI.

> [...] die Einführung legislativer und anderer Garantien zur Verbesserung der physischen Sicherheit und des Arbeitsumfelds von Journalistinnen und Journalisten [...] weiterzuverfolgen, einschließlich der Reform des Gesetzes über Verleumdung.[95]

1.4.1.8 Strategische Klagen

Mit strategischen Klagen gegen die Beteiligung der Öffentlichkeit (SLAPP) wird auch in Mitgliedstaaten der EU zunehmend versucht, Journalisten und Rechteverteidiger mundtot zu machen. Häufig werden derartige Klagen, Anklagen oder Anzeigen vor Zivil- und Strafgerichten mit einer angeblichen Verleumdung begründet.

Im Einzelfall kann insbesondere durch eine Häufung solcher Klagen extremer Druck auf bestimmte Personen erzeugt werden. So waren bspw. gegen die im Jahr 2017 auf Malta durch eine Autobombe ermordete Investigativjournalistin Daphne Caruana Galizia zum Zeitpunkt des Attentats 47 SLAPP-Klagen anhängig.[96]

Im Bewusstsein der von SLAPP-Klagen ausgehenden Gefahr für freie Berichterstattung wird in einigen Mitgliedstaaten über die Einführung von Verfahrensgarantien beraten und der in diesem Zusammenhang besonders relevante Straftatbestand der Verleumdung kritisch überprüft. Dagegen ist die Lage in **Irland**, **Kroatien** und **Italien** weiterhin herausfordernd und diesen Mitgliedstaaten wird dementsprechend empfohlen,

> [...] die Reform des Verleumdungsgesetzes (Defamation Act) unter Berücksichtigung europäischer Standards für den Schutz von Journalistinnen und Journalisten fortzusetzen, um ihr berufliches Umfeld zu verbessern.[97]
>
> [...] Maßnahmen gegen das Problem strategischer Klagen gegen öffentliche Beteiligung zu treffen, die gegen Journalisten gerichtet sind, und dabei unter anderem Maßnahmen gegen den Missbrauch von Rechtsvorschriften über Verleumdung [...][98]
>
> [...] legislative und sonstige Garantien einzuführen, die der Reform der Vorschriften über Verleumdung und [...] dienen, und dabei europäische Standards für den Schutz von Journalisten zu berücksichtigen.[99]

---

95 *Europäische Kommission,* Rechtsstaatlichkeit 2022 Empfehlungen, S. 25 SK.
96 *European University Institute,* MPM 2021 Full Report, Fn. 18.
97 *Europäische Kommission,* Rechtsstaatlichkeit 2022 Empfehlungen, S. 7 IE.
98 *Europäische Kommission,* Rechtsstaatlichkeit 2022 Empfehlungen, S. 11 HR.
99 *Europäische Kommission,* Rechtsstaatlichkeit 2022 Empfehlungen, S. 12 IT.

1.4.2 Länderkapitel 2022

Bereits seit dem ersten Rechtsstaatlichkeitsbericht im Jahr 2020 werden als Begleitdokumente zum Hauptbericht Länderkapitel für jeden Mitgliedstaat veröffentlicht, in denen die Dienststellen der Kommission Entwicklungen und Folgemaßnahmen zu den ermittelten Herausforderungen qualitativ bewerten.[100] Diese Länderkapitel konzentrieren sich auf wichtige Vorgänge und Defizite in den einzelnen Mitgliedstaaten und können nicht sämtliche Probleme im Bereich der Rechtsstaatlichkeit umfassend darstellen. Ab dem Jahr 2022 enthalten sie zugleich die konkrete Faktenbasis für die neu eingeführten spezifischen Empfehlungen an jeden Mitgliedstaat.

Auf eigene Zusammenfassungen der detailreichen Länderkapitel im Rahmen dieser Arbeit wird zur Vermeidung von Doppelungen verzichtet. Überwiegend enthalten die als Hintergrund des EMFA besonders relevanten Länderkapitel[101] Fakten und Informationen zu Vorgängen, die bereits in den Unterkapiteln 1.2 (RSF) und 1.3 (MPM) dargestellt wurden.

Die Kommission selbst hat prägnante Zusammenfassungen der Länderkapitel veröffentlicht, die im Folgenden bezüglich ausgewählter Mitgliedstaaten[102] in Auszügen zitiert werden:

> **Greece**: However, the situation of journalists raises significant concerns due to the fact that they continue to face threats and attacks while their professional environment has further deteriorated. [...][103]
> **Bulgaria**: [...] Legal safeguards exist regarding the independence of public service media, but appear to be insufficient; [...][104]
> **Poland**: Operating licensing practices show risks to media pluralism. [...] Concerns over the independence of public service media remain, including over safeguards for appointments to executive positions. The general environment for journalists continues to deteriorate.[105]

---

100 Vgl. *Europäische Kommission,* Website Rechtsstaatlichkeit 2022.

101 *European Commission,* 2022 Rule of Law in Hungary; *European Commission,* 2022 Rule of Law in Bulgaria; *European Commission,* 2022 Rule of Law in Poland; *European Commission,* 2022 Rule of Law in Greece; *European Commission,* 2022 Rule of Law in Slovenia; *European Commission,* 2022 Rule of Law in Malta.

102 Mitgliedstaaten, die in der Rangliste der Pressefreiheit 2022 und im MPM 2022 jeweils unter den fünf am schlechtesten platzierten EU-Staaten liegen (Bottom Five).

103 *European Commission,* Country Chapter Abstracts 2022, S. 19 GR.

104 *European Commission,* Country Chapter Abstracts 2022, S. 7 BG.

105 *European Commission,* Country Chapter Abstracts 2022, S. 45 PL.

Hungary: The functional independence of the Media Authority needs to be strengthened. The continued channelling of significant amounts of state advertising to pro-government media creates an unlevel playing field in the media landscape. […] Media professionals continue to face challenges in exercising their activities, including with the surveillance of investigative journalists.[106]

1.5 Europäischer Aktionsplan für Demokratie

Der Europäische Aktionsplan für Demokratie[107] wurde von der Kommission am 03.12.2020 und damit kurz nach Veröffentlichung des ersten Berichts zur Rechtsstaatlichkeit in der Europäischen Union[108] vorgelegt. Das alles beherrschende Thema war zu diesem Zeitpunkt die weltweite Covid-19-Pandemie, die auch den Journalismus und die Medien vor neue Herausforderungen gestellt hatte. Wegen rückläufiger Werbeeinnahmen hatten insbesondere kleinere Medienunternehmen erhebliche wirtschaftliche Probleme. Im weltweiten Maßstab hat die Pandemie zu einem weiteren Rückgang der Medienfreiheit geführt.[109] Viele autokratisch geführte Staaten haben Corona-Maßnahmen missbräuchlich genutzt, um die Kontrolle über unabhängige Medien zu verschärfen. Auch in demokratischen Staaten hat die Coronakrise den Zugang zu Informationen und damit Recherchen über tatsächliche oder vermutete Missstände erschwert.

Der Aktionsplan für Demokratie erläutert inhaltlich und mit zeitlicher Perspektive Maßnahmen zu drei Kernelementen der Demokratie:

1. Förderung freier und fairer Wahlen
2. Stärkung der Medienfreiheit und des Medienpluralismus
3. Bekämpfung von Desinformation

Folgende „Aktionen" zur Stärkung der Medienfreiheit und des Medienpluralismus werden in eingerahmten Textpassagen angekündigt:

- Im Jahr 2021 Vorlage einer Empfehlung zur **Sicherheit von Journalisten** unter Berücksichtigung neuer Bedrohungen im Internet, denen insbesondere Journalistinnen ausgesetzt sind

106 *European Commission*, Country Chapter Abstracts 2022, S. 37 HU.
107 *Europäische Kommission*, Aktionsplan für Demokratie.
108 *Europäische Kommission*, Rechtsstaatlichkeit EU 2020.
109 Vgl. *International Press Institute*, COVID-19 accelerating a global decline in media freedom.

- Strukturierter Dialog – im Rahmen des „European News Media Forum" – mit den Mitgliedstaaten, Interessenträgern und internationalen Organisationen zur Vorbereitung und Umsetzung der Empfehlung
- Nachhaltige **Finanzierung von Projekten** mit Schwerpunkt auf juristischer und praktischer Unterstützung für Journalisten innerhalb und außerhalb der EU, einschließlich Sicherheitstraining und Schulungen im Bereich Cybersicherheit für Journalisten sowie diplomatische Unterstützung[110]
- Einrichtung einer Expertengruppe für **SLAPP-Klagen** Anfang 2021
- Gegen Ende 2021 Vorlage einer Initiative zum Schutz von Journalisten und der Zivilgesellschaft vor SLAPP-Klagen
- Unterstützung der **EU-Zusammenarbeit** zwischen nationalen Medienräten, anderen Selbstregulierungsstellen der Medien, unabhängigen Medienregulierungsbehörden und Netzwerken von Journalisten sowie Initiativen zur Förderung journalistischer Partnerschaften und Standards[111]
- Einrichtung des Überwachungsmechanismus für die **Eigentumsverhältnisse im Medienbereich** (Media Ownership Monitor) und Weiterentwicklung möglicher Orientierungshilfen zur Transparenz der Eigentumsverhältnisse im Medienbereich
- Förderung von Maßnahmen für eine transparente und gerechte **Zuteilung staatlicher Werbung**
- Sondierung von Optionen für die weitere Unterstützung der Medienvielfalt und Förderung eines europäischen Ansatzes zur Herausstellung audiovisueller Mediendienste von allgemeinem Interesse[112] [Herv. A.F.]

1.6 Europäischer Aktionsplan für Medien

In Ergänzung des vorstehend dargestellten Aktionsplans für Demokratie hat die Kommission zeitgleich die Mitteilung „Europas Medien in der digitalen Dekade: Ein Aktionsplan zur Unterstützung der Erholung und des Wandels"[113] beschlossen. Mit diesem Aktionsplan sollte der Medienbranche in erster Linie geholfen werden, die wirtschaftlichen Folgen der Coronakrise zu bewältigen und zugleich den ökologischen und digitalen Strukturwandel vollziehen zu können. Wie viele andere Branchen war die Kultur- und Kreativwirtschaft von der Pandemie stark betroffen. Beispielsweise sind während der allgemeinen Kontakt- und Ausgangsbeschränkungen im zweiten Quartal 2020 die Werbeumsätze der Nachrichtenmedien zwischen 30 % und 80 % gesunken.[114]

---

110 *Europäische Kommission*, Aktionsplan für Demokratie, S. 17.
111 *Europäische Kommission*, Aktionsplan für Demokratie, S. 19.
112 *Europäische Kommission*, Aktionsplan für Demokratie, S. 22.
113 *Europäische Kommission*, Aktionsplan Medien.
114 Vgl. *Europäische Kommission*, Aktionsplan Medien, S. 2.

Der Aktionsplan konzentriert sich demgemäß im Wesentlichen auf finanzielle Fördermaßnahmen wie Liquiditäts- und Investitionshilfen für Medienunternehmen, die im Rahmen dieser Arbeit nicht im Einzelnen dargestellt werden sollen.

Am Ende des Aktionsplanes wird allerdings eine „Maßnahme 10" angekündigt, die die Kooperation zwischen den europäischen Regulierungsbehörden innerhalb der ERGA betrifft und fast zwei Jahre vor Veröffentlichung des EMFA-E ein früher Fingerzeig auf diesbezügliche Pläne der Kommission ist. Einleitend weist die Kommission an dieser Stelle darauf hin, dass insbesondere die neuen Vorgaben der überarbeiteten AVMD-RL zum Mindestanteil europäischer Werke in Abrufkatalogen und zur Herausstellung solcher Werke[115] konsequent durchgesetzt werden müssen. Die Kommission scheint zu bezweifeln, dass die ERGA in ihrer gegenwärtigen Struktur dazu in der Lage sein wird:

> In dieser Hinsicht wird die Kommission prüfen, ob die Zusammenarbeit innerhalb der ERGA verstärkt werden muss, um sicherzustellen, dass ihr Format und Zuständigkeitsbereich zum wirksamen Funktionieren der neuen Medienvorschriften in der Praxis beiträgt und sie in der Lage ist, die neuen Herausforderungen auf den Medienmärkten zu bewältigen. Zu diesem Zweck wird die Kommission weiterhin bewährte Verfahren in grenzüberschreitender Zusammenarbeit erfassen und die Wirksamkeit der ERGA-Vereinbarung, die bis Ende des Jahres vorliegen soll, genau beobachten.[116]

Die Kommission kündigt hierzu abschließend an, das Funktionieren der neuen ERGA-Vereinbarung[117] bis Ende 2021 zu bewerten und anschließend ggf. Verbesserungen vorzuschlagen.

Der Rat hat im Mai 2021 in seinen Schlussfolgerungen zum Aktionsplan Medien die „Maßnahme 10" explizit begrüßt.[118]

1.7 Europäisches Parlament

Bereits wenige Tage vor Veröffentlichung der vorstehend erläuterten Aktionspläne der Kommission wurde eine „Entschließung des Europäischen Parlaments vom 25. November 2020 zu der Stärkung der Medienfreiheit: Schutz von Journalisten in Europa, Hetze, Desinformation und die Rolle von Plattformen" verabschiedet. Im Abschnitt „Medienfreiheit, Medienpluralismus und der Schutz von Journalisten in Europa" werden insgesamt 23 Einzelprobleme

---

115 Siehe Art. 13 Abs. 1 AVMD-RL.

116 *Europäische Kommission,* Aktionsplan Medien, S. 24.

117 *ERGA,* Memorandum of Understanding.

118 *Rat der EU,* Schlussfolgerungen zum Aktionsplan Medien, Rn. 18.

ausführlich beschrieben und die Kommission wird in diesem Kontext häufig zu Initiativen aufgefordert. In der Entschließung wird die enorme Bedeutung des investigativen Journalismus gerade bei Bekämpfung von Korruption und organisierter Kriminalität („Wächter der Demokratie und Rechtsstaatlichkeit") ausdrücklich anerkannt.[119]

Der folgende kurze Passus enthält eine nachdrückliche Aufforderung des Parlaments, das der Kommission damit gleichsam ein politisches Mandat zur Vorlage des EMFA-E erteilt:

> [...] fordert die Kommission und die Mitgliedstaaten nachdrücklich auf, einen verlässlichen Rahmen für den Schutz der Medienfreiheit und des Medienpluralismus zu entwickeln und aufrechtzuerhalten;[120]

Noch deutlicher wurde die Erwartungshaltung des Parlaments gegenüber der Kommission im März 2021 bei einer Plenardebatte in Straßburg über Angriffe auf die Medienfreiheit in Polen[121], Ungarn[122] und Slowenien[123]. Die meisten Abgeordneten betonten die Relevanz freier Medien für die Demokratie und forderten die Kommission auf, den Schutz von Journalistinnen und Journalisten zu verbessern.[124] Das parlamentarische Verfahren zu diesem Tagesordnungspunkt wurde nach der Aussprache ohne Abstimmung beendet.[125]

Bei der öffentlichen Anhörung zum EMFA-E im mitberatenden Ausschuss LIBE am 31.01.2023 hat die Vertreterin der Kommission zu Beginn ihres Statements die Bedeutung dieser Straßburger Plenardebatte für den Verordnungsvorschlag in Erinnerung gerufen. Dort sei die Idee entstanden und das Parlament habe die Kommission klar zum Handeln aufgefordert.[126]

1.8 Rat der Europäischen Union

Ausweislich der Begründung des EMFA-E hat auch der Rat die Kommission wiederholt aufgefordert, Maßnahmen für die Freiheit der Medien und ihre

---

119 *Europäisches Parlament*, Entschließung zur Stärkung der Medienfreiheit, Rn. 5.
120 *Europäisches Parlament*, Entschließung zur Stärkung der Medienfreiheit, Rn. 6.
121 Insb. durch die geplante Abgabe auf Werbeeinnahmen der Medien.
122 Insb. wegen fehlender Unabhängigkeit der Medienbehörde (Causa Klubrádió).
123 Insb. wegen Online-Belästigungen und Drohungen gegen Journalisten.
124 *Europäisches Parlament*, Besorgnis über Angriffe auf Medien in Polen, Ungarn und Slowenien.
125 *Europäisches Parlament*, Protokoll 10.03.2021, S. 6 f.
126 *Frenay*, LIBE, Public Hearing on EMFA (Webstream), ab 16:11 Uhr.

Pluralität sowie gegen Hindernisse auf dem Medienbinnenmarkt zu ergreifen.[127] Die im Quellennachweis[128] erwähnten Dokumente des Rates enthalten allerdings Passagen, die mit dieser Darstellung nicht vollständig im Einklang stehen. Beispielsweise beinhalten die „Schlussfolgerungen des Rates zur Sicherung eines freien und pluralistischen Mediensystems" vom 07.12.2020 die ausdrückliche Feststellung, dass

> [...] die Sicherung des Medienpluralismus in erster Linie in die Zuständigkeit der EU-Mitgliedstaaten fällt, wobei die Organe der EU ebenfalls die Freiheit und den Pluralismus der Medien bei der Ausübung ihrer jeweiligen Zuständigkeiten achten müssten. Die Vielfalt der verschiedenen nationalen Medienlandschaften in Europa ist ein wichtiger Ausdruck der kulturellen Vielfalt seiner Mitgliedstaaten und muss als solcher anerkannt werden.[129]

Daran anschließend ersucht der Rat die Kommission,

> [...] zu beachten, dass es in die Zuständigkeit der Mitgliedstaaten fällt, auf der Grundlage ihrer sprachlichen Vielfalt, nationaler und regionaler Besonderheiten und ihres Interesses, den Zugang der Öffentlichkeit zu vielfältigen Informationen und Inhalten aufrechtzuerhalten, Maßnahmen zur Verwirklichung sozialer, kultureller und demokratischer Ziele zu ergreifen.[130]

1.9 Lage der Union 2021

1.9.1 Rede

Die am 15.09.2021 in Straßburg gehaltene Rede der Kommissionspräsidentin Ursula von der Leyen steht unmittelbar im Kontext mit dem zweiten Bericht zur Rechtsstaatlichkeit in der EU, den die Kommission wenige Wochen zuvor am 20.07.2021 vorgelegt hatte. Dieser Bericht konnte zum einen positive Entwicklungen in Mitgliedstaaten bestätigen und anerkennen, musste aber andererseits auch feststellen, dass sich die Lage für Medien und den Journalismus in mehreren Mitgliedstaaten erneut verschlechtert hatte.[131]

Die Rede zur Lage der Union 2021 wurde von der Kommissionspräsidentin alternierend in Englisch, Französisch und Deutsch gehalten. Der nachstehend

---

127 *Europäische Kommission,* EMFA-E DE Corrigendum, S. 3.

128 *Europäische Kommission,* EMFA-E DE Corrigendum, Fn. 13.

129 *Rat der EU,* Schlussfolgerungen des Rates, Rn. 14.

130 *Rat der EU,* Schlussfolgerungen des Rates, Rn. 26.

131 Vgl. *Europäische Kommission,* Die Rechtsstaatlichkeit in der EU im Jahr 2021: EU-Bericht zeigt positive Entwicklungen in den Mitgliedstaaten auf, aber auch schwerwiegende Bedenken.

in der Originalfassung zitierte Passus dieser Rede enthält die Ankündigung der Vorlage eines Medienfreiheits-Gesetzes und hat nach erfolgreichem Abschluss des Gesetzgebungsverfahrens inzwischen rechts- und medienhistorische Bedeutung:

> Meine Damen und Herren Abgeordnete,
> lassen Sie uns zum Schluss auf eine Freiheit blicken, die allen anderen Freiheiten eine Stimme gibt – und das ist die Medienfreiheit.
> Journalistinnen und Journalisten werden angegriffen, einfach nur, weil sie ihre Arbeit machen.
> Einige werden bedroht und verprügelt, andere tragischerweise ermordet. Mitten in unserer Europäischen Union. Ich möchte hier einige Namen nennen. Daphné Caruana Galizia, Jan Kuciak. Peter de Vries.
> Ihre Geschichten mögen sich in den Details unterscheiden. Doch eines ist ihnen allen gemeinsam: Sie alle haben für unser Recht auf Information gekämpft. Und sie sind dafür gestorben.
> **Information ist ein öffentliches Gut. Wir müssen diejenigen schützen, die Transparenz schaffen, die Journalistinnen und Journalisten.**
> Deshalb haben wir heute eine Empfehlung zum besseren Schutz von Journalistinnen und Journalisten vorgelegt.
> Und wir müssen denjenigen Einhalt gebieten, die die Medienfreiheit bedrohen. Medienhäuser sind nicht einfach x-beliebige Wirtschaftsunternehmen.
> Ihre Unabhängigkeit ist essentiell. Deshalb braucht Europa ein Gesetz, das diese Unabhängigkeit sichert.
> Und genau ein solches **Medienfreiheits-Gesetz** werden wir im nächsten Jahr vorlegen.
> **Denn wenn wir die Freiheit unserer Medien verteidigen, dann verteidigen wir auch unsere Demokratie.**[132]

1.9.2 Absichtserklärung

Parallel zur Rede der Kommissionspräsidentin vor dem Europäischen Parlament erfolgte eine formelle Unterrichtung der gesetzgebenden Organe Parlament und Rat durch die sog. Absichtserklärung. In einem schriftlichen Dokument wurden der damalige Parlamentspräsident und der Ministerpräsident Sloweniens als amtierender Ratspräsident über die neuen Pläne und Vorhaben der Kommission informiert.[133]

Im Anschreiben betont die Kommission, beiden Gesetzgebungsorganen bei allen Initiativen ausreichend Zeit zur Einigung einräumen zu wollen. In

---

132 *Leyen*, State of the Union Address 2021, o. S.

133 Vgl. *Leyen/Sefcovic*, Lage der Union 2021 Absichtserklärung.

der beigefügten Liste der wichtigsten Initiativen für 2022 wird im Abschnitt „Neuer Schwung für die Demokratie in Europa" der „Rechtsakt zur Medienfreiheit" angekündigt.

1.10 Begleitende Vorschläge und Empfehlungen

In der vergleichsweisen kurzen Zeitspanne ab der Rede der Kommissionspräsidentin zur Lage der Union am 15.09.2021 bis zur Annahme des EMFA-E am 16.09.2022 veröffentlichte die Kommission mehrere Verordnungs- oder Richtlinienvorschläge und Empfehlungen, die ebenfalls im Kontext von Medienfreiheit und Medienpluralismus stehen und den EMFA sowie die AVMD-RL in Zukunft ergänzen sollen. Diese Initiativen nutzen das Instrumentarium differenziert und bevorzugt in einer Kombination aus verbindlichen und unverbindlichen Rechtsakten gemäß Art. 288 AEUV. Empfehlungen der Kommission können erheblich früher in Kraft treten und sind daher eine Art Vorbote für den verbindlichen Rechtsakt, der bei einem positiven Abschluss das Verfahren in den beiden gesetzgebenden Organen Parlament und Rat nach durchschnittlich 19 Monaten[134] durchlaufen hat.

Folgende Rechtsakte wurden von der Kommission im erwähnten Zeitraum erlassen oder vorgeschlagen:

- Empfehlung zur Gewährleistung des Schutzes, der Sicherheit und der Handlungskompetenz von Journalisten und anderen Medienschaffenden in der Europäischen Union.[135]
- Vorschlag für eine Verordnung über die Transparenz und das Targeting politischer Werbung.[136]
- Empfehlung zum Schutz von Journalisten und Menschenrechtsverteidigern, die sich öffentlich beteiligen, vor offenkundig unbegründeten oder missbräuchlichen Gerichtsverfahren („Strategische Klagen gegen öffentliche Beteiligung").[137]
- Vorschlag für eine Richtlinie zum Schutz von Personen, die sich öffentlich beteiligen, vor offenkundig unbegründeten oder missbräuchlichen Gerichtsverfahren („strategische Klagen gegen öffentliche Beteiligung").[138]

---

134 Vgl. *Bundesregierung,* Die Gesetzgebung der Europäischen Union.

135 Empfehlung (EU) 2021/1534 vom 16.09.2021, ABl. EU 2021 L 331, 8.

136 Verordnungsvorschlag COM(2021) 731 final vom 25.11.2021.

137 Empfehlung (EU) 2022/758 vom 27.04.2022., ABl. EU 2022 L 138, 30.

138 Richtlinienvorschlag COM(2022) 177 final vom 27.04.2022.

- Empfehlung zu internen Schutzvorkehrungen für redaktionelle Unabhängigkeit und Transparenz von Medieneigentum.[139]

1.11 Digital Services Act (DSA) und Digital Markets Act (DMA)

Im Dezember 2020 legte die Kommission mit zwei Verordnungsvorschlägen ein weitreichendes Regulierungspaket für Online-Plattformen vor.[140] Das ordentliche Gesetzgebungsverfahren für diese beiden Initiativen wurde im Herbst 2022 nach Einigung der gleichberechtigten Gesetzgeber Parlament und Rat mit Veröffentlichung des DMA[141] und des DSA[142] im Amtsblatt der Europäischen Union beendet.

Der DSA regelt insbesondere Sorgfaltspflichten und Handlungsprivilegien für Online-Plattformen sowie europaweit einheitliche Verfahren zur Meldung und unverzüglichen Löschung rechtswidriger Inhalte. Der DMA will die Macht marktbeherrschender Digitalkonzerne beschränken und verbietet bspw. Anbietern von Suchmaschinen, im Ranking der Treffer konzerneigene Angebote zu bevorzugen.[143]

Die Kommission sieht in der Kohärenz eines künftigen EMFA mit DSA und DMA keine Probleme:

> Er steht auch im Einklang mit dem Gesetz über digitale Dienste (DSA) und dem Gesetz über digitale Märkte (DMA), mit denen horizontale Rahmenbedingungen mit harmonisierten Vorschriften für Online-Dienste festgelegt werden, und ergänzt diese. Mit dem Vorschlag werden die verbleibenden sektorspezifischen Fragen angegangen, die in den beiden horizontalen Instrumenten nicht vollständig behandelt werden.[144]

1.12 Konsultationen

1.12.1 Sondierung

Die Konsultationen zum „Rechtsakt zur Medienfreiheit" begannen mit einer „Aufforderung zur Stellungnahme zu einer Folgenabschätzung", die am

139 Empfehlung (EU) 2022/1634 vom 16.09.2022, ABl. EU 2022 L 245, 56.

140 Verordnungsvorschlag COM(2020) 825 final vom 15.12.2020; Verordnungsvorschlag COM(2020) 842 final vom 15.12.2020.

141 Verordnung (EU) 2022/1925 vom 14.09.2022, ABl. EU 2022 L 265, 1.

142 Verordnung (EU) 2022/2065 vom 19.10.2022, ABl. EU 2022 L 277, 1.

143 Mit skeptischem Fazit zum DMA *Omlor/Heine*, MW 2/2022, 16, 24.

144 *Europäische Kommission*, EMFA-E DE Corrigendum, S. 5.

21.12.2021 von der Kommission auf dem Portal „Have your say" in allen EU-Sprachen veröffentlicht wurde.[145] Die folgende Darstellung lehnt sich an dieses Dokument an und gibt die darin enthaltenen Bewertungen im Indikativ wieder. Wörtliche Zitate sind jeweils kenntlich gemacht.

Mit der Sondierung sollten alle Interessenträger und die Öffentlichkeit offiziell über die Rechtsetzungspläne der Kommission informiert werden und die Gelegenheit erhalten, zur Bewertung der Problematik und zu den dargestellten Handlungsoptionen bis 21.03.2022 Stellung zu nehmen.[146]

Die Kommission will mit dieser Initiative Hindernisse beseitigen, die der „Vollendung eines echten Medienbinnenmarkts" im Wege stehen. Marktrelevante Probleme sind insbesondere divergierende nationale Rechtsvorschriften und Verfahren sowie unzureichende Strukturen für die Zusammenarbeit in der ERGA. Diese Probleme führen zu einem „Mangel an Rechts- und Marktsicherheit" für Medienunternehmer und behindern damit den freien Verkehr von Kapital im Binnenmarkt, weil grenzüberschreitende Investitionen in Medien bestimmter Mitgliedstaaten mit spezifischen Risiken verbunden sind und deshalb möglicherweise ganz oder teilweise unterbleiben. Dementsprechend stützt die Kommission ihren Vorstoß auf Art. 114 AEUV als Kompetenzgrundlage. Die Initiative wird auf der 2018 novellierten AVMD-RL aufbauen, das Wettbewerbsrecht der EU ergänzen und „voll und ganz im Einklang mit dem Protokoll über den öffentlich-rechtlichen Rundfunk in den Mitgliedstaaten (‚Protokoll von Amsterdam') stehen".

Als Alternativen für den Fortgang der Initiative beschreibt die Kommission neben dem Basisszenario zwei weitere Optionen. Im Basisszenario bliebe der derzeitige Rechtsrahmen unverändert und die AVMD-RL weiterhin die einzige medienrechtliche Norm der EU. Die nationalen Regulierungsbehörden würden innerhalb der ERGA weiterhin „ohne strukturierte Kooperationskanäle" zusammenarbeiten.

Option 1 wäre eine in eigener Kompetenz herausgegebene Empfehlung der Kommission an die Mitgliedstaaten, um diese zu bestimmten freiwilligen Maßnahmen zu bewegen.

Option 2 wäre schließlich ein „Rechtsinstrument"[147], das durch eine gestärkte ERGA unterstützt würde, die „mit den erforderlichen Befugnissen und Ressourcen ausgestattet werden könnte". In den neuen „EU-Rechtsvorschriften"

---

145 *Europäische Kommission,* Sondierung.

146 Die Frist für Rückmeldungen wurde später bis 25.03.2022 verlängert.

147 Die Kommission lässt offen, ob sie eine Verordnung oder eine Richtlinie plant.

würden unter anderem „Grundsätze“ für nationale Kontrollverfahren, den Schutz der redaktionellen Unabhängigkeit der Medien und für die transparente Zuweisung staatlicher Werbemittel festgelegt werden. Für die Mitgliedstaaten verbindliche Detailregelungen werden im Rahmen von Option 2 nicht angekündigt.

Die Annahme liegt nahe, dass die Kommission aus taktischen Gründen die geplante Tragweite, Regelungstiefe und Verbindlichkeit des sog. Rechtsinstruments im offiziellen Text der Sondierung bewusst relativiert hat. In der begleitenden Pressemitteilung bringt der für den EMFA-E mitverantwortliche Thierry Breton[148] die tatsächliche Intention der Kommission deutlicher zum Ausdruck:

> [...] we need a strong mechanism to increase transparency, independence and accountability of actions, which affect the control over media actors. Our task – or even more your task today – is to help us find the best approach to complement our legislative arsenal [...][149]

1.12.2 Öffentliche Konsultation

Im Anschluss an die bereits begonnene Sondierung veröffentlichte die Kommission am 10.01.2022 auf dem Portal „Ihre Meinung zählt“ eine öffentliche Konsultation zum geplanten europäischen Rechtsakt zur Medienfreiheit.[150] Bürgerinnen und Bürgern sowie Interessenträgern wurde mit Fristsetzung bis zum 21.03.2022[151] Gelegenheit gegeben, diese Initiative zu kommentieren sowie „Nachweise und konkrete Daten zur Untermauerung der festgestellten Probleme“ vorzulegen.[152] Ein strukturierter Online-Fragebogen[153] richtete sich mit spezifischen Fragen insbesondere an die unterschiedlichen Interessenträger.

1.12.3 Weitere Konsultationsmaßnahmen

Neben Sondierung und der öffentlichen Konsultation führte die Kommission im Rahmen ihrer Konsultationsstrategie weitere Maßnahmen durch, um insbesondere von den wichtigsten Interessenträgern und Experten zu erfahren, wie die thematisierten Probleme bewertet werden.[154] Dazu wurden Treffen und

148 Kommissar für den Binnenmarkt.
149 *European Commission,* EMFA: Commission starts consultations.
150 *Europäische Kommission,* EMFA: Kommission leitet öffentliche Konsultation ein.
151 Parallel zur Sondierung wurde auch diese Frist bis 25.03.2022 verlängert.
152 *Europäische Kommission,* Über diese Konsultation.
153 Dieser Fragebogen ist online nicht mehr verfügbar.
154 Vgl. *Europäische Kommission,* EMFA-E DE Corrigendum, S. 12.

Workshops unter anderem mit Mitgliedern des Kontaktausschusses[155] und der ERGA organisiert. Die Kommission hatte frühzeitig zwei umfangreiche externe Gutachten bei Beratungsunternehmen[156] und Universitäten[157] in Auftrag gegeben und konnte die Ergebnisse dieser Studien in die Folgenabschätzung der Initiative einbeziehen.

1.13 Rückmeldungen

Bis zum Ende der Sondierung und der öffentlichen Konsultation am 25.03.2022 gingen bei der Kommission insgesamt 1470 gültige Rückmeldungen ein. Weit überwiegend handelt es sich dabei um meist kurze Kommentare von Bürgerinnen und Bürgern der EU. Das Feedback der juristischen Personen verteilt sich auf folgende Kategorien: NGO (20), Wirtschaftsverband (12), Unternehmen (8), Universität/Forschungseinrichtung (5), Gewerkschaft (4), Behörde (4) und Verbraucherverband (1).[158]

Die nachfolgende Darstellung lehnt sich zum einen an die Analyse der Rückmeldungen in der Begründung zum EMFA-E[159] an und konzentriert sich zum anderen auf die Stellungnahme der ERGA und ausgewählte Rückmeldungen wichtiger deutscher Interessenträger.

Die meisten Interessenträger unterstützen einen Legislativvorschlag, der Grundsätze in bestimmten wesentlichen Bereichen regelt. Eine detailreiche Normierung wird ebenso abgelehnt, wie auch der völlige Verzicht auf Maßnahmen. Öffentlich-rechtliche Rundfunkveranstalter unterstreichen einerseits die Bedeutung des Protokolls von Amsterdam, während sie andererseits durchaus Maßnahmen der EU für einen verbesserten Schutz ihrer redaktionellen Unabhängigkeit befürworten. Private Rundfunkveranstalter unterstützen in erster Linie gemeinsame Grundsätze zur Bewertung von Zusammenschlüssen auf dem Medienmarkt und Maßnahmen zur Verbesserung von Transparenz und Fairness bei der Publikumsmessung. Verleger wollen am traditionellen System der Selbstregulierung festhalten und lehnen einen verbindlichen Rechtsakt grundsätzlich ab. Sie befürworten allerdings Maßnahmen zum Quellenschutz und zur Verbesserung der Transparenz bei der Vergabe staatlicher Werbemittel.

---

155 Gemäß Art. 29 AVMD-RL. Deutschland hat 2 Mitglieder (BKM und die Koordinatorin der Rundfunkkommission der Länder).

156 *Intellera Consulting/Open Evidence/PwC EU Services*, Impact assessment EMFA.

157 *European University Institute et al.*, Study on media plurality.

158 *Europäische Kommission*, Rückmeldungen und Statistiken.

159 Vgl. *Europäische Kommission*, EMFA-E DE Corrigendum, S. 12 f.

Die gegenwärtige Aufsichtsstruktur auf Grundlage der ERGA findet bei den Interessenträgern breite Unterstützung, während eine Stärkung dieses Gremiums umstritten ist. Unternehmen und Wirtschaftsverbände wollen den gegenwärtigen Status der ERGA überwiegend beibehalten. Dagegen befürworten nationale Regulierungsbehörden und Verbände für Medienfreiheit eine Stärkung der ERGA, auch hinsichtlich ihrer Ressourcen.

1.13.1 ERGA

Die Mitglieder der ERGA unterstützen die Initiative der Kommission zum EMFA-E und seine allgemeinen Ziele ohne Einschränkung.[160] Die Kommission solle entsprechend Option 2 der Sondierung ein Rechtsinstrument mit prinzipienbasierten Maßnahmen vorschlagen.

Ausdrücklich betont wird die Sensibilität der betroffenen Themen, die traditionell durch nationale Gesetzgebung und damit in den Mitgliedstaaten unterschiedlich geregelt sind. Im Fazit des Positionspapieres wird dieser Gesichtspunkt folgendermaßen unterstrichen:

> ERGA wishes to underline that this legislative instrument should be principle-based and should not comprise detailed measures, in line with the subsidiarity principle and national specificities, and considering that existing well-working national approaches should not be disrupted.[161]

In eigener Sache fordert die ERGA richtige Unabhängigkeit[162], verstärkte Ressourcen für Netzwerk und Mitglieder sowie angemessene institutionelle Garantien im EMFA. Karim Ibourki[163], der Vorsitzende der ERGA, äußert sich dazu in der begleitenden Pressemitteilung:

> 'A reinforced ERGA is necessary to guarantee an effective implementation of the EMFA as well as to achieve its objectives. At the same time, the independent national regulatory authorities are the drivers of ERGA and therefore their resources, both in terms of staff and financial resources should be strengthened.'[164]

160 Vgl. *ERGA,* Position Paper EMFA.
161 *ERGA,* Position Paper EMFA, S. 9.
162 Proper independence.
163 Präsident „Le Conseil supérieur de l'audiovisuel" (Fédération Wallonie-Bruxelles).
164 *ERGA,* ERGA submits its contribution to the Commission's public consultation on the European Media Freedom Act (EMFA).

1.13.2 Bundesrat

Der Bundesrat[165] hat am 11.03.2022 eine Entschließung zum angekündigten Europäischen Rechtsakt zur Medienfreiheit gefasst und diese Stellungnahme direkt an die Kommission übermittelt.[166]

Die grundsätzlichen Überlegungen der Kommission zum Wert unabhängiger und vielfältiger Medien werden vom Bundesrat geteilt und das ergebnisoffene Konsultationsverfahren begrüßt. Die Rechtsgrundlage wird in dieser Stellungnahme differenziert bewertet:

> Nach Auffassung des Bundesrates können auf Art. 114 AEUV gestützte, (primär) marktorientierte Rechtsakte diese besondere Rolle der Medien und ihrer Verbreitung unterstützen. […] Die Länder möchten deshalb konstruktiv an der Beantwortung der Frage mitwirken, wie auf Art. 114 AEUV gestützte Rechtsakte der besonderen Rolle der Medien gerecht werden können und wie sie sinnvoll mit medienregulatorischen Maßnahmen verzahnt werden können.[167]

Da die Sondierung diesen Punkt offengelassen hatte, lehnt der Bundesrat eine Verordnung vorsorglich ab:

> In diesem Zusammenhang ist der Bundesrat der Auffassung, dass eine vollharmonisierende Regelung kein adäquates Mittel darstellt, um der Kulturhoheit der einzelnen Mitgliedstaaten ausreichend Ausdruck zu verleihen.[168]

Der Bundesrat teilt die Auffassung der Kommission, dass die Unabhängigkeit der öffentlich-rechtlichen Medien innerhalb der Union sichergestellt sein muss. Entsprechende Absicherungen dieser Unabhängigkeit im deutschen Medienrecht könnten Vorbildcharakter haben. Das sog. Amsterdamer Protokoll findet in dieser frühen Entschließung zum angekündigten EMFA-E noch keine Erwähnung.

Die gegenwärtige Kooperation nationaler Regulierungsstellen auf Grundlage des MoU der ERGA sei sinnvoll und notwendig. Über den Status quo hinausgehende Aufsichtsstrukturen auf europäischer Ebene werden ausdrücklich abgelehnt. Lediglich beim Sekretariat der ERGA würde der Bundesrat eine stärkere Unabhängigkeit von der Kommission unter bestimmten Bedingungen begrüßen:

---

165 Bundestag und Bundesregierung haben keine Stellungnahme abgegeben.

166 Vgl. *Bundesrat,* Entschließung zum Rechtsakt zur Medienfreiheit.

167 *Bundesrat,* Entschließung zum Rechtsakt zur Medienfreiheit, Rn. 5.

168 *Bundesrat,* Entschließung zum Rechtsakt zur Medienfreiheit, Rn. 11.

> Eine etwaige Ergänzung der ERGA um ein eigenes und unabhängiges Sekretariat wird zur Stärkung ihrer Unabhängigkeit begrüßt, sofern jene nicht zu einer weiteren Institutionalisierung der ERGA oder einer Erweiterung ihrer Zuständigkeiten führt.[169]

Der Bundesrat erwartet, dass seine Stellungnahme von der Bundesregierung gemäß Art. 23 Abs. 5 Satz 2 GG und § 5 Abs. 2 EUZBLG maßgeblich berücksichtigt wird und fordert, dass die Bundesregierung gemäß Art. 23 Abs. 6 GG und § 6 Abs. 2 EUZBLG die Verhandlungsführung im Rat und seinen Arbeitsgruppen auf die Länder überträgt.[170]

1.13.3 ARD

Die ARD[171] betont, dass sie den Hintergrund der Initiative verstehe und Probleme mit Medienfreiheit und Medienpluralismus in einigen Mitgliedstaaten der EU nicht ignoriere.[172] Ungeachtet dieses Verständnisses hat die ARD aber starke europarechtliche Zweifel an der Kompetenz der EU für den künftigen EMFA, insbesondere unter Berücksichtigung des sog. Amsterdamer Protokolls:

> In line of the above, we have strong doubts that choosing as a legal basis for the future Media Freedom Act Art. 114 TFEU. [...] This is in particular true for public service broadcasting in line with the so-called Amsterdam Protocol. [...] The Amsterdam Protocol must not be undermined by the future Media Freedom Act under any circumstances.[173]

Auch in Mitgliedstaaten ohne einschlägige Probleme mit der Rechtsstaatlichkeit sei zu befürchten, dass Gegner den EMFA nutzen könnten, um öffentlich-rechtliche Rundfunkanstalten zu schwächen:

> [...] opponents of public service broadcasters, e.g. populist parties or competitors, could use the European Media Freedom Act to undermine and weaken public service broadcasters.[174]

Die Kommission solle sich auf Medienfreiheit und Pluralismus sichernde Elemente in der AVMD-RL konzentrieren und diese gewährleisten. Diese Regeln müssten auch für Presseverlage und, soweit erforderlich, Anbieter von

169 *Bundesrat,* Entschließung zum Rechtsakt zur Medienfreiheit, Rn. 14.
170 Vgl. *Bundesrat,* Entschließung zum Rechtsakt zur Medienfreiheit, Rn. 15.
171 Die Stellungnahme des ZDF wurde lediglich auszugsweise in einer Excel-Tabelle der Kommission veröffentlicht. Das Gesamtdokument ist online nicht zugänglich.
172 Vgl. *ARD,* Final comments on the MFA consultation.
173 *ARD,* Final comments on the MFA consultation, S. 2.
174 *ARD,* Final comments on the MFA consultation, S. 2.

Online-Plattformen gelten. Die ARD spricht sich damit – eher beiläufig im Rahmen einer Stellungnahme zum EMFA-E – für eine weitreichende Revision der AVMD-RL aus.

Hinsichtlich der Wahl des angemessenen Rechtsinstrumentes für den EMFA plädiert die ARD in erster Linie für eine Empfehlung der Kommission oder ggf. für eine Richtlinie:

> Given the competencies, we consider a Recommendation of the European Commission as the most appropriate tool. Should that not be an option we strongly argue for a Directive, setting European minimum standards while leaving Member States sufficient leeway.[175]

Statt einer Stärkung der ERGA spricht sich die ARD für eine gezielte Expertengruppe aus:

> With regard to a possible mechanism for action we disagree that ERGA should become the actor responsible for such mechanisms. [...] We would rather advocate for a targeted expert group.[176]

Abschließend vertritt die ARD die Auffassung, dass sekundärrechtliche Maßnahmen wie der geplante EMFA den Problemen verfassungsrechtlicher Natur in bestimmten Mitgliedstaaten nicht wirksam begegnen könnten. Gleichzeitig könnte der EMFA in anderen Mitgliedstaaten gut funktionierenden Mediensystemen schaden.

1.13.4 Die Medienanstalten

Im Eingangssatz ihrer kurzen Stellungnahme begrüßen die Medienanstalten die Initiative der Kommission.[177] Die Schaffung eines auf den Strukturen der ERGA aufbauenden „Überwachungsmechanismus auf EU-Ebene" wird ausdrücklich befürwortet. Zur Gewährleistung der notwendigen Arbeitskapazität und Unabhängigkeit der ERGA wird die Einrichtung eines „Gemeinsamen Büros" für denkbar gehalten. Der „Ausbau gemeinsamer Regulierungs- und Selbstregulierungsstandards" ist aus Sicht der Medienanstalten ebenfalls zu begrüßen.

Unter „Bedenken" wird ausdrücklich darauf hingewiesen, dass im Besonderen das nationale Medienkonzentrationsrecht demokratische Schutzgüter betrifft, „die über ein Funktionieren des Binnenmarkts weit hinausgehen". Die

175 *ARD,* Final comments on the MFA consultation, S. 3.
176 *ARD,* Final comments on the MFA consultation, S. 3.
177 Vgl. *Die Medienanstalten,* Rückmeldung der DLM.

Kommission solle die geplanten Regelungen daher „präzise abwägen". Abschließend wird der Kommission ausdrücklich abgeraten, Maßnahmen zu ergreifen, die langerprobte nationale Aufsichtsstrukturen beschädigen könnten. Eine Präferenz hinsichtlich der Handlungsform des angekündigten Rechtsakts lassen die Medienanstalten in ihrer Rückmeldung nicht erkennen.

1.13.5 VAUNET

Der VAUNET begrüßt zum einen den Einsatz der Kommission für Freiheit und Unabhängigkeit der Medien in Europa, sieht aber andererseits in unterschiedlichen Mediengesetzen der Mitgliedstaaten kein Hindernis für funktionierende Medienmärkte.[178] Eine vollständige Integration im besonders sensiblen Bereich der Medien sei keine wünschenswerte Zielsetzung.

Demgemäß lehnt VAUNET eine vollharmonisierende Verordnung strikt ab und favorisiert eine mindestharmonisierende Richtlinie, die bestimmte Prinzipien wie bspw. den Grundsatz der Staatsferne von Medien und ihrer Aufsicht normiert. Dabei solle den Gesetzgebern der Mitgliedstaaten ein hinreichender Spielraum für eine flexible Umsetzung eingeräumt werden.

Die angedachte Stärkung der ERGA wird begrüßt:

> Die Zusammenarbeit der unabhängigen nationalen Regulierungsbehörden im Medienbereich, besonders im Rahmen der ERGA, funktioniert aus Sicht des VAUNET gut. [...] Einer Stärkung der ERGA unter Wahrung der Eigenständigkeit und Unabhängigkeit ihrer Mitglieder steht der VAUNET positiv gegenüber.[179]

1.13.6 BDZV und MVFP

Die Verbände der Zeitungs- und Zeitschriftenverleger[180] lehnen in ihrer gemeinsamen Kurzposition eine europarechtliche Regulierung der gedruckten und digitalen Presse nachdrücklich ab.[181] Die Gesetzgebungskompetenz der EU für ein die Presse einschließendes Medienrecht wird ebenso bestritten wie die Existenz eines EU-Binnenmarkts für Presse oder Medien. Jede Art von Aufsicht durch europäische oder nationale Behörden über die Presse wird kategorisch abgelehnt:

---

178 Vgl. *VAUNET,* Positionspapier zum EMFA.

179 *VAUNET,* Positionspapier zum EMFA, S. 4.

180 Der Verband der Zeitschriftenverleger (VDZ) wurde im März 2022 in Medienverband der freien Presse (MVFP) umbenannt.

181 Vgl. *BDZV/MVFP,* Kurzposition zum EMFA.

> Eine Unterwerfung gedruckter und digitaler Presse unter Medienaufsichtsbehörden lehnen wir als unangemessene Beschränkungen der Pressefreiheit ab. Es würde ein Wesenselement freier Presse beseitigt.[182]

Maßnahmen zur wirtschaftlichen Konsolidierung von Presseunternehmen seien häufig notwendig, um insbesondere die Redaktionen kleinerer Verlage zu erhalten. Das europäische Wettbewerbsrecht lasse den nationalen Gesetzgebern für diese wirtschaftlich schwierigen Situationen den nötigen Spielraum.

Die Freiheit der Verleger und Eigentümer zur „Bestimmung der konkreten redaktionellen Inhalte" gelte nicht nur im Außenverhältnis zu staatlichen Stellen, sondern auch im Innenverhältnis gegenüber der Redaktion. Jede von diesem Prinzip abweichende Regulierung zerstöre die Pressefreiheit:

> Jede europarechtliche oder sonstige Regulierung, die die redaktionelle Freiheit der Verleger im Verhältnis zu Redaktionen seiner Medien einschränken würde und damit eine „innere Pressefreiheit" der Redaktionen gegen die Verleger schaffen würde, würde die Pressefreiheit in ihrem Kern treffen und zerstören.[183]

Presseräte seien nur dann mit der Pressefreiheit vereinbar, wenn es sich um eine absolut freiwillige Selbstkontrolle der Branche handelt. Jede direkte oder indirekte regulatorische Einflussnahme auf Organisation oder Verfahren von Presseräten wird abgelehnt.

1.14 Ausschuss für Regulierungskontrolle

Der Ausschuss für Regulierungskontrolle ist ein Gremium innerhalb der Kommission, das unter anderem die Qualität von Berichtsentwürfen zur Folgenabschätzung überprüft und dazu Stellungnahmen abgibt, die „positiv", „positiv mit Vorbehalt" oder „negativ" ausfallen können.[184] Bei einer negativen Stellungnahme ist der Ausschuss nach Überarbeitung des Entwurfs erneut zu beteiligen.

Der erste Berichtsentwurf mit Folgenabschätzung zum EMFA-E wurde vom Ausschuss für Regulierungskontrolle in einer Sitzung am 08.06.2022 überprüft und wegen erheblicher Mängel negativ bewertet.[185] Der Ausschuss kritisiert insbesondere, dass der Bericht Fehlentwicklungen im Binnenmarkt und die zu schließenden Regelungslücken nicht hinreichend erkläre. Die genannten

---

182 *BDZV/MVFP,* Kurzposition zum EMFA, Ziff. II.

183 *BDZV/MVFP,* Kurzposition zum EMFA, Ziff. III.

184 Siehe *Europäische Kommission,* Ausschuss für Regulierungskontrolle.

185 Vgl. *European Commission,* Regulatory Scrutiny Board Opinion.

politischen Optionen seien unvollständig und ihre Auswirkungen, auch in Bezug auf den Binnenmarkt, würden nicht ausreichend bewertet. Unterschiedliche Ansichten auch von Interessenträgern derselben Kategorie würden nicht hinreichend transparent wiedergegeben.

Nach diesem ersten negativen Votum wurde der Bericht von der Kommission überarbeitet und dem Ausschuss am 11.07.2022 erneut zur Prüfung vorgelegt. Im schriftlichen Verfahren kam der Ausschuss in seiner zweiten Stellungnahme zum Ergebnis „Positiv mit Vorbehalten". Trotz Verbesserungen enthalte der Bericht noch erhebliche Mängel. Der Ausschuss erwarte von der zuständigen DG CNECT[186] ungeachtet der grundsätzlichen Freigabe eine erneute Korrektur des Berichts, insbesondere zu Aspekten, die die Rechtsgrundlage der Initiative betreffen:

> The report does not sufficiently exploit the existing evidence to support the problem definition, in particular the fragmentation of the single media market and its resulting negative impacts. […] The analysis of single market and distributional impacts, among different media services and between Member States, is not sufficiently developed.[187]

1.15 Annahme durch die Europäische Kommission

Nach Abschluss der Vorbereitungsphase hat die Kommission den EMFA-E am 16.09.2022 offiziell angenommen und den Verordnungsvorschlag[188] mit umfangreichen Begleitunterlagen zur Folgenabschätzung[189] veröffentlicht. Zeitgleich wurde ergänzend eine nicht verbindliche „Empfehlung der Kommission zu internen Schutzvorkehrungen für redaktionelle Unabhängigkeit und Transparenz von Medieneigentum"[190] beschlossen. Die Mitte Oktober 2022 veröffentlichte deutsche Sprachfassung des EMFA-E[191] enthielt relevante Übersetzungsfehler und wurde am 16.02.2023 durch eine korrigierte Fassung[192] ersetzt.

---

186 Generaldirektion Kommunikationsnetze, Inhalte und Technologien.

187 *European Commission,* Regulatory Scrutiny Board Opinion, S. 1.

188 *European Commission,* EMFA EN.

189 *European Commission,* EMFA Impact Assessment Part 1/3; *European Commission,* EMFA Impact Assessment Part 2/3; *European Commission,* EMFA Impact Assessment Part 3/3.

190 Empfehlung (EU) 2022/1634 vom 16.09.2022, ABl. EU 2022 L 245, 56.

191 *Europäische Kommission,* EMFA DE a.F.

192 *Europäische Kommission,* EMFA-E DE Corrigendum.

In der Pressemitteilung der Kommission anlässlich der Annahme des EMFA-E werden die beiden verantwortlichen Kommissare mit folgenden Statements zitiert:

> ‚[...] Es ist höchste Zeit zu handeln. Wir müssen klare Grundsätze festlegen: Journalisten dürfen nicht wegen ihres Berufs ausspioniert werden. Öffentlich-rechtliche Medien dürfen nicht zu Sprachrohren der Propaganda gemacht werden. [...]‘ (Věra Jourová)
> ‚[...] Eine neue europäische Kontrollinstanz wird die wirksame Anwendung dieser neuen Vorschriften für die Medienfreiheit fördern und Medienkonzentrationen im Auge behalten, damit sie die Pluralität nicht beeinträchtigen.‘ (Thierry Breton)[193]

Interessenträgern und der Öffentlichkeit wurde mit Fristsetzung bis 23.01.2023 Gelegenheit gegeben, bei der Kommission Stellungnahmen zum EMFA-E einzureichen. Die im Rahmen dieser erneuten Konsultation eingegangenen Rückmeldungen[194] konnten den vorgelegten Verordnungsentwurf nicht mehr beeinflussen, sondern richten sich in erster Linie an das Parlament und den Rat, um auf deren Beratungen im ordentlichen Gesetzgebungsverfahren Einfluss zu nehmen. Deshalb haben manche Interessenträger Stellungnahmen zum EMFA-E erarbeitet, offiziell beschlossen und veröffentlicht, ohne dieses Feedback innerhalb der gesetzten Frist bei der Kommission einzureichen.[195]

1.16 Reaktionen

Die Veröffentlichung des EMFA-E am 16.09.2022 hat europaweit eine Vielzahl von Reaktionen ausgelöst, die die weiteren Beratungen über den Verordnungsvorschlag direkt oder indirekt beeinflussen konnten. Eine zusammenfassende Darstellung aller aus deutscher Sicht relevanten Stellungnahmen zum EMFA-E im Rahmen dieser Arbeit über ein inzwischen verabschiedetes Gesetz wäre nicht zielführend, sofern diese Positionen keinen unmittelbaren Bezug zu den beiden Gesetzgebern Parlament und Rat hatten. Daher beschränkt sich die nachfolgende Untersuchung auf Veröffentlichungen der vier größten Fraktionen des Parlaments und – entsprechend der Chronologie – auf Beschlüsse des

---

193 *Europäische Kommission,* Europäisches Medienfreiheitsgesetz: Kommission schlägt Vorschriften zum Schutz des Pluralismus und der Unabhängigkeit der Medien in der EU vor.

194 Insgesamt 98 Rückmeldungen, davon 12 aus Deutschland.

195 Bspw. *Die Medienanstalten,* Positionspapier zum EMFA; *KEK,* Stellungnahme zum EMFA.

Bundesrates und des Deutschen Bundestags zum EMFA-E, die die deutsche Position im Rat vorzeichnen sollten. Stellungnahmen von Einrichtungen der EU[196] innerhalb des ordentlichen Gesetzgebungsverfahrens zum EMFA werden im thematischen Zusammenhang von Kapitel 2 behandelt.

Die vom Verfasser gewählte Systematik soll keinesfalls die Schlussfolgerung nahelegen, dass die hier nicht oder nur am Rande erwähnten Stellungnahmen für den Gesetzgebungsprozess weniger relevant waren. Neben transparenter Lobbyarbeit – etwa in Form von veröffentlichten Positionspapieren – nutzen Interessenträger und ihre Repräsentanten bevorzugt informelle Kontakte besonders zu Schlüsselfiguren im Parlament[197], Rat und bei der Kommission, um auf wichtige Rechtsakte der Union Einfluss zu nehmen.[198] Diese Aktivitäten werden nach Möglichkeit diskret gehandhabt und entziehen sich im Hinblick auf eventuelle Absprachen weitgehend einer Beobachtung von außen. Im Rahmen ihrer prinzipiellen Verpflichtung zur Transparenz veröffentlichen Organe der EU Listen mit Namen von Organisationen, Verbänden oder Unternehmen, die an Besprechungen teilgenommen haben oder teilnehmen werden und dem jeweiligen Thema dieser Termine.[199] Die Namen und Funktionen der konkreten Gesprächsteilnehmer bleiben indes vertraulich.

1.16.1 Fraktionen im Europäischen Parlament

Die EVP als größte von sieben Fraktionen hat den EMFA-E unmittelbar am Tag der Veröffentlichung des Vorschlags in einer Pressemitteilung begrüßt. Ein aus Malta[200] stammender Medienpolitiker der Fraktion wurde mit dem Versprechen zitiert, sich in seiner parlamentarischen Arbeit für eine Stärkung des Vorschlages einsetzen zu wollen.[201] Die Gruppe der deutschen Abgeordneten innerhalb der EVP veröffentlichte eine eigene Pressemitteilung zum EMFA-E und deutete schon zu diesem frühen Zeitpunkt zwei zentrale Beratungsthemen an:

---

196 Europäischer Wirtschafts- und Sozialausschuss, Europäischer Ausschuss der Regionen und Europäischer Datenschutzbeauftragter.

197 Insb. zum Rapporteur (Berichterstatter/in) im federführenden Ausschuss.

198 Im Film zur DSGVO dokumentiert von *Bernet,* Democracy – Im Rausch der Daten.

199 Bspw. *Europäisches Parlament,* Besprechungen von Sabine Verheyen; *European Commission,* Meetings of Věra Jourová.

200 Auf Malta wurde 2017 die Journalistin Daphne Caruana Galizia ermordet.

201 *EPP Group,* Casa welcomes new proposal for a European Media Freedom Act.

> ‚Wir werden im Europaparlament vor allem darauf achten, dass eine europäische Regulierungsbehörde politisch vollständig unabhängig arbeiten kann und die redaktionelle Verantwortung der Medien erhalten bleibt.‘[202]

Die deutsche EVP-Abgeordnete Sabine Verheyen ist Vorsitzende des für den EMFA federführenden Ausschusses CULT[203] und wurde am 09.02.2023 zum Rapporteur[204] ernannt. Bereits am Tag der Veröffentlichung des EMFA-E hatte sie über ihren Twitter-Account (jetzt Plattform „X“) ein erstes Statement gepostet:

> Freie und vielfältige Medien sind Pfeiler unserer Demokratie. Der #MediaFreedomAct ist richtig angesichts einiger Entwicklungen in der Medienlandschaft der EU. Der Vorschlag hat viele gute Punkte, aber auch Schwachstellen. Ich freue mich auf die Arbeit daran.[205]

Anlässlich des fünften Jahrestages der Ermordung des slowakischen Journalisten Ján Kuciak und seiner Verlobten am 21.02.2023 bekräftigte die EVP-Fraktion ihr Engagement für die Pressefreiheit und betonte die Rolle einer freien Presse für die Demokratie. Der Vorsitzende der slowakischen Gruppe innerhalb der Fraktion erinnerte an die jahrelange Vorgeschichte dieses Doppelmordes:

> ‚The murder of journalist Ján Kuciak and his fiancée Martina was a result of years of verbal attacks by top politicians on the journalistic community, which was just doing its job properly. Government officials labelled them as foreign traitors and undermined verbal threats from persons mentioned in Kuciak articles. Prime Minister Robert Fico himself labelled them as “dirty anti-Slovak prostitutes.‘[206]

Die S&D Fraktion reagierte ebenfalls zustimmend und betonte, dass der EMFA-E wegen Mitgliedstaaten wie Ungarn, Polen, Griechenland und Bulgarien ein sehr wichtiger Gesetzesvorschlag sei, auf den die Fraktion lange gewartet habe.[207] „Angesichts der Tradition selbst regulierter Medien in der EU“ wolle man das vorgeschlagene Gesetz verbessern. Die Fraktion werde mit der Kommission und dem Rat am Gesetzestext arbeiten, „um freie und unabhängige Medien in jedem Mitgliedstaat zu garantieren“.

---

202 *CDU/CSU-Gruppe in der EVP-Fraktion,* Verheyen: Unabhängigkeit europäischer Medienhäuser sichern.

203 Die Verweisung an den federführenden Ausschuss CULT wurde am 17.10.2022 im Parlament bekanntgegeben.

204 Berichterstatterin.

205 *Verheyen,* Freie und vielfältige Medien sind Pfeiler … [Tweet].

206 *EPP Group,* We will never stop fighting for Press Freedom.

207 Vgl. *S&D Fraktion,* Das EU-Gesetz zur Medienfreiheit ist unerlässlich.

Die drittgrößte Fraktion „Renew Europe" veröffentlichte keine Stellungnahme, die sich unmittelbar auf den EMFA-E bezog. Anlässlich einer Plenardebatte des Parlaments im Februar 2023 über illegale Abhöraktionen in Griechenland äußerte sich die Koordinatorin der Fraktion im Untersuchungsausschuss[208] folgendermaßen:

> ‚Neither in Greece nor anywhere else can there be fully free elections if the media cannot run unhindered and critics of the government are illegally tracked by the spyware like Pegasus or Predator. We have examples of this in Poland, and we are therefore watching with concern the practices of the government in Greece. Democracy must not be destroyed anywhere in the EU!'[209]

Die Fraktion „Die Grünen/EFA" hatte der Kommission im Zusammenhang mit dem dritten Bericht zur Rechtsstaatlichkeit in der EU fehlenden „Biss" vorgeworfen.[210] Als Schattenberichterstatterin der Fraktion forderte die Abgeordnete Diana Riba aus Spanien mehrfach, den EMFA-E im Gesetzgebungsverfahren zu stärken:

> ‚Strengthening the Anti-SLAPP Directive and the Media Freedom Act is a priority.'[211]
> ‚Having the Media Freedom Act on the table is good news, and we will work to make it a strong, ambitious regulation that reflects the importance of media independence and pluralism as public goods.'[212]

1.16.2 Bundesrat

Der Bundesrat fasste in seiner Sitzung am 25.11.2022 jeweils einstimmig zwei formal getrennte, aber im Wesentlichen übereinstimmend begründete Beschlüsse zum EMFA-E. Zum einen eine sog. Subsidiaritätsrüge[213] nach den Bestimmungen im „Protokoll (Nr. 2) über die Anwendung der Grundsätze der Subsidiarität und der Verhältnismäßigkeit", das dem EUV und dem AEUV beigefügt ist. Gemäß Art. 6 dieses Protokolls können nationale Parlamente oder Parlamentskammern binnen einer Frist von 8 Wochen in einer begründeten Stellungnahme an die Präsidentinnen des Parlaments, des Rates und der Kommission darlegen, weshalb ein Gesetzentwurf ihres Erachtens nicht mit dem

---

208 Untersuchungsausschuss des Europäischen Parlaments zum Einsatz von Pegasus und ähnlicher Überwachungs- und Spähsoftware.
209 *Renew Europe,* Rule of law in Greece under serious threat from spyware abuse.
210 *Die GRÜNEN/EFA,* Bericht bietet schärfere Analyse, aber wenig Biss.
211 *GREENS/EFA,* Riba:"Let's be clear: Press freedom in Europe is in danger.".
212 *GREENS/EFA,* Riba alerts on the status of European press freedom.
213 *Bundesrat,* Erster Beschluss zum EMFA-E.

Subsidiaritätsprinzip vereinbar ist. Erreichen diese Stellungnahmen ein Quorum von mindestens 18 der insgesamt 54 Stimmen, muss die Kommission den Entwurf überprüfen.[214] Der Bundesrat hatte seit dem Jahr 2011[215] bereits gegen sieben Richtlinien- oder Verordnungsvorschläge der Kommission Subsidiaritätsrügen[216] erhoben und dadurch in der Praxis Erfahrungen mit der Effektivität dieses Instruments gewonnen.

Vor diesem Hintergrund formulierte Staatsministerin Lucia Puttrich aus Hessen in ihrer zu Protokoll gegebenen Erklärung grundsätzliche Zweifel am Sinn einer Subsidiaritätsrüge:

> Stichwort Subsidiaritätsrüge: Leider hat sich dieses Instrument bisher als schwach bis untauglich erwiesen. Auf der einen Seite sind die Hürden sehr hoch: In nur 8 Wochen nach Übermittlung des Vorschlages der EU-Kommission muss ein Drittel der 39 nationalen Parlamente der EU die Subsidiaritätsrüge erheben. Auf der anderen Seite ist die Folge nach dem Erreichen dieses Quorums lediglich, dass die EU-Kommission ihren Vorschlag überprüfen muss.[217]

Neben der Subsidiaritätsrüge beschloss der Bundesrat eine an die Bundesregierung gerichtete sog. Fachstellungnahme[218] gemäß §§ 3 und 5 EUZBLG.[219] Im Hinblick auf das Verfahren erinnert der Bundesrat die Bundesregierung an seine Forderung nach maßgeblicher Berücksichtigung der Stellungnahmen gemäß Art. 23 Abs. 5 Satz 2 GG und § 5 Abs. 2 EUZBLG, da durch den EMFA im Schwerpunkt Gesetzgebungsbefugnisse der Länder betroffen sind. Die Verhandlungsführung in den Beratungsgremien des Rates und bei Ratstagungen müsse gemäß Art. 23 Abs. 6 GG und § 6 Abs. 2 EUZBLG von der Bundesregierung auf einen Vertreter der Länder übertragen werden.

Beide Beschlüsse werden ihm Kern damit begründet, dass der Verordnungsvorschlag über keine ausreichende Rechtsgrundlage verfüge, in nationale Hoheitsrechte eingreife und mit den Grundsätzen der Subsidiarität und Verhältnismäßigkeit nicht im Einklang stehe.[220] Die europarechtliche Begründung dieser Thesen wird in Kapitel 3 in den jeweiligen thematischen Zusammenhängen dargestellt.

---

214 Weitere Details siehe Art. 7 Protokoll Nr. 2.

215 Der Vertrag von Lissabon war am 01.12.2009 in Kraft getreten.

216 Bspw. am 30.03.2012 gegen den Entwurf der Datenschutz-Grundverordnung.

217 *Dreyer,* Protokoll 1028. Sitzung, S. 503.

218 Vgl. *Bundesrat,* Erläuterung zu TOP 23 der 1028. Sitzung.

219 *Bundesrat,* Zweiter Beschluss zum EMFA-E.

220 *Bundesrat,* Erster Beschluss zum EMFA-E, Rn. 2.

In der Aussprache des Bundesrates kritisierte die Ministerpräsidentin von Rheinland-Pfalz in ihrer Funktion als Vorsitzende der Rundfunkkommission[221] insbesondere die Rolle der Kommission und den Vorschlag in Form einer Verordnung:

> Diese faktische Zentralisierung der Medienaufsicht auf europäischer Ebene über ein der europäischen Kommission zugeordnetes Gremium ist aufgrund der fehlenden Staatsferne jedoch nach deutschem Verfassungsrecht nicht zulässig und auch nach dem Unionsrecht unverhältnismäßig. Kurzum: Die Kommission schwingt sich nicht nur zum Mediengesetzgeber auf, sondern will gleichzeitig auch noch die Medienaufsicht übernehmen. [...] Wir tun es in erster Linie deshalb, weil das von der Kommission gewählte Mittel der unmittelbar geltenden Verordnung in nationale Hoheitsrechte eingreift und nicht mit den Grundsätzen der Subsidiarität und der Verhältnismäßigkeit im Einklang steht. Deshalb erscheint die Form einer Richtlinie, die eine nationale Ausgestaltung vorsieht, das geeignete Instrument.[222]

Da die bis dato vorliegenden Zwischenergebnisse der Ratsarbeitsgruppen und die Textvorschläge der Präsidentschaft[223] die Bedenken der Länderkammer nicht ausräumen konnten, hat der Bundesrat in seiner Sitzung am 31.03.2023 eine erneute Stellungnahme gemäß §§ 3 und 5 EUZBLG beschlossen.[224] Der künftigen Allgemeinen Ausrichtung des Rates könne nur bei Erfüllung mehrerer wesentlicher Forderungen zugestimmt werden.[225] Anderenfalls müsse Deutschland nach Auffassung des Bundesrates im Kultur- und Medienministerrat und den vorbereitenden Sitzungen mit Ablehnung votieren.

1.16.3 Deutscher Bundestag

Wenige Tage nach dem Bundesrat beschloss der Deutsche Bundestag am 01.12.2022 zum EMFA-E auf Antrag der regierungstragenden Fraktionen eine Stellungnahme gegenüber der Bundesregierung gemäß Art. 23 Abs. 3 GG.[226] Ein konkurrierender Antrag der Fraktion der CDU/CSU zur Beschlussfassung über eine Subsidiaritätsrüge gegen den EMFA-E wurde mehrheitlich abgelehnt.[227]

---

221 Zur traditionellen Koordinierung durch RP siehe *Rheinland-Pfalz,* Medienpolitik.
222 *Dreyer,* Protokoll 1028. Sitzung, S. 467.
223 Im ersten Halbjahr 2023: Schweden.
224 *Bundesrat,* Dritter Beschluss zum EMFA-E.
225 Insg. acht Punkte, siehe *Bundesrat,* Dritter Beschluss zum EMFA-E, Rn. 5.
226 *Deutscher Bundestag,* Antrag der Fraktionen SPD, BÜNDNIS 90/DIE GRÜNEN u. FDP.
227 *Deutscher Bundestag,* Antrag der Fraktion der CDU/CSU.

In der beschlossenen Stellungnahme fordert der Deutsche Bundestag die Bundesregierung insbesondere auf, die rechtliche und medienpolitische Argumentation in den 16 Punkten des Bundesrates im weiteren Gesetzgebungsverfahren zu beachten sowie die Länder in Abstimmung mit der Bundesregierung mit der Verhandlungsführung zum EMFA zu betrauen.

In der Bundestagsdebatte am Abend des 01.12.2022 machten mehrere Abgeordnete deutlich, dass die regierungstragenden Fraktionen zur Frage einer Subsidiaritätsrüge gegen den EMFA-E keine Einigung erzielen konnten. SPD und FDP hätten demnach eine Subsidiaritätsrüge unterstützt:

> Helge Lindt (SPD): Wir als Fraktion hätten uns auch sehr gut eine Subsidiaritätsrüge vorstellen können. [...] Wir achten die Rollenverteilung zwischen Bundesländern, Parlament und Bundesregierung, und wir beachten auch außenpolitische und europapolitische Aspekte.[228]
> Thomas Hacker (FDP): Zu Recht hat der Bundesrat gegenüber der Europäischen Union eine Subsidiaritätsrüge ausgesprochen, weil es [...][229]

Bündnis 90/Die Grünen lehnten dagegen – wohl aus außenpolitischen Gründen – eine Subsidiaritätsrüge gegen den EMFA-E ab:

> Erhard Grundel (Bündnis 90/Die Grünen): Ich bin überzeugt, dass es richtig ist, den European Media Freedom Act an manchen Stellen nachzuschärfen. Ich bin aber auch überzeugt, dass es falsch ist, ihn von vornherein durch eine Subsidiaritätsrüge zu torpedieren.[230]

Die kulturpolitische Sprecherin der CDU/CSU-Bundestagsfraktion nutzte die Uneinigkeit zwischen den drei Ampel-Fraktionen für ein kritisches Statement:

> ‚Der eigene Antrag der Ampel dient nur als Feigenblatt, sie drückt sich vor der einzig richtigen Konsequenz. Dabei hatte bereits der Bundesrat [...] den Bund ausdrücklich um Unterstützung gebeten. Immerhin bleibt nun die Forderung an die Bundesregierung, das Verhandlungsmandat an die Bundesländer zu übertragen. Hier muss Claudia Roth handeln!‘[231]

---

228 *Deutscher Bundestag*, Protokoll 73. Sitzung, S. 8622.
229 *Deutscher Bundestag*, Protokoll 73. Sitzung, S. 8683.
230 *Deutscher Bundestag*, Protokoll 73. Sitzung, S. 8681.
231 *Schenderlein*, Ablehnung der Subsidiaritätsrüge – Ampel drückt sich.

1.16.4 Die Beauftragte der Bundesregierung für Kultur und Medien (BKM)

Die im vorstehenden Zitat zum Handeln aufgeforderte Claudia Roth[232] ist Mitglied im Rat „Bildung, Jugend, Kultur und Sport", der für den EMFA zuständigen Ratsformation. Eine Pressemitteilung vom 08.12.2022 zum ersten Jahr ihrer Amtszeit enthält einen leicht kryptischen Hinweis auf ihre Verhandlungsstrategie beim EMFA:

> Zugleich hat sich BKM für […] engagiert, unsere freiheitliche Medienordnung in den Verhandlungen um die [sic] EMFA europäisch verteidigt […][233]

Nachdem der AStV am 21.06.2023 die Allgemeine Ausrichtung des Rates als Mandat für Verhandlungen mit dem Parlament beschlossen hatte, machte die BKM in einem Gastbeitrag für die FAZ zwischen den Zeilen deutlich, dass sie eine Subsidiaritätsrüge des Deutschen Bundestages für einen gravierenden Fehler gehalten hätte:

> Dass wir in unseren Verhandlungen in Brüssel zahlreiche Verbesserungen für das Austarieren zwischen der nationalen und einer neuen europäischen Medienrechtssetzung im Entwurf erreicht haben, ist Beleg dafür, dass es in der Regel besser ist, durchaus kritisch aber konstruktiv mit am Verhandlungstisch zu sitzen, als sich durch voreilige Ablehnung komplett aus diesem Prozess zu verabschieden. Einem Mitgliedstaat, der von Beginn an deutlich macht, einem Gesetzentwurf nicht zuzustimmen, müssen in Verhandlungen keine Kompromisse angeboten werden, wenn die erforderlichen Mehrheiten auch ohne ihn zustande kommen.[234]

---

232 MdB (BÜNDNIS 90/DIE GRÜNEN) und Staatsministerin für Kultur und Medien.
233 *BKM,* Ein Jahr für die Kultur der Demokratie.
234 *Roth*, FAZ vom 27.06.2023.

Kapitel 2: Das Gesetzgebungsverfahren

2.1 Ordentliches Gesetzgebungsverfahren

Der EMFA als Maßnahme zur Rechtsangleichung im Binnenmarkt wurde nach Art. 114 Abs. 1 Satz 2 AEUV von den gleichberechtigten Gesetzgebern Parlament und Rat gemäß dem in Art. 294 AEUV definierten ordentlichen Gesetzgebungsverfahren erlassen.[235] Beide Gesetzgeber mussten sich auf den finalen Text der Verordnung verständigen, um den Rechtsakt gemeinsam zu tragen. Im Rat konnte der EMFA mit qualifizierter Mehrheit gemäß Art. 16 Abs. 4 EUV beschlossen werden. Deshalb bestand zumindest rechnerisch die Möglichkeit, dass hier auch ein großer Mitgliedstaat wie Deutschland überstimmt werden konnte. Im Parlament reichte bei der ersten und einer eventuellen dritten Lesung die einfache Mehrheit der Stimmen, während bei der zweiten Lesung eine absolute Mehrheit erforderlich gewesen wäre.[236]

Zum Zeitpunkt der Einreichung dieser Arbeit als Dissertation hatten sowohl der Rat seine Allgemeine Ausrichtung (21.06.2023) als auch das Parlament seinen Standpunkt in erster Lesung (03.10.2023) festgelegt. In der Sitzung des federführenden Ausschusses CULT am 07.09.2023 betonte die Vorsitzende und Berichterstatterin, dass das „Dossier" in jedem Fall bis zum Ende der Legislaturperiode[237] durch die „Triloge" gebracht werden solle.[238] Das informelle, nicht öffentliche Trilog-Verfahren[239] zwischen Parlament, Rat und Kommission hat sich in der Gesetzgebungspraxis der EU etabliert und ist zur Regel geworden.[240] Bei besonders gegensätzlichen Ansichten von Parlament und Rat können die Verhandlungen bis zur Einigung auf einen Kompromisstext mehrere Monate in Anspruch nehmen.[241] Im Falle des EMFA wurde vor dem ersten Trilog am

---

235 Vgl. *Streinz,* Europarecht, Rn. 562 f.

236 In der finalen Abstimmung am 13.03.2024 wurde der „Standpunkt in erster Lesung" festgelegt.

237 Die nächsten Europawahlen finden vom 6. bis 9. Juni 2024 statt.

238 *Verheyen,* CULT 07.09.2023 (Webstream), 09:13 Uhr.

239 Zur Zusammensetzung der Delegationen siehe *Bundeszentrale für politische Bildung,* Trilog.

240 Über 70 % der Gesetzgebungsakte werden im Trilog entschieden, siehe Calliess/Ruffert-*Kluth* AEUV Art. 294, Rn. 26.

241 Bei der DSGVO waren 13 Verhandlungsrunden erforderlich, dazu der damalige Rapporteur Simitis/Hornung/Spiecker gen. Döhmann-*Albrecht* Einleitung, Rn. 199.

19.10.2023 erwartet, dass die Verhandlungen wegen des erwähnten Zeitdrucks spätestens im ersten Quartal 2024 unter belgischer Ratspräsidentschaft erfolgreich abgeschlossen werden.[242] Ein Scheitern des EMFA im Trilog war zu diesem Zeitpunkt schon unwahrscheinlich, aber nicht völlig auszuschließen.[243]

2.2 Stellungnahmen europäischer Einrichtungen

2.2.1 Europäischer Wirtschafts- und Sozialausschuss (EWSA)

Vor dem Erlass legislativer Maßnahmen zur Rechtsangleichung im Binnenmarkt ist eine Anhörung des EWSA gemäß Art. 114 Abs. 1 Satz 2 AEUV obligatorisch. Die Stellungnahme zum EMFA-E wurde vom Berichterstatter[244] vorbereitet und im Plenum des EWSA bereits am 14.12.2022 verabschiedet.[245]

Der EWSA verbindet seine grundsätzliche Zustimmung mit einer Reihe von Empfehlungen. Zum Thema Medienkonzentration vertritt der Ausschuss folgende Sichtweise:

> Der EWSA begrüßt, dass die Europäische Kommission anerkennt, dass die Marktkonzentration im Medienbereich, die zu Monopolen führt, eine ernste Bedrohung für die Freiheit und Pluralität der Medien darstellen kann. Die Marktkonzentration kann jedoch auch sinnvoll sein und muss nicht zwangsläufig solche negativen Auswirkungen haben.[246]

2.2.2 Europäischer Ausschuss der Regionen (AdR)

Eine Anhörung des AdR vor Erlass von Rechtsakten auf der Grundlage von Art. 114 AEUV ist fakultativ möglich und wurde im Falle des EMFA-E von der Kommission für zweckmäßig erachtet. Wie schon beim EWSA wurde auch die Stellungnahme des AdR von einem deutschen Berichterstatter[247] vorbereitet und auf der Plenartagung am 15./16. März 2023 beschlossen.[248] Der AdR bekräftigt darin ausdrücklich seine Auffassung, dass eine Richtlinie als

---

242 Eine Einigung unter spanischer Ratspräsidentschaft war wegen vieler offener Dossiers fraglich, so *Steiner*, Europe.Table vom 08.09.2023.

243 "Der EMFA wird kommen", prognostizierte *Bonse*, Europe.Table vom 19.10.2023.

244 Christian Moos, Leiter Geschäftsbereich Europa und Internationales, DBB Beamtenbund und Tarifunion.

245 Vgl. *Europäischer Wirtschafts- und Sozialausschuss*, Stellungnahme.

246 *Europäischer Wirtschafts- und Sozialausschuss*, Stellungnahme, Rn. 1.3.

247 Mark Speich (DE/EVP), Staatssekretär für Bundes- und Europaangelegenheiten sowie Internationales (Nordrhein-Westfalen).

248 Vgl. *Europäischer Ausschuss der Regionen*, Stellungnahme.

Rechtsakt den Grundsätzen der Subsidiarität und Verhältnismäßigkeit besser gerecht würde und die Ziele der Initiative damit ebenfalls erreichbar seien. Eine Überregulierung könne sich möglicherweise negativ auf gut etablierte Mediensysteme in Mitgliedstaaten auswirken. Die Sicherung von Medienfreiheit und Medienpluralismus falle in die Zuständigkeit der Mitgliedstaaten und gehe über die bloße Förderung des Binnenmarkts hinaus.

Die Argumentation des AdR erinnert in mehrfacher Hinsicht an die bereits dargestellten Beschlüsse des Bundesrates zum EMFA-E.

2.2.3 Europäischer Datenschutzbeauftragter (EDSB)

Die am 11.11.2022 vorgelegte Stellungnahme des EDSB zum EMFA-E bezweifelt insbesondere die Wirksamkeit der vorgeschlagenen Regelung zum Einsatz von Spähsoftware.[249] Der EDSB hält – unabhängig vom EMFA – ein allgemeines Verbot der Entwicklung hochentwickelter Spähsoftware für die einzige praktikable und wirksame Option.

2.3 Standpunkt des Europäischen Parlaments

2.3.1 Ausschüsse

Am 17.10.2022 wurde im Parlament bekanntgegeben, dass der Ausschuss für Kultur und Bildung (CULT) mit einer Ausnahme[250] zum federführenden Ausschuss für den EMFA bestimmt wurde.[251] Die Ausschüsse für bürgerliche Freiheiten, Justiz und Inneres (LIBE) und für Binnenmarkt und Verbraucherschutz (IMCO) waren in mitberatender Funktion ebenfalls zuständig. Der CULT-Ausschuss ernannte seine Vorsitzende Verheyen[252] am 09.02.2023 zum Rapporteur[253] für den EMFA.

Die drei beteiligten Ausschüsse hatten bis zur Abstimmung in erster Lesung im CULT am 07.09.2023 den EMFA mehrfach erörtert und zudem öffentliche Anhörungen mit Experten durchgeführt. Diese einzelnen Verfahrensschritte sollen hier nicht im Detail dargestellt werden.

Vor der erwähnten Abstimmung erläuterte Verheyen, dass die im Mai 2023 begonnene interne „Kompromissarbeit" bewirkt habe, insgesamt 1785

249 Vgl. *Europäischer Datenschutzbeauftragter*, Stellungnahme 24/2022, S. 2 f.
250 LIBE ist für Art. 4 Abs. 2 EMFA und Art. 20 Abs. 3 EMFA ausschließlich zuständig.
251 Vgl. *European Parliament*, Procedure File: 2022/0277(COD).
252 MdEP, Fraktion der Europäischen Volkspartei (Christdemokraten).
253 Berichterstatterin.

Änderungsanträge auf nunmehr 53 „Kompromissänderungsanträge“[254] konzentrieren zu können.[255] Im Ergebnis dieser gut organisierten Vorbereitung einer demokratischen Abstimmung wurde der Entwurf des Standpunktes zum EMFA von CULT mit großer Mehrheit angenommen.[256] Am 12.09.2023 legte CULT seinen Bericht zum EMFA dem Plenum des Europäischen Parlaments vor.[257]

2.3.2 Plenum

Das Europäische Parlament legte gemäß Art. 294 Abs. 3 AEUV seinen Standpunkt zum EMFA in erster Lesung am 03.10.2023 bei einer Plenartagung in Straßburg fest. Nach Einzelabstimmungen über zahlreiche Änderungsanträge wurde der Standpunkt des Parlaments am Ende mit 448 zu 102 Stimmen bei 75 Enthaltungen angenommen.

In der Debatte betonte die führende Berichterstatterin Verheyen den ernsten Hintergrund des Europäischen Medienfreiheitsgesetzes:

> ‚Wir dürfen nicht die Augen vor dem besorgniserregenden Zustand der Pressefreiheit weltweit verschließen, ein Trend, der auch Europa betrifft. Der Europäische Medienfreiheitsakt ist ein entscheidendes Instrument, um diesen Herausforderungen zu begegnen. […] Mit dem Europäischen Medienfreiheitsgesetz gehen wir einen weiteren wichtigen Schritt für den Schutz unserer Medien und unserer Demokratien.‘[258]

Inhaltlich entsprach der Standpunkt des Parlaments dem Bericht des federführenden Ausschusses und enthielt neben 19 neuen Erwägungsgründen eine Vielzahl von Änderungen, Streichungen und Ergänzungen, die im Rahmen dieser Arbeit nicht en détail dargestellt werden können.[259] In der begleitenden Pressemitteilung[260] wurden folgende Schwerpunkte hervorgehoben:

---

254 Compromise Amendments.

255 *Verheyen*, CULT 07.09.2023 (Webstream), ab 09:14 Uhr.

256 Ergebnis: 24 Ja/3 Nein/4 Enth. *European Parliament*, Media Freedom Act: protecting editorial decisions from political interference.

257 *European Parliament/Committee on Culture and Education*, Report on EMFA.

258 *Europäisches Parlament*, Medienfreiheitsgesetz: Parlament verbessert Journalisten- und Medienschutz.

259 *Europäisches Parlament*, Standpunkt zum EMFA in erster Lesung.

260 Vgl. *European Parliament*, Media Freedom Act: MEPs tighten rules to protect journalists and media outlets.

- Einsatz von Spähsoftware nur als letztes Mittel und nach Anordnung durch eine unabhängige Justizbehörde.
- Pflicht zur Transparenz der Eigentumsverhältnisse auch für Kleinstunternehmen.
- Berichtspflicht über Einnahmen aus staatlicher Werbung.
- Außergerichtliche Streitbeilegungsstelle für Konflikte zwischen Medienanbietern und sehr großen Online-Plattformen.
- Das Board soll rechtlich und funktionell unabhängig von der Kommission sein und eigenständig handeln können.
- Das Parlament fordert zusätzlich eine unabhängige „Expertengruppe“, die den Mediensektor und die Zivilgesellschaft vertreten und das neue Board beraten soll.[261]

2.4 Standpunkt des Rates der Europäischen Union

2.4.1 Verhandlungsführung im Rat

Der Bundesrat hatte die Bundesregierung am 25.11.2022 an seine Forderung erinnert, die Verhandlungsführung im Rat gemäß Art. 23 Abs. 6 GG und § 6 Abs. 2 EUZBLG auf die Länder zu übertragen.[262]

Diese Position wurde vom Deutschen Bundestag am 01.12.2022 ausdrücklich unterstützt.[263] Die Bundesregierung kam dieser Aufforderung „nach langem Warten“ schließlich – mit mehreren Einschränkungen – durch Schreiben des Bundeskanzlers vom 08.12.2022 nach.[264] In der Praxis traten in der Zusammenarbeit zwischen Bund und Ländern allerdings „unnötige(n) Schwierigkeiten“ und „Reibungsverluste“ auf.[265] Ratssitzungen zum EMFA wurden von der BKM und der Koordinatorin der Rundfunkkommission der Länder[266] gemeinsam wahrgenommen.

---

261 Eine bekannte Forderung, siehe *ARD*, Final comments on the MFA consultation.

262 *Bundesrat*, Zweiter Beschluss zum EMFA-E, Rn. 24.

263 *Deutscher Bundestag*, Antrag der Fraktionen SPD, BÜNDNIS 90/DIE GRÜNEN u. FDP, S. 3.

264 *Knothe*, AfP 2023, 377, Rn. 27; siehe auch *Hartung*, FAZ vom 27.12.2022.

265 Dazu kritisch *Knothe*, AfP 2023, 377, Rn. 28.

266 Heike Raab (SPD), Staatssekretärin, Bevollmächtigte des Landes Rheinland-Pfalz beim Bund und für Europa und Medien.

2.4.2 Juristischer Dienst des Rates (CLS)

Der CLS war von der AVMWP bereits am 29.09.2022 ersucht worden, die Rechtsgrundlage des EMFA-E zu prüfen.[267] Das Gutachten des CLS vom 04.04.2023 wurde vom Rat zunächst als „LIMITE“ eingestuft.[268] Im Herbst 2023 wurde dieses offenbar sensible Dokument schließlich doch für die Öffentlichkeit freigegeben und kann nunmehr in der aktualisierten Version dieser Arbeit berücksichtigt werden.[269]

Bei der Plenardebatte zum EMFA am 03.10.2023 in Straßburg wies Kommissarin Jourová darauf hin, dass der CLS die Gesetzgebungskompetenz der EU für den EMFA bestätigt hatte.[270] Das spät vorgelegte Gutachten schwächte die Verhandlungsposition der Länder – wohl auch gegenüber der BKM – und wurde von einem europapolitischen Fachjournalisten hinsichtlich seiner politischen Auswirkungen folgendermaßen bewertet:

> Die Hoffnung der deutschen Vertreter lag zuerst auf einem Rechtsgutachten des juristischen Dienstes des Rates. Das sollte die deutsche Auffassung bestätigen – sah aber im Ergebnis keine größeren Probleme mit der gewählten Rechtsgrundlage und der Kompetenz der EU. Eine **politische Blamage für die Ländervertreter**, die das Argument seitdem nur noch kleinlaut anführen: Man könne das vielleicht auch anders sehen.[271]

2.4.3 Ratsformation und Vorsitz

Die für den EMFA zuständige Formation war der Rat „Bildung, Jugend, Kultur und Sport“. Den Vorsitz in Ratsformationen übernimmt der jeweilige Fachminister des Mitgliedstaats, der den turnusmäßig wechselnden Ratsvorsitz innehat. Das für den EMFA zuständige Vorbereitungsgremium des Rates war die Gruppe „Audiovisueller Sektor und Medien“[272], die bereits im September 2022 mit der Prüfung des Verordnungstextes begonnen hatte.[273] Sowohl unter

---

267 Vgl. *Rat der EU,* Zweiter Fortschrittsbericht, S. 8.

268 Zu den Gründen siehe *Rat der EU,* Zweiter Fortschrittsbericht, Fn. 15.

269 Dokument 8089/23 wurde erst am 28.09.2023 veröffentlicht, wie die Transparenzstelle im Generalsekretariat des Rates dem Verfasser auf Nachfrage im März 2024 mitteilte.

270 *Jourová,* Plenary session (Webstream), ab 11:56 Uhr.

271 *Steiner,* Europe.Table vom 02.07.2023.

272 Audiovisual and Media Working Party (AVMWP).

273 *Rat der EU,* Erster Fortschrittsbericht, S. 2.

tschechischem als auch unter schwedischem Vorsitz veröffentlichte der Rat sog. Fortschrittsberichte zum EMFA.[274]

2.4.4 Allgemeine Ausrichtung

Dank dieser straff organisierten Vorbereitung war der Rat bereits am 21.06.2023 in der Lage, dem Ratsvorsitz ein präzise ausformuliertes Mandat für künftige Verhandlungen mit dem Europäischen Parlament zu erteilen.[275] Die formale Beschlussfassung erfolgte – ohne Zugangsrecht für einen Ländervertreter[276] – im wöchentlich tagenden AStV (1. Teil). Ausweislich der Kurzniederschrift dieser Sitzung[277] hatten lediglich Estland und Ungarn ablehnende Statements unterschiedlicher Natur abgegeben.[278] Demgemäß stimmten alle anderen Mitgliedstaaten dem Verhandlungsmandat zu, auf das sich im zweiten Halbjahr 2023 die spanische Ratspräsidentschaft stützen konnte.[279]

Die Allgemeine Ausrichtung des Rates betraf auch die Erwägungsgründe und enthielt eine Fülle von Änderungen, Streichungen und neuen Textpassagen, die im Rahmen dieser Arbeit nicht im Einzelnen dargestellt werden können. In der begleitenden Pressemitteilung vom 21.06.2023 wurden die wesentlichen Elemente der Ratsposition folgendermaßen zusammengefasst:

- Klarstellung der **Verantwortung der Mitgliedstaaten,** die Pluralität, Unabhängigkeit und das ordnungsgemäße Funktionieren öffentlicher Medienanbieter, die innerhalb ihrer Grenzen tätig sind, zu gewährleisten.
- Festlegung des Aufgabenbereichs des Europäischen Gremiums für Mediendienste und **Stärkung seiner Unabhängigkeit.**
- Bestimmungen zur Stärkung des **Schutzes von Journalistinnen und Journalisten und journalistischen Quellen** und Beschränkung des Einsatzes von Zwangsmaßnahmen wie Spähsoftware zum Zweck der Informationsbeschaffung.
- Möglichkeit für die Mitgliedstaaten, **strengere oder detailliertere Vorschriften** als die Vorschriften in den einschlägigen Teilen des EMFA zu erlassen.
- **Erweiterung des Anwendungsbereichs der Transparenzanforderungen,** sowohl in Bezug auf die Transparenz der Eigentumsverhältnisse, die für alle Mediendiensteanbieter gelten soll, als auch für die Transparenz staatlicher Werbung, bei der

274 *Rat der EU,* Erster Fortschrittsbericht; *Rat der EU,* Zweiter Fortschrittsbericht.
275 *Council of the EU,* Mandate for negotiations with the European Parliament.
276 Dazu kritisch *Knothe*, AfP 2023, 377, Rn. 31.
277 *Council of the EU,* Summary Record, Coreper I, 21 June 2023.
278 *Council of the EU,* Statement by Estonia to art. 17; *Council of the EU,* Statement by Hungary.
279 Dieses Mandat wurde am 22.11.2023 vom AStV angepasst (Dok. 15514/23).

die Möglichkeit nationaler Ausnahmen für kleine Unternehmen erheblich eingeschränkt ist.

- **Klarere Regeln für die Beziehungen zwischen sehr großen Online-Plattform-Anbietern und Mediendiensteanbietern,** die die Regulierungs- oder Selbstregulierungsregelungen der redaktionellen Kontrolle und journalistische Standards in den Mitgliedstaaten einhalten, um sicherzustellen, dass von Mediendiensteanbietern bereitgestellte Inhalte mit besonderer Sorgfalt behandelt werden.[280]

2.5 Trilog-Verfahren und Finalisierung des Textes

Nachdem die Standpunkte des Rates und des Parlaments festgelegt waren, fanden am 19. Oktober, 29. November und 15. Dezember 2023 nicht öffentliche Triloge zwischen Parlament, Rat und Kommission statt.[281] Diese drei politischen Treffen wurden von der technischen Ebene in 16 Meetings intensiv vorbereitet.

Bereits beim dritten Trilog am 15.12.2023 konnten der Rat und das Parlament eine als „Deal" gefeierte vorläufige Einigung über den EMFA erzielen.[282] Wenige Tage danach veröffentlichte ein Brüsseler Fachdienst das sog. 4-column document mit dem vorläufig konsentierten EMFA-Text in der rechten Spalte.[283]

In den beiden letzten Sitzungen der technischen Ebene am 8. und 9. Januar 2024 wurden weitere Anpassungen am vereinbarten Text vorgenommen.[284] Nach Übersetzung des englischen Textes in die anderen 23 Amtssprachen der EU wurden alle Fassungen des EMFA außerdem noch von Rechtslinguisten beider Gesetzgeber sprachlich überarbeitet.[285]

2.6 Letzte formale Schritte

Am 19.01.2024 billigte wiederum der AStV (1. Teil) die im letzten Trilog zwischen den Verhandlungsführern des Rates und des Parlaments erzielte

280 *Rat der EU,* Europäisches Medienfreiheitsgesetz: Rat einigt sich auf Verhandlungsmandat.

281 Vgl. *Council of the EU,* Analysis of the final compromise text, Rn. 12.

282 *Rat der EU,* Rat und Parlament erzielen Einigung über den EMFA; *European Parliament,* Deal on the EU Media Freedom Act.

283 *Contexte,* Post-meeting Version of Trilogue on December 15, 2023.

284 Vgl. *Council of the EU,* Analysis of the final compromise text, Rn. 13.

285 Zu dieser Praxis siehe Simitis/Hornung/Spiecker gen. Döhmann-*Albrecht* Einleitung, Rn. 202.

vorläufige Einigung über den EMFA.[286] Wenige Tage später wurde der „Deal" auch vom federführenden Parlamentsausschuss CULT mit großer Mehrheit angenommen.[287]

Schließlich wurde der EMFA in seinen 24 Sprachfassungen am 13.03.2024 vom Plenum des Europäischen Parlaments mit 464 zu 92 Stimmen bei 65 Enthaltungen final angenommen.[288] Formal betrachtet legte das Parlament den „Standpunkt in erster Lesung" fest und ersetzte damit seinen früheren Standpunkt vom 03.10.2023. Den neuen Standpunkt des Parlaments billigte der (fachfremde) Rat „Landwirtschaft und Fischerei" am 26.03.2024 ohne Aussprache bei einer Gegenstimme Ungarns.[289] Somit wurde der EMFA als Rechtsakt gemäß Art. 294 Abs. 4 AEUV in der Fassung des Standpunkts des Europäischen Parlaments vom 13.03.2024 erlassen.

2.7 Inkrafttreten und Geltung

Der EMFA wurde am 11.04.2024 von der Präsidentin des Europäischen Parlaments und dem belgischen Ratspräsidenten unterzeichnet und bereits am 17.04.2024 im Amtsblatt der EU veröffentlicht. Exakt 20 Tage danach ist er am 07.05.2024 in Kraft getreten. Dieses Inkrafttreten hat allerdings nicht die bei nationalen Gesetzen gewohnte Bedeutung.

Die Vorschriften des EMFA werden nämlich gemäß Art. 29 Satz 2 in der Regel erst ab dem 08.08.2025 Geltung erlangen. Bestimmte Normen werden schon früher oder auch deutlich später anwendbar. Die das Board betreffenden Vorschriften werden – sechs Monate früher – ab dem 08.02.2025 gelten. Somit könnte sich das neue Gremium resp. Board als Rechtsnachfolger der ERGA bereits im ersten Quartal 2025 konstituieren.

286 *Rat der EU,* Europäisches Medienfreiheitsgesetz: Vertreter der EU-Mitgliedstaaten bestätigen vorläufige Einigung.

287 *European Parliament,* CULT committee confirms the deal on the EU Media Freedom Act.

288 *Europäisches Parlament,* Medienfreiheitsgesetz: Mehr Schutz für Journalisten und Pressefreiheit in der EU.

289 *Rat der EU,* European Media Freedom Act: Council adopts new rules to protect journalists and media providers; *Agriculture and Fisheries Council,* Voting result.

Kapitel 3: Rechtsgrundlage, Subsidiarität, Handlungsform und Verhältnis zum nationalen Recht

3.1 Rechtsgrundlage

3.1.1 Begründung der Kommission

Die nachfolgende Darstellung lehnt sich an die Erwägungsgründe[290] und den die Rechtsgrundlage betreffenden Begründungsteil[291] des EMFA-E an. Soweit sinngemäße Zitate den Formulierungsstil der Kommission nicht hinreichend exakt widerspiegeln könnten, wird wörtlich zitiert. Diese Zitate sind jeweils kenntlich gemacht.

„[...] gestützt auf den Vertrag über die Arbeitsweise der Europäischen Union, insbesondere auf Art. 114, [...]" lautet der erste Bezugsvermerk zu Beginn der Präambel des EMFA-E. Das Wort „insbesondere" hat hier keine eigenständige Bedeutung, sondern wird in Rechtstexten der EU standardmäßig vor der direkten Rechtsgrundlage eines Rechtsaktes eingefügt.[292]

Als Rechtsgrundlage des gesamten Vorschlags benennt die Kommission ausschließlich Art. 114 AEUV. Danach sind Parlament und Rat legitimiert, Maßnahmen zur Angleichung der Rechts- und Verwaltungsvorschriften der Mitgliedstaaten zu erlassen, welche die Errichtung und das Funktionieren des Binnenmarkts zum Gegenstand haben. Der Binnenmarkt für Mediendienste ist aus Sicht der Kommission nicht ausreichend integriert. Der freie Verkehr in diesem „Medienbinnenmarkt" werde insbesondere durch folgende Hemmnisse erschwert:

> Insbesondere die unterschiedlichen nationalen Vorschriften und Ansätze in Bezug auf Medienpluralismus und redaktionelle Unabhängigkeit, die unzureichende Zusammenarbeit zwischen den nationalen Regulierungsbehörden oder -stellen sowie die undurchsichtige und unfaire Zuweisung öffentlicher und privater wirtschaftlicher Ressourcen erschweren es den Medienmarktakteuren, über Grenzen hinweg tätig zu werden und zu expandieren, und führen zu ungleichen Wettbewerbsbedingungen in der Union.[293]

290 Vgl. *Europäische Kommission*, EMFA-E DE Corrigendum, ErwG 1–6.

291 Vgl. *Europäische Kommission*, EMFA-E DE Corrigendum, S. 9 f.

292 *Europäische Union*, Leitfaden für Rechtstexte der EU, Rn. 9.4.

293 *Europäische Kommission*, EMFA-E DE Corrigendum, ErwG 4.

Mediendienste müssten zur Erhaltung ihrer Wettbewerbsfähigkeit eine „gewisse Größenordnung“ anstreben, um im Binnenmarkt erfolgreich zu sein. Grenzüberschreitende Investitionen von oder in Medienunternehmen seien dafür von besonderer Bedeutung.

Die Kommission will durch den EMFA, „das optimale Funktionieren des Binnenmarkts für Mediendienste gewährleisten“. Der Vorschlag ziele darauf ab, Hindernisse für das Anbieten von Mediendiensten im Binnenmarkt abzubauen. Insbesondere folgende Probleme seien hinderlich:

- nationale Beschränkungen in Bezug auf die Quellen und die Kommunikation von Journalisten als Diensteanbietern, die sich auf die Produktion und Bereitstellung von Mediendiensten auswirken;
- die Einmischung in den Betrieb von Mediendiensteanbietern, einschließlich ihrer redaktionellen Entscheidungen, und unterschiedliche Ansätze in Bezug auf den Schutz der redaktionellen Unabhängigkeit;
- das Risiko einer staatlichen Einmischung in öffentlich-rechtliche Medien zulasten gleicher Wettbewerbsbedingungen im Binnenmarkt und der Qualität der öffentlich-rechtlichen Medien; […][294]

Art. 114 AEUV sei darüber hinaus eine geeignete Rechtsgrundlage für die als „Governance-Aspekt der Initiative“ bezeichnete Einrichtung des Boards als Rechtsnachfolger der ERGA. Der im folgenden Zitat hervorgehobene Passus macht deutlich, dass die mit dem EMFA verfolgten Ziele über den Schutz des Binnenmarkts für Mediendienste bewusst hinausgehen:

> Der vorliegende Verordnungsvorschlag stellt einen harmonischen, koordinierten und vielschichtigen Rechtsrahmen dar, mit dem der Gesetzgeber zur Entwicklung und zum Schutz des Binnenmarkts für Mediendienste beiträgt und damit auch mehrere weitere legitime öffentliche Interessen (einschließlich des Schutzes der Nutzer) verfolgt und […] [Herv. A.F.][295]

3.1.2 Bundesrat

Der Bundesrat hat seine Subsidiaritätsrüge vom 25.11.2022 im Kern damit begründet, dass Art. 114 AEUV keine ausreichende Rechtsgrundlage für einen Verordnungsvorschlag sei, der auch Text- und Audiomedien erfasst und damit über den Anwendungsbereich der AVMD-RL hinausgeht.[296] Medien wie Presse und Hörfunk seien für den EU-Binnenmarkt nicht relevant, da sie „primär

294 *Europäische Kommission,* EMFA-E DE Corrigendum, S. 9.
295 *Europäische Kommission,* EMFA-E DE Corrigendum, S. 10.
296 Vgl. *Bundesrat,* Erster Beschluss zum EMFA-E, Rn. 1 bis 6.

lokal bzw. regional und daher nicht grenzüberschreitend ausgerichtet"[297] seien. Nach EUV und AEUV liege die Kulturhoheit und somit die Zuständigkeit für nationale Mediengesetzgebung bei den Mitgliedstaaten. Die EU verfüge im Kulturbereich lediglich über eine ergänzende und unterstützende Kompetenz gemäß Art. 4 Abs. 2 Satz 1 EUV i.V.m. Art. 167 Abs. 4 AEUV. Der EMFA bedeute „einen Eingriff in den Kernbereich des Rechts der Mitgliedstaaten, ihre Medienordnung in Ausübung ihrer Kulturhoheit selbst zu ordnen."[298] Dies gelte in besonderem Maße für Regelungen zu den über das Amsterdamer Protokoll besonders geschützten öffentlich-rechtlichen Medien. Die Bestimmungen in den Art. 21 und 22 dienten unabhängig von marktwirtschaftlichen Kriterien der Sicherung des Medienpluralismus und der Meinungsvielfalt. Medienkonzentrationsrecht sei im Gegensatz zum Wettbewerbsrecht nicht unter Art. 114 AEUV subsumierbar.

Die Kommission hat auf die Subsidiaritätsrüge des Bundesrates mit Schreiben vom 31.03.2023 detailliert reagiert und dabei betont, dass bei Erfüllung der Voraussetzungen von Art. 114 AEUV ein Legislativvorschlag auch andere Politikbereiche betreffen könne, in denen die Verträge der EU keine ausdrücklichen Zuständigkeiten übertragen.[299]

3.1.3 Deutscher Bundestag

Der Deutsche Bundestag fordert die Bundesregierung in seiner Stellungnahme vom 01.12.2022 einerseits auf, die Argumente und Bedenken des Bundesrates zu unterstützen und gegenüber der Kommission aktiv zu vertreten.[300] Andererseits argumentiert er in den einleitenden Feststellungen hinsichtlich Rechtsgrundlage und Subsidiarität des EMFA im Ergebnis unverhohlen zugunsten der von der Kommission herangezogenen Rechtsgrundlage:

> Es ist jedoch nicht ersichtlich, wie im EU-Binnenmarkt ein einheitliches Niveau an Medienfreiheit und damit auch eine EU-weite und rechtssichere Betätigung von Medienunternehmen ohne EU-Regelung genauso gut oder besser sichergestellt werden kann. Besonders deutlich zeigt sich dies zum Beispiel bei der grenzüberschreitenden Zusammenarbeit der Regulierungsbehörden oder auch der Regulierung großer Online-Plattformen.[301]

---

297 *Bundesrat,* Erster Beschluss zum EMFA-E, Rn. 4.

298 *Bundesrat,* Erster Beschluss zum EMFA-E, Rn. 5.

299 *Europäische Kommission,* Stellungnahme gegenüber dem Bundesrat, S. 3.

300 Vgl. *Deutscher Bundestag,* Antrag der Fraktion der CDU/CSU.

301 *Deutscher Bundestag,* Antrag der Fraktionen SPD, BÜNDNIS 90/DIE GRÜNEN u. FDP, S. 2.

Ergänzt wird diese an Art. 114 AEUV orientierte Argumentation durch den ausdrücklichen Hinweis auf die entsprechende Rechtsprechung des EuGH, wonach das Verfolgen weiterer Ziele einer Binnenmarktkompetenz nicht entgegensteht, sofern die Voraussetzungen für eine Heranziehung von Art. 114 AEUV als Rechtsgrundlage erfüllt sind.[302] Die auf Antrag der regierungstragenden Fraktionen beschlossene Stellungnahme gemäß Art. 23 Abs. 3 GG ist erkennbar das Ergebnis eines politischen Kompromisses der Ampel-Parteien und dementsprechend hinsichtlich der Bewertung der Rechtsgrundlage nicht frei von Widersprüchen.

3.1.4 Die Medienanstalten

Die Direktorenkonferenz der Landesmedienanstalten (DLM) begrüßt in ihrer am 13.12.2022 beschlossenen Stellungnahme die Grundausrichtung des Verordnungsentwurfes.[303] Neben anderen konkreten Problempunkten wird insbesondere die von der Kommission herangezogene Rechtsgrundlage kritisch bewertet. Die aus einer „Binnenmarktlogik" entwickelte Argumentation zu Art. 114 AEUV wirke konstruiert. Das diplomatisch formulierte Fazit will wohl weder die Länder noch die Kommission vor den Kopf stoßen und könnte auf divergierende Positionen im Kreis der DLM hindeuten:

> Die Medienanstalten schließen sich der Kritik der Stellungnahme des Bundesrates vom 25. November 2022 zu der Wahl der Rechtsgrundlage an, werben aber gleichzeitig für eine konstruktive Debatte hin zu einem zielgerichteten EMFA, der seine begrüßenswerten Aspekte weiterverfolgt.[304]

Die insbesondere von den Art. 20 bis 22 EMFA-E potenziell betroffene Kommission zur Ermittlung der Konzentration im Medienbereich (KEK) unterstützt mit ihrer prägnanten Stellungnahme vom 14.02.2023 das grundsätzliche Reformziel des EMFA.[305] Zur Kompetenzfrage vertritt sie einleitend die generelle Auffassung, dass

> mediale Vielfaltssicherung zum Kern der zu achtenden nationalen Identität (einschließlich der föderalen Ordnung in Deutschland) gehört, […]

Hinsichtlich der Anwendbarkeit von Art. 114 AEUV argumentiert die KEK differenziert und weniger apodiktisch, indem sie betont

302 *EuGH*, Urt. v. 10.12.2002 – C-491/01 – British American Tobacco.

303 Vgl. *Die Medienanstalten,* Positionspapier zum EMFA.

304 *Die Medienanstalten,* Positionspapier zum EMFA, S. 2.

305 *KEK,* Stellungnahme zum EMFA.

dass Fragen der Vielfaltssicherung sowie des Meinungs- und Medienpluralismus nicht ohne Weiteres und sicherlich nicht in dieser Absolutheit auf die Binnenmarktkompetenz gestützt werden können, [...]

3.1.5 Literatur zum EMFA-E

Im Rahmen der Dissertation über die (theoretischen) Auswirkungen eines Gesetzentwurfes konnte ihm Ergebnis dahinstehen, mit welcher Wahrscheinlichkeit der EMFA zu einem späteren Zeitpunkt vom EuGH vollständig oder in Teilen für nichtig erklärt werden könnte, weil er nicht auf der Grundlage von Art. 114 AEUV erlassen werden durfte. Selbst im Rahmen einer auf die Kompetenzfrage fokussierten Untersuchung nach Inkrafttreten des EMFA wäre eine sichere Prognose kaum möglich. Daher beschränkt sich der Verfasser auch in der angepassten Textversion auf die Darstellung solcher Thesen zur Rechtsgrundlage des EMFA-E, die für die medienrechtliche und rechtspolitische Diskussion in Deutschland relevant waren und sich zumindest mittelbar auf den damals laufenden Gesetzgebungsprozess auswirken konnten.

Die Länder hatten – möglicherweise vorsorglich in Erwartung eines einschlägigen Vorschlags der Kommission – eine breit angelegte Untersuchung zur Kompetenzverteilung zwischen EU und Mitgliedstaaten im Mediensektor in Auftrag gegeben, die im November 2020 und damit fast zwei Jahre vor Veröffentlichung des EMFA-E abgeschlossen wurde.[306] In diesem Gutachten wird zu Art. 114 AEUV als Rechtsgrundlage im Bereich der Medienvielfaltsicherung folgende Auffassung vertreten:

> Aus den Binnenmarktkompetenzen der EU ist eine Ermächtigung der EU zur Rechtsharmonisierung im Bereich der Medienvielfaltssicherung nicht ableitbar. [Zwischenfazit S. 40: ... "nur schwerlich ableitbar".][307]

Im finalen Abschnitt „Gesamtergebnis und politische Handlungsoptionen“ weisen die Verfasser allerdings auf die Bedeutung der Binnenmarktkompetenz der EU für unternehmerische Entscheidungen bei Mediendiensten hin:

> Zwar ist die Beantwortung der Frage, ob Rechtsakte und Handlungen der EU mit Auswirkung auf die Medienregulierung zulässig sind, nur im Einzelfall möglich, weil es an einer eindeutigen Bereichsausnahme für den Medienbereich als Adressat von EU-Regulierung fehlt und insbesondere die auf grenzüberschreitende

306 *Cole/Ukrow/Etteldorf*, Kompetenzverteilung.
307 *Cole/Ukrow/Etteldorf*, Kompetenzverteilung, Executive Summary Rn. 14.

Handelserleichterungen gerichtete Binnenmarktkompetenz der EU für das Handeln von Medienakteuren ebenso bedeutsam sein kann wie die Wettbewerbsaufsicht der EU.[308]

Die beiden Hauptautoren hatten anlässlich eines Webinars des EMR am 17.10.2022 Gelegenheit, den inzwischen vorliegenden EMFA-E vor dem Hintergrund ihres Gutachtens kursorisch zu bewerten. Unter der Überschrift „Kompetenz der EU für EMFA (light)?“ wiesen sie ausdrücklich auf das Spannungsverhältnis zwischen Binnenmarktregulierung der EU und positiver Medienordnung der Mitgliedstaaten hin.[309] Die Sicherung der Medienvielfalt gehöre zum Kern der von der Union nach Art. 4 Abs. 2 Satz 1 EUV zu achtenden nationalen Identität. Bei Rechtsakten, die sich auf pluralismusbezogene Regulierungsoptionen der nationalen Gesetzgeber unverhältnismäßig auswirken könnten, sei Zurückhaltung der EU geboten. Die noch in der EWG-Fernsehrichtlinie von 1989 erkennbare Selbstbeschränkung der EG erscheine (bedauerlicherweise) inzwischen antiquiert.

Bei der öffentlichen Anhörung zum EMFA-E im federführenden Parlamentsausschuss CULT am 06.02.2023 wies Cornils einleitend darauf hin, dass Rechtsfragen zur Gesetzgebungskompetenz oft schwierig seien und Art. 114 AEUV zugunsten der Kompetenz der Union weit reiche.[310] Dennoch seien sich in Deutschland Wissenschaft[311], Verbände und Länder bemerkenswert einig, dass der EMFA-E zu weit in den Bereich der Medienregulierung der Mitgliedstaaten eingreife. Hauptzweck des EMFA-E sei nicht der Abbau von Hemmnissen im Binnenmarkt. Das Binnenmarktargument zur Begründung der Kompetenz erscheine vorgeschoben. In besonderer Weise problematisch sei die Zuständigkeit der Union für die Art. 3 bis 6 sowie 21 und 22 EMFA-E. Die EU solle auf diesen Rechtsakt am besten verzichten oder den Regulierungsvorschlag zumindest grundlegend überarbeiten.

Dörr vertritt in einem für die ARD erstellten Gutachten die Hauptthese, dass dem EMFA-E insgesamt eine taugliche Ermächtigungsgrundlage fehle, da die vorgeschlagenen Regelungen im Schwerpunkt Medien in ihrer kulturellen Funktion betreffen würden und „allenfalls am Rande mittelbare Bezüge zum Binnenmarkt bestehen“.[312] Nach der Theorie vom Regelungsschwerpunkt sei

---

308 *Cole/Ukrow/Etteldorf*, Kompetenzverteilung, S. 237 f.

309 Vgl. *Cole/Ukrow*, Webinar des EMR (Präsentation), S. 16 f.

310 *Cornils*, Statement EMFA (Präsentation), in general: lack of EU`scompetence.

311 Explizit a.A. ist *Möllers*, DLM-Symposium 2023 (Webstream), ab Minute 16.

312 Vgl. *Dörr*, epd medien 6/2023, 34.

damit Art. 167 AEUV und nicht Art. 114 AEUV einschlägig. Unabhängig von dieser Theorie werden anschließend die Auswirkungen der Kompetenzausübungsregelungen hilfsweise geprüft und im Ergebnis zu der These verdichtet, dass der Verordnungsentwurf maßgeblich geändert werden müsse und Regelungen wie in Art. 3 bis 5 sowie 21 und 22 EMFA-E zu unterlassen seien. Im Hinblick auf das Subsidiaritätsprinzip weist Dörr einschränkend darauf hin, dass der EuGH in seiner bisherigen Rechtsprechung in keinem Einzelfall einen Verstoß gegen dieses Prinzip bejaht hat.

Ory hält die Rechtsgrundlage des EMFA-E für „dünn".[313] Obwohl ein Zusammenhang zwischen wirtschaftlicher Freiheit und Medienfreiheit unbestreitbar sei, ziele der EMFA-E in erster Linie auf die Medienvielfalt in den Mitgliedstaaten und nur reflexartig auf Hemmnisse im Binnenmarkt. Anders als Dörr legt sich Ory hinsichtlich einzelner Vorschriften nicht fest und will – möglicherweise aus taktischen Gründen – den EMFA im Kontext einer Reform des primären Unionsrechts diskutieren und ihn damit auf einen späteren, noch völlig ungewissen Zeitpunkt vertagen:

> Ob vor diesem Hintergrund einzelne Regelungen aus dem Maßnahmenbündel noch auf Art. 114 AEUV gestützt werden können, bedürfte der Detailuntersuchung. Wenn man indes davon ausgeht, dass weder die Grundrechtecharta noch Art. 2 AEUV ein Kompetenztitel sind, dann müsste die Diskussion um den EMFA eingebettet werden in Reformüberlegungen zum Primärrecht betreffend die Weiterentwicklung der europäischen Integration.[314]

Ein Autorenteam der VAUNET-Geschäftsstelle hält den EMFA-E nach entsprechenden Erfahrungen mit den medienrelevanten Verordnungen DSA und DMA für die „Nagelprobe der Kompetenzfrage".[315] Voraussetzung für eine rechtmäßige Anwendung des Art. 114 AEUV sei, dass der Schwerpunkt der Regulierung Medien als Wirtschaftsgut betreffen müsse. Davon ausgehend sei der Binnenmarktbezug von Art. 6 Abs. 1 und Art. 21 EMFA-E zumindest fraglich. Die Regelungen in den Art. 3, 4 Abs. 2, 5 Abs. 2, 17 und 24 EMFA-E seien eindeutig dem kulturellen Bereich zuzuordnen, der der Kompetenz der Mitgliedstaaten vorbehalten sei.

---

313 Vgl. *Ory*, ZRP 2023, 26.

314 *Ory*, ZRP 2023, 26, 29.

315 Vgl. *Beaujean/Oelke/Wierny*, MMR 2023, 11.

Demgegenüber vertritt Malferrari in der einschlägigen deutschen Literatur zum EMFA-E eine Mindermeinung[316], die er mit folgender Bemerkung zur spezifischen Diskussionslage in Deutschland einleitet:

> Es kursiert die Kritik, die EU besäße im Medienbereich keine Kompetenz. Ultra-vires-Fragen scheinen in Deutschland zum festen Bestandteil der rechtlichen-politischen Diskussion geworden zu sein.[317]

Die Dienstleistungsfreiheit innerhalb der EU werde unter anderem dadurch eingeschränkt, dass in verschiedenen Mitgliedstaaten Medieninvestoren aus dem EU-Ausland zunehmend benachteiligt würden. Ungebührliche Schikanen und Hindernisse für Journalismus in bestimmten Mitgliedstaaten würden auch die Tätigkeit von Auslandskorrespondenten aus anderen EU-Staaten betreffen und sich über den öffentlichen Diskurs und entsprechende Wahlergebnisse im jeweiligen Mitgliedstaat mittelbar auf Rechtsakte der EU auswirken.[318] Auch bei öffentlich-rechtlichen Medien müsse das Prinzip der Staatsferne gewährleistet werden, um Wettbewerbsverzerrungen im Binnenmarkt zu vermeiden.

Das neu zu schaffende Board werde keine bindenden Entscheidungen gegenüber Mediendiensteanbietern treffen dürfen, sondern diene allein einer engeren und effektiveren Kooperation zwischen unabhängigen nationalen Aufsichtsbehörden, in deren Händen die Medienaufsicht verbleibe. Zudem ließen viele Vorschriften im EMFA-E den Mitgliedstaaten sowie Medienunternehmen erheblichen Spielraum. Nach Hinweis auf aktuelle Rechtsprechung des EuGH schließt Malferrari unter anderem mit folgender These:

> Entwicklung des EU-Binnenmarkts und Schutz der Grundrechte inklusive dem Schutz des Pluralismus schließen sich nicht gegenseitig aus, sondern sind vielmehr zwei Seiten derselben Medaille.[319]

3.1.6 Europäischer Gerichtshof

Der EuGH verlangt, dass auf Art. 114 AEUV gestützte Maßnahmen die Voraussetzungen für die Errichtung und das Funktionieren des Binnenmarkts verbessern sollen.[320] Eine weitergehende Auslegung im Sinne einer allgemeinen Kompetenz der Union zur Regelung des Binnenmarkts widerspräche

---

316 Eine Annexkompetenz der EU für das Medienkonzentrationsrecht bejahten bereits *Gounalakis/Zagouras*, ZUM 2006, 716; *Gounalakis/Zagouras*, JZ 2008, 652.

317 *Malferrari*, EuZW 2023, 49.

318 So auch *Möllers*, DLM-Symposium 2023 (Webstream), ab Minute 16.

319 *Malferrari*, EuZW 2023, 49, 50.

320 *EuGH*, Urt. v. 05.10.2000 – C-376/98 – Tabakwerberichtlinie I, Rn. 83.

dem Wortlaut der Norm und wäre mit dem Grundsatz der begrenzten Einzelermächtigung (Art. 5 Abs. 2 EUV) unvereinbar. Die bloße Feststellung von Unterschieden zwischen den nationalen Vorschriften und die abstrakte Gefahr von Beeinträchtigungen der Grundfreiheiten oder daraus möglicherweise entstehenden Wettbewerbsverzerrungen reichen allein nicht aus, um die Wahl von Art. 114 AEUV als Rechtsgrundlage zu rechtfertigen. Ein darauf beruhender Rechtsakt muss tatsächlich den Zweck haben, die Voraussetzungen für die Errichtung und das Funktionieren des Binnenmarkts zu verbessern. Die durch einen Rechtsakt adressierten Wettbewerbsverzerrungen müssen zudem spürbar und dürfen nicht nur geringfügig sein.[321]

Sind die vorstehend beschriebenen Voraussetzungen für die Heranziehung von Art. 114 AUV erfüllt, können sich die Gesetzgeber der Union auch dann auf die Binnenmarktkompetenz stützen, wenn bspw. dem Gesundheitsschutz bei einer zu treffenden Entscheidung maßgebende Bedeutung zukommt.[322]

Nach Art. 6 Satz 2 AEUV ist die Union sowohl im Bereich „Schutz und Verbesserung der menschlichen Gesundheit" als auch im Bereich „Kultur" für Unterstützungs-, Koordinierungs- und Ergänzungsmaßnahmen mit europäischer Zielsetzung zuständig.[323] Aus dieser Regelung kann geschlossen werden, dass Gesundheitsschutz und Kultur im Kompetenzgefüge zwischen EU und Mitgliedstaaten gleichrangig positioniert sind. Die zitierte Rechtsprechung des EuGH zur Binnenmarktkompetenz trotz Verfolgung maßgeblich gesundheitspolitischer Ziele kann daher konsistent auf den EMFA übertragen werden, in dessen Kontext kulturelle Ziele wie die Sicherung von Meinungs- und Medienvielfalt eine bedeutende Rolle spielen. Daher spricht viel dafür, dass die maßgebende Bedeutung kultureller Aspekte für den EMFA kein durchschlagendes Argument gegen die Binnenmarktkompetenz der EU ist, sofern die von der Kommission zur Begründung herangezogenen Wettbewerbsverzerrungen in der Praxis bestehen und hinreichend spürbar sind. Wenig überzeugend erscheinen somit Thesen, die eine Binnenmarktkompetenz der Union für den EMFA allein deshalb ablehnen, weil der Schwerpunkt der Regelungen im Bereich der kulturellen Aufgaben der Medien liege.[324] Wichtige Rechtsakte der Union wurden schon seit den 1970er Jahren regelmäßig von Diskussionen über die Tragweite der Binnenmarktkompetenz begleitet. Diese in sehr vielen

---

321 *EuGH*, Urt. v. 05.10.2000 – C-376/98 – Tabakwerberichtlinie I, Rn. 106 f.

322 *EuGH*, Urt. v. 10.12.2002 – C-491/01 – British American Tobacco, Rn. 62.

323 Zu diesen Kompetenzen siehe Calliess/Ruffert-*Calliess* AEUV Art. 6, Rn. 5 ff.

324 Bspw. *Dörr*, epd medien 6/2023, 34; *Beaujean/Oelke/Wierny*, MMR 2023, 11.

Einzelfällen herangezogene Argumentation war allerdings nur „selten von Erfolg gekrönt“[325].

Mehrere Jahre vor Ankündigung des EMFA-E im Herbst 2021 wurde in einer Kommentierung zum RStV bereits treffend antizipiert, wie die Kommission weitere Rechtsakte zur Medienregulierung begründen könne bzw. müsse:

> Die wirtschaftsrechtliche Perspektive [...] ist tendenziell auf Expansion angelegt, weil sie Sachverhalte nur unter diesem Ausgangspunkt behandeln kann und deshalb auch nahezu alle Lebenssachverhalte unter diesen Ausgangspunkt subsumieren (muss). In einer anderen Weise kann beispielsweise die EU-Kommission ihren Einfluss in Rundfunkregulierungsfragen gar nicht geltend machen.[326]

Das nachfolgende Fazit zur Kompetenzlage dürfte vor dem Hintergrund der tendenziell unionsfreundlichen Rechtsprechung des EuGH der rechtlichen Situation entsprechen. Diese Rechtspraxis der EU kann aber unweigerlich zu Friktionen und nachvollziehbarem Unmut der nationalen Mediengesetzgeber führen:

> Ob diese durchgängige Qualifikation des nationalen Rundfunkrechts als „Wirtschaftsregulierung“ und seine hierarchische Unterordnung unter das Europarecht zu Recht geschehen ist [...], ist – praktisch gesehen – mehr oder weniger irrelevant. Die europäische Rechtspraxis geht von dieser „Selbstinterpretation“ ihrer eigenen Vertragsgrundlagen aus, so dass sich das innerstaatliche Rundfunkrecht mit einer derartigen Praxis mehr oder weniger „arrangieren“ muss.[327]

3.1.7 Juristischer Dienst des Rates (CLS)

Das Gutachten des CLS vom 04.04.2023 zur Rechtsgrundlage des EMFA-E konnte in der als Dissertation abgegebenen Version dieser Arbeit noch nicht berücksichtigt werden.[328] Da dieses Gutachten gerade für die deutsche Position im Rat erhebliche Konsequenzen hatte, soll es nunmehr in der aktualisierten Fassung dieser Untersuchung dargestellt werden.

Der CLS wertet in seinem Votum einschlägige Urteile des EuGH aus[329] und legt dementsprechend – wie schon in früheren Gutachten seit dem Jahr 2009[330] – drei Kriterien für einen Rückgriff auf Art. 114 AEUV als Rechtsgrundlage fest:

---

325 *Möllers,* DLM-Symposium 2023 (Webstream), Minute 25.

326 Binder/Vesting-*Vesting* RStV § 1, Rn. 25.

327 Binder/Vesting-*Vesting* RStV § 1, Rn. 25a.

328 Dok. 8089/23 war zunächst als „LIMITE“ eingestuft. Siehe dazu Kapitel 2.4.2.

329 Siehe *CLS,* Gutachten zur Rechtsgrundlage des EMFA, Fn. 21.

330 Im Einzelnen *CLS,* Gutachten zur Rechtsgrundlage des EMFA, Fn. 27.

- Zwischen nationalen Rechtsvorschriften bestehen Unterschiede oder werden wahrscheinlich Unterschiede entstehen, die geeignet sind, die Grundfreiheiten zu beeinträchtigen und sich somit unmittelbar auf das Funktionieren des Binnenmarkts auszuwirken oder zu spürbaren Wettbewerbsverzerrungen zu führen;
- die Maßnahme hat den Zweck, die Voraussetzungen für die Errichtung und das Funktionieren des Binnenmarkts zu verbessern; und
- keine andere Rechtsgrundlage ist geeignet.[331]

Im Gutachten wird explizit klargestellt, dass die Rechtsprechung des EuGH zu Art. 114 AEUV auf Hindernisse abstellt, die die Ausübung der Grundfreiheiten des Binnenmarkts gemäß Art. 26 Abs. 2 AEUV beeinträchtigen. Diskriminierende Praktiken und ein zunehmend feindseliges Investitionsumfeld für ausländische Unternehmen behindern aus Sicht des CLS in einigen Mitgliedstaaten Medienmarktakteure, die über Grenzen hinweg expandieren wollen.[332]

In Bezug auf die Art. 5 und 21 EMFA-E sowie die Bestimmungen für nichtaudiovisuellen Mediendienste hält der CLS das Bestehen oder wahrscheinliche Entstehen einer Behinderung des freien Verkehrs von Mediendiensten oder einer spürbaren Wettbewerbsverzerrung für weniger offensichtlich.[333] Zur Begründung der Unionskompetenz für diese Vorschriften wird dem Gesetzgeber empfohlen, den Binnenmarktbezug solcher Maßnahmen in der Präambel oder den Erwägungsgründen besser abzubilden. Abschließend zieht der CLS folgendes Fazit:

> Der Juristische Dienst des Rates ist der Auffassung, dass der Vorschlag in seiner aktuellen Fassung auf Artikel 114 AEUV gestützt werden kann, dass aber in der aktuellen Textfassung bei einigen Bestimmungen nicht hinreichend deutlich wird, dass mit ihnen tatsächlich darauf abgezielt wird, das Funktionieren des Binnenmarkts für Mediendienste zu verbessern, oder dass durch unterschiedliche nationale Maßnahmen eine Behinderung des Funktionierens des Binnenmarkts für Mediendienste besteht oder wahrscheinlich entstehen wird oder der Wettbewerb verzerrt wird.[334]

3.1.8 Ergebnis

Im Rahmen dieser Arbeit über den EMFA-E und den finalen EMFA muss die gerade in Deutschland von Beginn an breit diskutierte Kompetenzfrage nicht abschließend bewertet werden. Für private Mediendienste jeglicher Größenordnung wird man allerdings eine auf Art. 114 AEUV gestützte Kompetenz der

---

331 *CLS*, Gutachten zur Rechtsgrundlage des EMFA, Rn. 22.
332 Vgl. *CLS*, Gutachten zur Rechtsgrundlage des EMFA, Rn. 28.
333 Dazu ausführlich *CLS*, Gutachten zur Rechtsgrundlage des EMFA, Rn. 31–49.
334 *CLS*, Gutachten zur Rechtsgrundlage des EMFA, Rn. 69.

Union angesichts der zitierten Judikatur des EuGH kaum von der Hand weisen können. Beispielsweise müsste – um die geografische und soziokulturelle Spannweite der EU anschaulich zu machen – ein regierungskritischer Investor aus Portugal seine Grundfreiheiten im Binnenmarkt problemlos nutzen und ohne jegliche Diskriminierung polnische oder ungarische Lokalmedien übernehmen können.

Auch die vom Unionsgesetzgeber mit dem EMFA beanspruchte Binnenmarktkompetenz zur Regulierung öffentlich-rechtlicher Medien setzt die Existenz oder konkrete Gefahr spürbarer Wettbewerbsverzerrungen voraus. Diese Anforderung wäre wohl erfüllt, wenn ein öffentlich-rechtlicher Mediendiensteanbieter seine Marktstellung zulasten der Wettbewerber durch regierungsnahe Berichterstattung („Staatsfernsehen") ausbauen könnte. Ein derartiger Zusammenhang zwischen Inhalten und Markterfolg dürfte empirisch kaum nachzuweisen sein. Wenig überzeugend scheint daher die These der Kommission, dass eine Wettbewerbsverzerrung bereits infolge der Verbreitung „voreingenommene(r) Informationen und Meinungen" durch öffentlich-rechtliche Medien entstehe.[335]

Wie erwähnt wird vom CLS insbesondere moniert, dass die Kommission den Binnenmarktbezug der Bestimmungen des Art. 5 EMFA-E nicht hinreichend begründet hat. Das Gutachten empfiehlt daher, eine konkrete Beeinträchtigung der Grundfreiheiten durch Unterschiede zwischen nationalen Rechtsvorschriften in den entsprechenden Erwägungsgründen besser abzubilden. Der Gesetzgeber hat daraufhin die finalen ErwG 27 bis 31 zur Rolle öffentlich-rechtlicher Mediendiensteanbieter im Binnenmarkt für Mediendienste weitgehend neu gefasst. Ob dieser Nachbesserungsversuch das vom CLS festgestellte Begründungsdefizit tatsächlich ausgleichen kann, bleibt voraussichtlich eine medienpolitisch relevante Rechtsfrage, der an dieser Stelle nicht vertieft nachgegangen werden kann. Möglicherweise wird der EuGH noch Gelegenheit bekommen, diese spezielle Kompetenzfrage im Hinblick auf öffentlich-rechtliche Medien für die (künftige) Rechtspraxis der Union verbindlich zu beantworten.

Der gesamte Art. 5 EMFA befindet sich nach Dafürhalten des Autors zumindest in einer kompetenzrechtlichen Grauzone. Die hier ausgesprochen kritische Haltung des ansonsten eher „EMFA-freundlichen" CLS stützt diese Rechtsauffassung, die der Verfasser bereits in der Dissertation vertreten hatte.

---

335 *Europäische Kommission,* Stellungnahme gegenüber dem Bundesrat, S. 2.

3.2 Subsidiarität

3.2.1 Begründung

Die Kommission begründet die Beachtung des in Art. 5 Abs. 3 EUV verankerten Subsidiaritätsprinzips damit, dass die durch den EMFA anzugehenden Probleme grenzüberschreitender Natur seien, da sie sich wegen der zunehmend digitalen Produktion, Verbreitung und Rezeption von Medien nicht mehr auf einzelne Mitgliedstaaten beschränkten.[336] Ein gemeinsamer Rechtsakt der Union fördere insbesondere Rechtssicherheit und gleiche Wettbewerbsbedingungen und sei deshalb der beste Weg, den Binnenmarkt für Mediendienste durch fairen Wettbewerb und grenzüberschreitende Investitionen zu stärken. Der juristische Aufwand für Medienunternehmen, die in mehreren Mitgliedstaaten aktiv sind, werde durch den EMFA verringert. Den nationalen Medienregulierungsbehörden werde es ermöglicht, den Informationsraum der EU durch koordinierte Reaktionen besser zu schützen. Die Initiative wirke sich nicht auf nationale Identitäten oder Regulierungstraditionen im Medienbereich aus.

3.2.2 Bundesrat

Der Bundesrat hat seine bereits dargestellte Subsidiaritätsrüge im Wesentlichen mit einem Verstoß gegen die Kompetenzordnung begründet, da er der Rechtsauffassung ist, dass eine Subsidiaritätsprüfung auch die Vorfrage der Kompetenz beinhalten müsse.[337] Der EMFA-E verstoße aber auch im Übrigen aus folgendem Grund gegen das in Art. 5 Abs. 3 EUV normierte Subsidiaritätsprinzip:

> Der Verordnungsvorschlag lässt nach Dafürhalten des Bundesrates im Kern keine deutlichen Vorteile im Vergleich zu mitgliedstaatlichen Maßnahmen und damit keinen derartigen Mehrwert erkennen.[338]

3.2.3 Parlamente und Parlamentskammern der Mitgliedstaaten

Neben dem Bundesrat beschlossen zehn weitere Parlamente oder Parlamentskammern[339] sog. Subsidiaritätsrügen gemäß Art. 12 lit. b EUV i.V.m. Art. 6

336 Vgl. *Europäische Kommission*, EMFA-E DE Corrigendum, S. 10 f.

337 *Bundesrat*, Erster Beschluss zum EMFA-E, Rn. 7.

338 *Bundesrat*, Erster Beschluss zum EMFA-E, Rn. 8.

339 Chronologisch nach Eingang: *Council of the EU*, German Bundesrat; *Council of the EU*, The Hungarian National Assembly; *Council of the EU*, The Parliament of Denmark; *Council of the EU*, French Senate; *Council of the EU*, Oireachtas;

„Protokoll (Nr. 2) über die Anwendung der Grundsätze der Subsidiarität und der Verhältnismäßigkeit" (SubsProt).[340] Diese Dokumente wurden vom Rat ausschließlich in der jeweiligen Originalsprache veröffentlicht und können daher im Rahmen dieser Arbeit nicht näher untersucht werden. Ob die erst Anfang 2023 eingegangenen Stellungnahmen aus Slowenien und Italien wegen eventueller Versäumnis der achtwöchigen Frist unzulässig waren, kann im Ergebnis dahinstehen, da das in Art. 7 Abs. 2 UAbs. 1 Satz 1 SubsProt festgelegte Quorum (mindestens 18 von 54 Stimmen) mit immerhin 14 Stimmen[341] in jedem Falle verfehlt wurde. Aus Sicht des Bundesrates ist Anlass für eine gewisse Erleichterung, dass auch Parlamente oder Parlamentskammern wie der französische Senat, das dänische Parlament und das portugiesische Parlament die Rechtsauffassung der deutschen Länderkammer im Ergebnis teilen.[342]

3.2.4 Ergebnis

Da die vorstehend genannten Subsidiaritätsrügen aus 10 der 27 Mitgliedstaaten das Quorum von mindestens 18 Stimmen verfehlt hatten, war die Kommission nach den Regelungen im SubsProt rechtlich nicht verpflichtet, den EMFA-E daraufhin zu überprüfen, ob sie an ihrem Vorschlag ohne Änderungen festhalten will. Ungeachtet dieser formalen Betrachtungsweise sind Subsidiaritätsrügen immer auch ein politisches Signal, das sich hier bei einem rechnerischen Stimmgewicht von fast 26 % auf den weiteren Gesetzgebungsprozess und im Besonderen auf die informellen Verhandlungen im Trilog auswirken konnte.

Die Erfolgsaussichten einer möglicherweise zu einem späteren Zeitpunkt von Deutschland im Namen des Bundesrates als Nichtigkeitsklage gemäß Art. 263 AEUV erhobenen Subsidiaritätsklage[343] erscheinen vor dem Hintergrund der zumeist integrationsfreundlichen Rechtsprechung des EuGH gering und sollen angesichts der Vielfalt themenrelevanter Problemkreise im Rahmen dieser Arbeit nicht vertieft untersucht werden.

Council of the EU, The Portuguese Parliament; *Council of the EU,* The Chamber of Deputies of the Czech Republic; *Council of the EU,* Senate of the Kingdom of the Netherlands; *Council of the EU,* Senate of the Parliament of the Czech Republic; *Council of the EU,* Senate of the National Assembly of the Republic of Slovenia; *Council of the EU,* The Italian Senate.

340 Gemäß Art. 51 EUV sind Protokolle der Verträge Bestandteil der Verträge.

341 Die Parlamente in DK, HU und PT haben zwei Stimmen (Einkammersystem).

342 *Raab*, FAZ vom 16.05.2023.

343 Vgl. dazu *Streinz,* Europarecht, Rn. 685.

3.3 Verhältnismäßigkeit

Die Kommission begründet die Beachtung des in Art. 5 Abs. 4 EUV geregelten Grundsatzes der Verhältnismäßigkeit lediglich kurz und wiederholt hierbei einzelne Argumentationsmuster, die schon im Kontext von Rechtsgrundlage und Subsidiarität eine Rolle gespielt hatten.[344]

Die Initiative konzentriere sich ausschließlich auf Bereiche in denen zusätzliche Maßnahmen der Union erforderlich seien, um einen gemeinsamen Rechtsrahmen „für das reibungslose Funktionieren des Binnenmarkts für Mediendienste zu erreichen". Mehrere Vorschriften im EMFA-E beruhten auf Grundsätzen und dies trage dazu bei, „die Verhältnismäßigkeit der Vorschläge zu gewährleisten". Der Verordnungsvorschlag ziele auf Probleme, die die Mitgliedstaaten allein nicht zufriedenstellend lösen könnten und sehe eine „gut kalibrierte Harmonisierung vor". Der Vorschlag werde Rechtssicherheit und fairen Wettbewerb verbessern und dadurch das Vertrauen der Investoren in grenzüberschreitende Transaktionen stärken.

Die Subsidiaritätsrüge des Bundesrates reagiert entsprechend auf die Begründungsschwerpunkte des EMFA-E und konzentriert sich daher konsequent und fast durchgängig auf die Kompetenzfrage. Das Verhältnismäßigkeitsprinzip gemäß Art. 5 Abs. 4 EUV spielt daher argumentativ kaum eine Rolle und wird lediglich im Wortlaut dieser Norm in Erinnerung gerufen.[345]

3.4 Wahl der Handlungsform

3.4.1 Vorbemerkung

Als Handlungsform für einen Rechtsakt auf der Grundlage von Art. 114 AEUV stehen sowohl die Richtlinie als auch die Verordnung zur Verfügung.[346] Nach Art. 296 Abs. 1 AEUV entscheiden die Organe über die Art des zu erlassenden Rechtsakts von Fall zu Fall unter Einhaltung der geltenden Verfahren und des Grundsatzes der Verhältnismäßigkeit. Für die praktische Anwendung dieser Norm ist folgende Erklärung der Regierungskonferenz (inzwischen „Europäischer Rat") aus dem Jahr 1987 zu berücksichtigen:

---

344 Vgl. *Europäische Kommission*, EMFA-E DE Corrigendum, S. 11.

345 *Bundesrat*, Erster Beschluss zum EMFA-E, Rn. 10.

346 Vgl. *Streinz*, Europarecht, Rn. 996.

> Die Kommission wird bei ihren Vorschlägen nach Artikel 100a Absatz 1 der Rechtsform der Richtlinie den Vorzug geben, wenn die Angleichung in einem oder mehreren Mitgliedstaaten eine Änderung gesetzlicher Vorschriften erfordert.[347]

Diese Erklärung zum primären Unionsrecht ist nach Maßgabe des Art. 31 Abs. 2 WVRK grundsätzlich verbindlich und beruht auf dem pragmatisch wirkenden Gedanken, dass die Kommission stets eine Richtlinie bevorzugen soll, wenn nationale Gesetze auch infolge einer Verordnung geändert werden müssten. Sie entspricht der in Art. 5 Abs. 4 UAbs. 1 EUV geregelten Kompetenzbeschränkung, wonach Maßnahmen der Union inhaltlich wie formal nicht über das zur Erreichung der Ziele der Verträge erforderliche Maß hinausgehen dürfen.

Ungeachtet der zitierten Erklärung aus dem Jahr 1987 räumt der EuGH den Gesetzgebungsorganen der Union auch bei Auswahl der adäquaten Handlungsform einen weiten Ermessensspielraum ein.[348] Das daraus resultierende Wahlrecht der Kommission wird damit begründet, dass eine Detailregelung durch Richtlinie stärker in Kompetenzen der Mitgliedstaaten eingreifen könne als eine Verordnung, die lediglich einen Rahmen vorgibt. Einen generellen Vorrang der Richtlinie gibt es in der vom EuGH geprägten Rechtspraxis der Union demzufolge nicht.[349]

Falls die Kommission eine Verordnung als Handlungsform wählen will, erstreckt sich die Begründungspflicht in Art. 296 Abs. 2 AEUV auch auf diese Ermessensentscheidung. Die Wahl einer Verordnung statt einer Richtlinie unterliegt der Missbrauchskontrolle durch den EuGH, die allerdings bislang in keinem Einzelfall angestrengt wurde.

3.4.2 Begründung

Die Kommission begründet die „Wahl des Instruments“ im Wesentlichen mit drei Argumenten.[350] Eine Verordnung könne ohne langwierigen Umsetzungsprozess unmittelbar Wirkung entfalten und dadurch die Probleme für Mediendienste im Binnenmarkt schneller angehen. Außerdem werde durch eine Verordnung vermieden, dass Mitgliedstaaten die Umsetzung einer Richtlinie missbräuchlich ausnutzen könnten, um diskriminierende nationale Vorschriften zulasten unabhängiger Medien einzuführen oder beizubehalten. Der

---

347 Erklärung zu Artikel 100a des EWG-Vertrags, ABl.EG 1987 L 169, 24.
348 Vgl. Calliess/Ruffert-*Korte* AEUV Art. 114, Rn. 74.
349 Dazu m.w.N. Calliess/Ruffert-*Korte* AEUV Art. 114, Rn. 75.
350 Vgl. *Europäische Kommission,* EMFA-E DE Corrigendum, S. 11 f.

Vorschlag habe zudem mit der Einrichtung des Boards eine „institutionelle Komponente“, die vorzugsweise in einer Verordnung geregelt werde.

3.4.2.1 Hintergrund

Die vorstehend skizzierte Begründung macht deutlich, dass die Kommission die allgemeine Bereitschaft der Mitgliedstaaten zur korrekten und fristgerechten Umsetzung einer „EMFA-Richtlinie“ bezweifelt. Diese ausgeprägte Skepsis beruht im Besonderen auf noch frischen Erfahrungen mit der schleppenden Umsetzung der im Jahr 2018 novellierten AVMD-RL.[351] Nach anfänglichen Problemen mit insgesamt 23 Mitgliedstaaten beschloss die Kommission im Mai 2022, Tschechien, Irland, Rumänien, die Slowakei und Spanien vor dem EuGH zu verklagen, weil diese fünf Mitgliedstaaten bis dato keinerlei Maßnahmen zur vollständigen Umsetzung der rund 3 ½ Jahre zuvor revidierten AVMD-RL ergriffen hatten. In der begleitenden Pressemitteilung wird an die Vorgeschichte erinnert:

> Die Mitgliedstaaten hatten bis zum 19. September 2020 Zeit, die Richtlinie umzusetzen und der Kommission ihre nationalen Maßnahmen mitzuteilen. Da die einschlägigen nationalen Vorschriften nicht angenommen wurden, übermittelte die Kommission im November 2020 Aufforderungsschreiben an 23 Mitgliedstaaten, gefolgt von neun mit Gründen versehenen Stellungnahmen im September und zwei weiteren im November 2021.[352]

Vier dieser Fälle konnten nach entsprechenden Umsetzungsmaßnahmen in den beklagten Mitgliedstaaten bis Ende Januar 2023 abgeschlossen werden. Die Klage gegen das für sehr große Online-Plattformen aus Drittstaaten[353] zuständige Irland ist allerdings bis dato[354] vor dem EuGH anhängig.[355]

In einer Entschließung des Parlaments vom 09.05.2023 zur Umsetzung der AVMD-RL wird wegen dieser negativen Erfahrungen explizit Kritik an einigen Mitgliedstaaten, aber auch an der Kommission geübt:

> Das Europäische Parlament, [...] 1. kritisiert sowohl den mangelhaften Willen einiger Mitgliedstaaten zur rechtzeitigen Umsetzung der AVMD-Richtlinie als auch das insgesamt zu zögerliche Handeln der Kommission bei der Einleitung von

---

351 So ausdrücklich *Frenay*, LIBE, Public Hearing on EMFA (Webstream), 16.17 Uhr.

352 *Europäische Kommission*, AVMD-RL: Kommission verklagt fünf Mitgliedstaaten.

353 Insb. Google, YouTube, LinkedIn, Facebook, Instagram, TikTok und X (ehem. Twitter).

354 Stand: 24.04.2024.

355 *Europäische Kommission*, Vertragsverletzung INFR(2020)0531 Irland.

Vertragsverletzungsverfahren sowie die späte Veröffentlichung von Leitlinien; legt den Mitgliedstaaten nahe, die AVMD-Richtlinie unverzüglich umzusetzen;[356]

3.4.3 Kritik aus Deutschland

Der Bundesrat vertritt die Auffassung, dass bereits die Wahl der Handlungsform Verordnung gegen die Pflicht der EU verstoße, der „kulturpolitischen Querschnittsklausel" in Art. 167 AEUV hinreichend Rechnung zu tragen.[357] Die Argumente der Kommission zur Begründung der Erforderlichkeit einer Verordnung seien pauschal und nicht tragfähig, da der Umsetzungsprozess Wesensbestandteil einer Richtlinie ist und das Ziel seiner Vermeidung dieses Instrument an sich in Frage stelle.

Vier einflussreiche Verbände aus dem Bereich der Presse (BDZV, MVFP) und des privaten Rundfunks (VAUNET, APR) befürworten in einer gemeinsamen Stellungnahme, den EMFA-E in eine Verordnung und eine Richtlinie aufzuteilen.[358] Im Zweifel sei eine Mindestharmonisierung durch eine Richtlinie das am besten geeignete und passende Instrument für die Medienbranche. Die Verbände schlagen konkret vor, Art. 20 EMFA-E ersatzlos zu streichen und die Art. 3, 6 und 21 EMFA-E in eine Richtlinie zu verschieben.

3.4.4 Ergebnis

In der medienrechtlichen Diskussion über den EMFA-E wird die Auffassung vertreten, dass der EMFA-E unter einem Kompetenzdefizit leide, das durch einen Wechsel zum Regelungsinstrument Richtlinie gelöst werden könne.[359] Dieser These wird entgegengehalten, dass eine „EMFA-Richtlinie" nur dann kulturelle Kompetenzen der Mitgliedstaaten schonen würde, wenn sie den Mitgliedstaaten hinsichtlich der zu erreichenden Ziele Handlungsspielraum für die Umsetzung einräume.[360] Ein schlichter Wechsel der Handlungsform löse kein Kompetenzproblem und werde als rechtspolitische Option überschätzt.

Es spricht viel dafür, dass in der Begründung der Kommission zur Erforderlichkeit einer Verordnung die zu erwartenden Nachteile einer „EMFA-Richtlinie" wegen fehlender, verzögerter oder unzureichender Umsetzung

---

356 *Europäisches Parlament,* Bericht über die Umsetzung der AVMD-RL.

357 Vgl. *Bundesrat,* Erster Beschluss zum EMFA-E, Rn. 14.

358 Vgl. *BDZV et al.,* Media associations support splitting the EMFA.

359 *Dörr,* epd medien 6/2023, 34, 36; *Ory,* ZRP 2023, 26, 29; *Beaujean/Oelke/Wierny,* MMR 2023, 11, 16.

360 Vgl. *Cornils,* Statement EMFA (Präsentation), Directive instead of regulation?

durch Mitgliedstaaten nach den unbestreitbar negativen Erfahrungen mit der AVMD-RL zutreffend dargestellt sind. Die ausgeprägte Skepsis der Kommission hinsichtlich des Umsetzungswillens von Mitgliedstaaten betrifft hier medienpolitisch bedeutsame Rechtsakte und nicht die Richtlinie an sich als zulässige Handlungsform. Hatte bei der AVMD-RL bis zuletzt Irland[361] die Umsetzung verweigert, so könnten das bei einer „EMFA-Richtlinie" gerade die Mitgliedstaaten sein, deren Probleme hinsichtlich Medienfreiheit und Medienpluralismus eine solche Richtlinie angehen würde. Die Begründung der Kommission zur Wahl der Handlungsform Verordnung erscheint daher hinreichend tragfähig und frei von Ermessensfehlern.

3.5 Unionsrecht und nationales Recht

3.5.1 Europäischer Gerichtshof

Die Verträge der Europäischen Gemeinschaften und später der EU enthielten zu keinem Zeitpunkt eine ausdrückliche Regelung für den Fall einer Kollision zwischen Unionsrecht und nationalem Recht. Im Jahr 1964 hatte der EuGH im Fall Costa gegen ENEL daher erstmals Gelegenheit zu einem Grundsatzurteil, um das Verhältnis zwischen Gemeinschaftsrecht und dem Recht der Mitgliedstaaten zu klären. In dieser Entscheidung betont der EuGH die Eigenständigkeit der durch den EWG-Vertrag geschaffenen autonomen Rechtsordnung und stellt zusammenfassend fest:

> Aus alledem folgt, daß [sic] dem vom Vertrag geschaffenen, somit aus einer autonomen Rechtsquelle fließenden Recht wegen dieser seiner Eigenständigkeit keine wie immer gearteten innerstaatlichen Rechtsvorschriften vorgehen können, wenn ihm nicht sein Charakter als Gemeinschaftsrecht aberkannt und wenn nicht die Rechtsgrundlage der Gemeinschaft selbst in Frage gestellt werden soll.[362]

Nach diesem ersten Urteil hat der EuGH in ständiger Rechtsprechung den absoluten Anwendungsvorrang des Gemeinschaftsrechts (heute Unionsrechts) vor dem Recht der Mitgliedstaaten wiederholt bekräftigt. Auf diese Judikatur bezieht sich die Erklärung Nr. 17 zur Schlussakte zum Vertrag von Lissabon (2007) ohne jegliche Einschränkung:

---

361 Am 24.02.2023 hat Irland den "Online and Safety Media Regulation Act 2022" sowie zwei ergänzende Verordnungen notifiziert (gemäß Richtlinie (EU) 2015/1535). Quelle: https://www.obs.coe.int/de/web/observatoire/avmsd-tracking

362 *EuGH*, Urt. v. 15.07.1964 – 6/64 – Costa/ENEL, S. 1270 Sammlung der Rechtsprechung des Gerichtshofes.

> Die Konferenz weist darauf hin, dass die Verträge und das von der Union auf der Grundlage der Verträge gesetzte Recht im Einklang mit der ständigen Rechtsprechung des Gerichtshofs der Europäischen Union unter den in dieser Rechtsprechung festgelegten Bedingungen Vorrang vor dem Recht der Mitgliedstaaten haben.[363]

Der EuGH bezieht sich wiederum selbst auf diese Erklärung, wenn er den Vorrang des Unionsrechts auch gegenüber dem Verfassungsrecht der Mitgliedstaaten unterstreicht.[364]

3.5.2 Bundesverfassungsgericht

Das Bundesverfassungsgericht hat sich 1974 und 1986 in zwei wegweisenden Entscheidungen mit der Frage beschäftigt, in welchem Umfang das Gericht das Verhältnis der Grundrechte des Grundgesetzes zum Europarecht überprüft. Vor dem Hintergrund der Rechtsprechung des EuGH zum absoluten Vorrang des Gemeinschaftsrechts war zu entscheiden, ob sich das Bundesverfassungsgericht eine Prüfungs- und Einwirkungsmöglichkeit dann vorbehält, wenn Europarecht mit dem nationalen Grundrechtsschutz kollidiert.

Zum Zeitpunkt der ersten Entscheidung im Jahr 1974 war der Integrationsprozess der Gemeinschaft noch nicht so weit fortgeschritten, dass das Gemeinschaftsrecht einen dem Grundgesetz adäquaten Grundrechtskatalog enthielt.[365] Solange seien deshalb Normenkontrollverfahren zulässig und geboten, wenn das vorlegende Gericht eine entscheidungserhebliche Vorschrift des Gemeinschaftsrechts in der vom EuGH gegebenen Auslegung für unanwendbar hält, weil und soweit sie mit einem der Grundrechte des Grundgesetzes kollidiert.

Wie im „Solange I Beschluss" implizit aber zeitlich offen angekündigt, konnte das Bundesverfassungsgericht gut 12 Jahre später 1986 im „Solange II Beschluss" feststellen, dass inzwischen insbesondere durch die Rechtsprechung des EuGH ein wirksamer Schutz der Grundrechte gegenüber der Hoheitsgewalt der Gemeinschaften generell gewährleistet ist. Leitsatz 2 dieser dogmatisch und rechtspolitisch bedeutsamen Entscheidung lautet:

> Solange die Europäischen Gemeinschaften, insbesondere die Rechtsprechung des Gerichtshofs der Gemeinschaften einen wirksamen Schutz der Grundrechte gegenüber der Hoheitsgewalt der Gemeinschaften generell gewährleisten, der dem vom Grundgesetz als unabdingbar gebotenen Grundrechtsschutz im wesentlichen gleichzuachten ist, zumal den Wesensgehalt der Grundrechte generell verbürgt, wird das

---

363 17. Erklärung zum Vorrang, ABl. EU 2007 C 306, 256.
364 Dazu m.w.N. *Streinz,* Europarecht, Rn. 223.
365 *BVerfGE* 37, 271 – Solange I.

Bundesverfassungsgericht seine Gerichtsbarkeit über die Anwendbarkeit von abgeleitetem Gemeinschaftsrecht, das als Rechtsgrundlage für ein Verhalten deutscher Gerichte oder Behörden im Hoheitsbereich der Bundesrepublik Deutschland in Anspruch genommen wird, nicht mehr ausüben und dieses Recht mithin nicht mehr am Maßstab der Grundrechte des Grundgesetzes überprüfen; entsprechende Vorlagen nach GG Art 100 Abs 1 sind somit unzulässig.[366]

Im Bereich der Grundrechtskontrolle hat das Bundesverfassungsgericht damit schon im Jahr 1986 seine Linie gegenüber dem EuGH gelockert und würde erst dann wieder seine diesbezügliche Gerichtsbarkeit ausüben, wenn durch (geänderte) Rechtsprechung des EuGH das vom Grundgesetz geforderte Ausmaß an Grundrechtsschutz generell und offenkundig unterschritten würde. In der Praxis konzentriert sich der Prüfungsvorbehalt des Bundesverfassungsgerichts deshalb auf die Ultra-vires-Kontrolle und die Identitätskontrolle.

Im Lissabon-Urteil von 2009 bestätigt und präzisiert das Bundesverfassungsgericht seine diesbezüglichen Kontrollkompetenzen ausdrücklich.[367] Danach prüft das Gericht, ob sich Rechtsakte der europäischen Organe unter Wahrung des Subsidiaritätsprinzips in den Grenzen der ihnen im Wege der begrenzten Einzelermächtigung eingeräumten Hoheitsrechte halten. Darüber hinaus prüft das Bundesverfassungsgericht, ob der unantastbare Kerngehalt der Verfassungsidentität des Grundgesetzes nach Art. 23 Abs. 1 Satz 3 i.V.m. Art. 79 Abs. 3 GG gewahrt ist. Die Ausübung dieser Prüfungskompetenzen folgt dem Grundsatz der Europarechtsfreundlichkeit des Grundgesetzes.

Im Urteil werden – wohl vorsorglich – mehrere „wesentliche(n) Bereiche demokratischer Gestaltung" konkret benannt, die das Gericht dem Identitätskern der deutschen Verfassung zuordnet. Im Kontext des EMFA und angesichts der Möglichkeit einer späteren verfassungsrechtlichen Überprüfung dieser europarechtlichen Verordnung durch das Bundesverfassungsgericht erscheint folgende Urteilspassage bemerkenswert:

Zu diesen bedeutsamen Sachbereichen gehören auch kulturelle Fragen wie die Verfügung über die Sprache, die Gestaltung der Familien- und Bildungsverhältnisse, die **Ordnung der Meinungs-, Presse- und Versammlungsfreiheit** oder der Umgang mit dem religiösen oder weltanschaulichen Bekenntnis. [Herv. A.F.][368]

---

366 *BVerfGE* 73, 339, 1 – Solange II.

367 *BVerfGE* 123, 267 – Lissabon-Vertrag.

368 *BVerfGE* 123, 267, juris-Rn. 249 – Lissabon-Vertrag.

Die schon im Lissabon-Urteil geforderte europarechtsfreundliche Handhabung der Ultra-vires-Kontrolle hat das Bundesverfassungsgericht ein Jahr später im Honeywell-Beschluss – weiter einschränkend – präzisiert:

> Eine Ultra-vires-Kontrolle durch das Bundesverfassungsgericht kommt nur in Betracht, wenn ein Kompetenzverstoß der europäischen Organe hinreichend qualifiziert ist. Das setzt voraus, dass das kompetenzwidrige Handeln der Unionsgewalt offensichtlich ist und der angegriffene Akt im Kompetenzgefüge zu einer strukturell bedeutsamen Verschiebung zulasten der Mitgliedstaaten führt.[369]

Gefordert wird somit nicht nur die Evidenz, sondern zugleich eine Strukturrelevanz des Kompetenzverstoßes. Wegen dieser hohen Hürden dürfte eine zukünftige Ultra-vires-Kontrolle selbst dann nicht in Betracht kommen, wenn das Bundesverfassungsgericht zu der Auffassung tendieren sollte, dass dem EMFA vollständig oder in Teilen eine hinreichend tragfähige Rechtsgrundlage fehle.

3.5.3 Anwendungsvorrang des Unionsrechts

Der zuerst durch die Rechtsprechung des EuGH postulierte Anwendungsvorrang des Unionsrechts gegenüber mitgliedstaatlichem Recht wird auch durch das Bundesverfassungsgericht anerkannt. Im Lissabon-Urteil wird die Wirkungsweise dieses Prinzips im Detail erklärt:

> Der europarechtliche Anwendungsvorrang lässt entgegenstehendes mitgliedstaatliches Recht in seinem Geltungsanspruch unberührt und drängt es nur in der Anwendung soweit zurück, wie es die Verträge erfordern und nach dem durch das Zustimmungsgesetz erteilten innerstaatlichen Rechtsanwendungsbefehl auch erlauben (vgl. BVerfGE 73, 339 <375>). Gemeinschafts- und unionswidriges mitgliedstaatliches Recht wird lediglich soweit unanwendbar, wie es der entgegenstehende gemeinschafts- und unionsrechtliche Regelungsgehalt verlangt.[370]

Nationales Recht, das gegen Unionsrecht verstößt, darf demnach fortan nicht mehr angewandt werden, bleibt aber dennoch geltendes Recht.[371] Nationale Gerichte müssen dieses nationale Recht prüfen und dürfen es in eigener Verantwortung ohne Vorlage gemäß Art. 100 Abs. 1 GG verwerfen. Nach der Rechtsprechung des EuGH sind auch alle Verwaltungsbehörden der Mitgliedstaaten von Amts wegen verpflichtet, die Vereinbarkeit nationaler Normen mit

369 *BVerfGE* 126, 286, Leitsatz 1. a) – Honeywell.
370 *BVerfGE* 123, 267, juris-Rn. 335 – Lissabon-Vertrag.
371 Vgl. *Streinz,* Europarecht, Rn. 270.

dem Unionsrecht zu prüfen. Falls sie der Auffassung sind, dass beides nicht im Einklang steht, dürfen sie das nationale Recht nicht anwenden.[372]

Dieses Gebot der Nichtanwendung europarechtswidriger nationaler Normen kann Verwaltungsbehörden in erhebliche Schwierigkeiten bringen.[373] Im Einzelfall kann die Reichweite des unionsrechtlichen Regelungsgehalts gegenüber dem mitgliedstaatlichen Recht nicht hinreichend klar sein. In solchen Fällen besteht die mit Haftungsrisiken verbundene Gefahr, dass die Verwaltungsbehörde eine nationale Norm zu Unrecht verwirft oder sie fälschlicherweise anwendet. Die Einheitlichkeit der Rechtsanwendung innerhalb eines Mitgliedstaates wird bei nicht eindeutigen Kollisionsfällen erst durch eine Vorabentscheidung des EuGH (Art. 267 AEUV) über die Auslegung des Unionsrechts hergestellt. Bis zu diesem Zeitpunkt besteht in derartigen Fällen das Risiko divergierender Verwaltungs- und Gerichtsentscheidungen.

Gesetzgeber der Mitgliedstaaten sollten daher im Interesse einer klaren Rechtslage unverzüglich auf neues Unionsrecht reagieren, indem sie kollidierende nationale Vorschriften – soweit notwendig – aufheben, ändern oder ggf. klarstellen, um Gerichten und Verwaltungsbehörden Anwendungssicherheit zu geben.

3.5.3.1 Anwendungsvorrang des EMFA

Der EMFA wird sich mit Geltung seiner Vorschriften – in der Regel ab dem 08.08.2025 – unmittelbar auf die Anwendbarkeit entgegenstehender Bundes- oder Landesgesetze auswirken. Im folgenden Kapitel 4 wird konkret dargestellt, welche Vorschriften der deutschen Rechtsordnung vom Anwendungsvorrang des Europäischen Medienfreiheitsgesetzes vollständig oder partiell betroffen sein werden.

Wegen der oben beschriebenen Risiken für die Einheitlichkeit der Rechtsanwendung innerhalb eines Mitgliedstaates sollten Bund und Länder proaktiv reagieren, indem sie ihre jeweils betroffenen Gesetze unverzüglich an den EMFA anpassen.[374] Dabei geht es nicht allein um den MStV als Kern des Medienrechts der Länder, sondern besonders wegen Art. 4 EMFA auch um die

372 *EuGH*, Urt. v. 22.06.1989 – 103/88 – Constanzo, Rn. 31 f.

373 Vgl. *Ehlers/Pünder*, Allgemeines Verwaltungsrecht, § 2 Rechtsquellen und Rechtsnormen der Verwaltung Rn. 125.

374 Zum Vergleich: Das Bundesgesetz zur Durchführung des DSA enthält neben dem Digitale-Dienste-Gesetz (DDG) weitere 35 Artikel mit Änderungen von Gesetzen und Verordnungen.

StPO und andere Sicherheitsgesetze des Bundes. Sollten die Länder und/oder der Bund hier zögerlich agieren, würden sie Gerichten und Verwaltungsbehörden die mit Haftungsrisiken verbundene Entscheidung über Anwendung oder Nichtanwendung nationaler Normen überlassen. Diese Entscheidungen wären im Einzelfall komplex und könnten die auf sich allein gestellte Praxis unter Umständen überfordern. Deshalb erinnert der Verfasser bereits an dieser Stelle an die Verantwortlichkeit der deutschen Exekutive und Legislative für eine möglichst zeitnahe und praxisgerechte Gesetzgebung zur Durchführung des EMFA. Schließlich hat Deutschland unter Verhandlungsführung der Länder dieser zunächst abgelehnten Verordnung im Rat der Europäischen Union am 26.03.2024 final zugestimmt.

Obwohl das Europäische Medienfreiheitsgesetz als EU-Verordnung keine Umsetzungsfrist kennt, sollten die zuständigen Bundes- und Landesministerien der Versuchung widerstehen, zunächst seine Geltung abzuwarten und die notwendigen Gesetzentwürfe erst nach der Sommerpause 2025 in Angriff zu nehmen. Der Verfasser verkennt dabei nicht, dass Bundesgesetze schneller vorbereitet und verabschiedet werden können, als dies bei Staatsverträgen der Länder strukturell möglich ist.

Kapitel 4: Auswirkungen des EMFA

4.1 Vorbemerkung

Die Gliederung der folgenden Untersuchung entspricht dem Aufbau der Verordnung. Aus Gründen der Authentizität werden die mitunter wortreichen Überschriften der Kapitel, Kapitelabschnitte und Artikel im Original übernommen. Die Vorschriften und Erwägungsgründe des EMFA werden durchgängig ohne Normkörper zitiert. Grundlage der aktualisierten Version dieser Arbeit ist allein die amtliche deutsche Sprachfassung des Europäischen Medienfreiheitsgesetzes vom 11.04.2024.[375] Im Anhang befinden sich Links zum EMFA und EMFA-E, jeweils in deutscher und englischer Sprachfassung im Dateiformat PDF bzw. PDF – authentic OJ.

Eine lückenlose Analyse sämtlicher Regelungsbereiche des EMFA kann diese Arbeit angesichts des Spektrums der berührten Problemkreise nicht leisten.

4.2 Kapitel I Allgemeine Bestimmungen

4.2.1 Artikel 1 Gegenstand und Geltungsbereich

Nach der Öffnungsklausel in Art. 1 Abs. 3 EMFA-E sollte den Mitgliedstaaten lediglich die Möglichkeit eingeräumt werden, „ausführlichere Vorschriften" in Bezug auf bestimmte Bereiche der Verordnung zu erlassen. „Strengere Vorschriften" wären nach dem hier klaren Wortlaut des Vorschlags – anders als in Art. 4 Abs. 1 AVMD-RL – nicht möglich gewesen, obgleich die Kommission in der Begründung explizit feststellt, dass Kapitel II und Kapitel III Abschnitt 5 „mindestharmonisierte Bestimmungen" enthalten.[376]

Der CLS hat in seinem Gutachten zur Rechtsgrundlage des EMFA-E darauf hingewiesen, dass der Wortlaut des Vorschlags die auch vom Rat gewollte Mindestharmonisierung nicht widerspiegelt.[377] Im Fazit des Gutachtens wird daher empfohlen, den Wortlaut von Art. 1 Abs. 3 anzupassen, indem den Mitgliedstaaten die Möglichkeit eingeräumt wird, „ausführlichere oder strengere Vorschriften" zu erlassen.[378]

---

375 Verordnung (EU) 2024/1083 vom 11.04.2024, ABl. EU DE Reihe L 17.04.2024.

376 *Europäische Kommission,* EMFA-E DE Corrigendum, S. 16.

377 *CLS,* Gutachten zur Rechtsgrundlage des EMFA, Rn. 18.

378 *CLS,* Gutachten zur Rechtsgrundlage des EMFA, S. 25.

Dieser Empfehlung des CLS sind die gleichberechtigten Gesetzgeber Parlament und Rat gefolgt. Die endgültige Öffnungsklausel sieht nunmehr vor, dass die Mitgliedstaaten in spezifischen Bereichen strengere oder ausführlichere Bestimmungen erlassen können, sofern diese Vorschriften ein höheres Schutzniveau für Medienpluralismus oder redaktionelle Unabhängigkeit im Einklang mit dem EMFA gewährleisten und mit dem Unionsrecht vereinbar sind.[379]

Die finale Textfassung ist zu begrüßen und kommt besonders Mitgliedstaaten wie

Deutschland entgegen, deren nationaler Rechtsrahmen in Teilbereichen ein höheres Schutzniveau als das Europäische Medienfreiheitsgesetz sicherstellt.

4.2.2 Artikel 2 Begriffsbestimmungen

4.2.2.1 Mediendienst und Sendung

> 1. „Mediendienst" eine Dienstleistung im Sinne der Artikel 56 und 57 AEUV, bei der der Hauptzweck der Dienstleistung oder ein abtrennbarer Teil der Dienstleistung darin besteht, unter der redaktionellen Verantwortung eines Mediendiensteanbieters der Allgemeinheit — gleich auf welche Weise — Sendungen oder Presseveröffentlichungen zur Information, Unterhaltung oder Bildung bereitzustellen;
> 4. „Sendung" eine Abfolge von bewegten Bildern oder von Ton, die unabhängig von ihrer Länge Einzelbestandteil eines von einem Mediendiensteanbieter erstellten Sendeplans oder Katalogs ist.

Die Reichweite dieser zentralen Legaldefinitionen wurde gegenüber den entsprechenden Begriffsbestimmungen in Art. 1 Abs. 1 lit. a und b AVMD-RL maßgeblich vergrößert. Wie ihre Bezeichnung als „Richtlinie über audiovisuelle Mediendienste" bereits verdeutlicht, erfasst die AVMD-RL ausschließlich lineare Fernsehprogramme, audiovisuelle Mediendienste auf Abruf und die audiovisuelle kommerzielle Kommunikation. Hätte sich der EMFA dementsprechend auf eine Regulierung elektronischer Bildmedien und ihrer Aufsicht beschränkt, wäre das erklärte Ziel der Initiative verfehlt worden, die festgestellten Probleme bestimmter Mitgliedstaaten umfassend und somit auch im Hörfunk- und Pressebereich anzugehen. Daher war es ungeachtet der dadurch ausgelösten Kompetenzdiskussion konsequent, dass die Kommission im EMFA-E den Begriff „Mediendienst" gegenüber der AVMD-RL erweitert und zusätzlich insbesondere Hörfunksendungen, Audio-Podcasts

379 Dazu Verordnung (EU) 2024/1083 vom 11.04.2024, ABl. EU DE Reihe L 17.04.2024, ErwG 8.

und Presseveröffentlichungen einbezogen hatte.[380] Die Formulierung des Vorschlags war offenbar so überzeugend, dass die oben zitierten Begriffsbestimmungen ohne jede Änderung im finalen Gesetzestext verblieben sind.

Nutzergenerierte Inhalte sind ausgeschlossen, solange sie nicht im Rahmen einer beruflichen Tätigkeit gegen Entgelt produziert und auf eine Online-Plattform hochgeladen werden. Ebenfalls ausgeschlossen sind bspw. E-Mails, Werbung und Unternehmenskommunikation.

Anbieter von Video-Sharing-Plattformen oder sehr großen Online-Plattformen[381] können zugleich als Mediendiensteanbieter eingestuft werden, sofern sie über einen oder mehrere Teile ihrer Dienste redaktionelle Kontrolle ausüben.[382]

4.2.2.2 Presseveröffentlichung

> 5. „Presseveröffentlichung" eine Presseveröffentlichung im Sinne des Artikels 2 Nummer 4 der Richtlinie (EU) 2019/790.

> „Presseveröffentlichung" bezeichnet eine Sammlung, die hauptsächlich aus literarischen Werken journalistischer Art besteht, aber auch sonstige Werke oder sonstige Schutzgegenstände enthalten kann, und die
> a) in einer unter einem einheitlichen Titel periodisch erscheinenden oder regelmäßig aktualisierten Veröffentlichung, etwa Zeitungen oder Magazinen von allgemeinem oder besonderem Interesse, eine Einzelausgabe darstellt;
> [...] Periodika, die für wissenschaftliche oder akademische Zwecke verlegt werden, etwa Wissenschaftsjournale, sind keine Presseveröffentlichungen im Sinne dieser Richtlinie.[383]

Der EMFA verzichtet hier auf eine eigenständige Legaldefinition, indem er die vorstehend zitierte Begriffsbestimmung der Urheberrechtsrichtlinie vollständig und unverändert übernimmt. Diese Regelungstechnik hat zur Folge, dass Periodika für wissenschaftliche oder akademische Zwecke keine Presseveröffentlichungen und damit keine Mediendienste im Sinne des EMFA sind. Akteure im Wissenschaftsjournalismus werden daher nicht von Vorschriften wie etwa Art. 4 profitieren, der ihre tatsächliche redaktionelle Freiheit unter Umständen schützen könnte. Insofern stellt sich die Frage, ob derartige Konsequenzen aus der Bezugnahme auf die Begriffsbestimmung der Urheberrechtsrichtlinie

---

380 *Europäische Kommission,* EMFA-E DE Corrigendum, ErwG 7.
381 Siehe Liste *European Commission,* Designated VLOPs under DSA.
382 *Europäische Kommission,* EMFA-E DE Corrigendum, ErwG 8.
383 Richtlinie (EU) 2019/790 vom 17.04.2019, ABl. EU 2019 L 130, 92, 113.

bewusst in Kauf genommen werden oder ob es sich hier um ein Redaktionsversehen der Kommission gehandelt hat, das auch im Gesetzgebungsverfahren nicht korrigiert wurde.[384]

Konkrete Beispiele für „Presseveröffentlichungen“ werden in ErwG 56 der Urheberrechtsrichtlinie genannt:

> Zu diesen Presseveröffentlichungen sollten beispielsweise Tageszeitungen oder wöchentlich oder monatlich erscheinende, einschließlich abonnierter Zeitschriften von allgemeinem oder besonderem Interesse, sowie Nachrichtenwebsites gehören.[385]

4.2.2.3 Redaktionelle Entscheidung und redaktionelle Verantwortung

> 7. „redaktionelle Entscheidung“ eine Entscheidung, die regelmäßig zum Zweck der Ausübung redaktioneller Verantwortung getroffen wird und in Zusammenhang mit dem Tagesgeschäft eines Mediendiensteanbieters steht;
> 8. „redaktionelle Verantwortung“ die Ausübung einer wirksamen Kontrolle sowohl hinsichtlich der Auswahl der Sendungen oder Presseveröffentlichungen als auch hinsichtlich ihrer Zusammenstellung für die Zwecke der Bereitstellung eines Mediendienstes, unabhängig von dem Bestehen einer Haftung für den bereitgestellten Dienst nach nationalem Recht.

Für die Zwecke der AVMD-RL existieren bereits im Wesentlichen identische Begriffsbestimmungen. Art. 1 Abs. 1 lit. c AVMD-RL (2010) definiert bereits die „redaktionelle Verantwortung“ und im Zuge der AVMD-Revision wurde zusätzlich in Art. 1 Abs. 1 lit. bb AVMD-RL (2018) der Begriff „redaktionelle Entscheidung“ bestimmt.

Die oben zitierten Legaldefinitionen werden in den Erwägungsgründen des EMFA mit keiner Silbe erwähnt, obwohl ihre Auslegung gerade für künftige Maßnahmen zur Gewährleistung der Unabhängigkeit redaktioneller Entscheidungen (Art. 6 Abs. 3 lit. a) relevant und aller Voraussicht nach umstritten sein wird. Die Bestimmung des Begriffs „redaktionelle Entscheidung“ enthält ein Tatbestandsmerkmal, das erst in der folgenden Legaldefinition „redaktionelle Verantwortung“ erklärt wird. Diese Definitionstechnik mit wechselseitigen Bezügen erschwert das Verständnis der einzelnen Begriffe. Der EMFA-E enthielt zudem noch die vom Gesetzgeber schließlich abgelehnte Begriffsbestimmung „Redakteur“, wodurch eine noch komplexere Trias ähnlicher Begriffe geschaffen worden wäre.

---

384 Dazu schon *Cole/Ukrow*, Webinar des EMR (Präsentation), S. 11.

385 Richtlinie (EU) 2019/790 vom 17.04.2019, ABl. EU 2019 L 130, 92, 104.

Die Legaldefinition „redaktionelle Verantwortung“ verlangt, dass der Verantwortliche zur Ausübung einer wirksamen Kontrolle hinsichtlich Auswahl und Zusammenstellung der Sendungen oder Presseveröffentlichungen befugt sein muss. Der Begriff „Presseveröffentlichung“ in der für Zwecke des EMFA maßgeblichen Definition der Urheberrechtsrichtlinie bezeichnet die Einzelausgabe einer Zeitung oder eines Magazins und nicht etwa jeden Artikel in diesen Publikationen.

Die redaktionelle Abnahme einzelner Beiträge oder Artikel im Tagesgeschäft erfolgt nicht in Ausübung redaktioneller Verantwortung, da sich diese Kontrolle in der Regel nicht oder allenfalls mittelbar auf die Zusammenstellung einer Sendung oder Presseveröffentlichung auswirkt. Dies wiederum führt dazu, dass typischerweise im Rahmen einer redaktionellen Abnahme einzelner Inhalte von Vorgesetzten getroffene Entscheidungen[386] keine redaktionellen Entscheidungen im Sinne der Begriffsbestimmung in Art. 2 Nr. 7 sind, da sie nicht zum Zweck der Ausübung redaktioneller Verantwortung getroffen werden. Daraus ergibt sich im Ergebnis, dass innerhalb eines Mediendiensteanbieters die Anzahl der redaktionell Verantwortlichen überschaubar ist. Am Beispiel einer Tageszeitung wird es sich in der Regel um die Mitglieder der Chefredaktion und die Ressortleiter handeln. Entscheidend werden immer die konkreten Kompetenzverhältnisse innerhalb einer Redaktion sein, die sich von Fall zu Fall unterscheiden können. Eine allgemeingültige Zuordnung bestimmter Funktionsträger zum Kreis der redaktionell verantwortlichen Personen wird daher nicht möglich sein. Insbesondere in kleineren Redaktionen mit steiler Hierarchie ist denkbar, dass nur eine Person redaktionelle Verantwortung im Sinne des EMFA innehat.

4.3 Kapitel II Rechte und Pflichten von Mediendiensteanbietern und Empfängern von Mediendiensten

4.3.1 Artikel 3 Recht der Empfänger von Mediendiensten

Die Mitgliedstaaten achten das Recht der Empfänger von Mediendiensten auf Zugang zu einer Vielzahl von redaktionell unabhängigen Medieninhalten und gewährleisten Rahmenbedingungen im Einklang mit dieser Verordnung, um dieses Recht zum Nutzen des freien und demokratischen Diskurses zu schützen.

386 Bspw. werden Inhalte gekürzt, geändert, zurückgegeben oder in toto abgelehnt.

4.3.1.1 Reichweite des Rechts

Die Kommission wollte mit Art. 3 EMFA-E ein subjektives Recht der Empfänger von Mediendiensten auf Erhalt einer Vielzahl redaktionell frei erstellter Nachrichteninhalte konstituieren. Der finale EMFA enthält (nur noch) die Verpflichtung der Mitgliedstaaten, das Recht der Empfänger „auf Zugang zu einer Vielzahl von redaktionell unabhängigen Medieninhalten" zu achten und durch entsprechende Rahmenbedingungen zu schützen. In ErwG 14 wird dieses Recht der Rezipienten damit begründet, dass für die Gesellschaft „Rechtssicherheit" unerlässlich sei, um von den Vorteilen des Binnenmarkts für Mediendienste profitieren zu können. Außerdem unterstreicht der Gesetzgeber in diesem Kontext:

> In einem gut funktionierenden Binnenmarkt sollten Empfänger von Mediendiensten Zugang zu hochwertigen Mediendiensten haben, die von Journalisten unabhängig und im Einklang mit ethischen und journalistischen Standards erstellt wurden und die somit vertrauenswürdige Informationen bereitstellen.

Das staatlicherseits zu achtende Recht der Empfänger bezieht sich nach dem klaren Wortlaut der Norm allein auf Zugang zu einer Vielzahl von redaktionell unabhängigen Medieninhalten. Der im zitierten ErwG 14 postulierte „Zugang zu hochwertigen Mediendiensten" wäre sicher wünschenswert, wurde aber im verbindlichen Normtext nicht verankert. Es sind eben nicht alle redaktionell unabhängigen Medien automatisch zugleich Qualitätsmedien. Außerdem sollte dieses Recht auf Zugang zu einer „Vielzahl" bestimmter Medieninhalte nicht mit einem Recht auf tatsächliche inhaltliche „Vielfalt" verwechselt werden.[387] In den Erwägungsgründen ist allerdings – insoweit irreführend – von einem „Recht auf eine Vielfalt von Medieninhalten" die Rede.[388]

Ebenso wenig erstreckt sich das Recht für den einzelnen Rezipienten darauf, eine Vielzahl redaktionell unabhängiger Medieninhalte in seiner Muttersprache und mit Relevanz für seinen Wohnort zu erhalten. Der bereits durch Art. 11 Abs. 1 Satz 2 GRCh geschützte Empfang frei erstellter Mediendienste aus anderen EU-Mitgliedstaaten kann dem demokratischen Diskurs über internationale Themen trotz Sprachbarrieren[389] und Paywalls durchaus zuträglich sein. Debatten über nationale und im Besonderen über regionale oder lokale

---

387 Dazu insb. Kapitel 4.3.3.2.

388 ErwG 14 a.E.

389 Übersetzungsprogramme wie Google Übersetzer oder DeepL werden inzwischen zunehmend genutzt. Dies erhöht die grenzüberschreitende Relevanz von Mediendiensten.

Themen wird dieser grenzüberschreitende Empfang von Mediendiensten hingegen kaum beeinflussen. Beispielsweise können Probleme hinsichtlich Vielfalt und Unabhängigkeit der Medien in einer ländlichen Region Polens durch den Online-Empfang frei erstellter Medien aus Skandinavien keinesfalls wirksam ausgeglichen werden.

4.3.1.2 Bewertung

Wie erwähnt, soll das von den Mitgliedstaaten zu achtende Recht die Inanspruchnahme der Vorteile des Medienbinnenmarkts für Empfänger von Mediendiensten absichern. Der Zugang der Rezipienten zu einer Vielzahl redaktionell unabhängiger Medieninhalte aus der gesamten Union soll rechtssicher möglich sein. Dieses Recht bezieht sich gerade nicht auf eine Vielzahl solcher Inhalte „vor Ort", sondern hat stets den gesamten Binnenmarkt für Medien im Blick. Trotz der in Kapitel 1 dargestellten Probleme in mehreren Mitgliedstaaten gibt es in der gesamten EU eine erhebliche Anzahl redaktionell frei erstellter und damit meist zuverlässiger Informationsquellen. Diese Mediendienste sind gewöhnlich überall in der Union online (kostenfrei oder gegen Entgelt) verfügbar und sie erfüllen in Summe mit hinreichender Sicherheit den mathematisch unbestimmten Begriff „Vielzahl". Daher spricht viel dafür, dass Art. 3 ein Problem adressiert, das in der europäischen Realität (erfreulicherweise) so nicht existiert, zumal Rezipienten in der Union zusätzlich auf redaktionell frei erstellte Nachrichten aus Drittstaaten wie den USA, Australien oder Großbritannien[390] zugreifen können.

Ungeachtet dessen war schon das von der Kommission vorgeschlagene „Recht" kein einklagbares subjektiv-öffentliches Recht, sondern vielmehr ein Rechtsprinzip, das die gesellschaftliche Bedeutung redaktionell unabhängiger Nachrichten als „öffentliches Gut" anerkennt.[391]

Die Informationsfreiheit nach Art. 5 Abs. 1 Satz 1 Halbs. 2 GG beruht auf Erfahrungen mit dem Verbot des Empfangs von „Feindsendern" im Dritten Reich und schützt jede natürliche Person bei Entgegennahme und Beschaffung von Informationen.[392] Dieses Grundrecht sichert als Abwehrrecht den individuellen Zugang zu allgemein zugänglichen Informationsquellen gegen staatliche

390 Bspw. nutzen weltweit fast 500 Mio. Menschen das Angebot der BBC. https://www.zdf.de/nachrichten/panorama/bbc-jubilaeum-100-jahre-radio-fernsehen-rundfunk-grossbritannien-100.html

391 Zum EMFA-E *Cole/Ukrow*, Webinar des EMR (Präsentation), S. 19.

392 Jarass/Pieroth-*Jarass* GG Art. 5, Rn. 21.

Beschränkungen.[393] Ein Recht auf Eröffnung einer (zusätzlichen) Informationsquelle gehört nicht zum Schutzbereich der Informationsfreiheit.[394] Diese schützt den Zugang zum vorhandenen, allgemein zugänglichen Informationsangebot, während der EMFA mit Hilfe von Artikel 3 den in bestimmten Mitgliedstaaten prekären Status quo positiv verändern will.

Aus Sicht des Verfassers handelt es sich um eine gut gemeinte, eher halbherzige und bewusst die Empfänger von Mediendiensten einbeziehende Vorschrift, die aufgrund ihrer (aus Kompetenzgründen unvermeidlichen) Binnenmarktlogik in der Praxis wohl ohne spürbare Wirkung bleiben wird. Diese pessimistische Prognose betrifft ausgerechnet die zuerst anwendbare Norm des EMFA.[395]

Das Problem einer fehlenden Vielzahl frei erstellter Nachrichten besteht in Deutschland insbesondere auf lokalen Zeitungsmärkten durch zunehmende Konzentration und infolgedessen zurückgehender Berichts- und Meinungsvielfalt.[396] Ursache dieser konzentrationsrechtlich bedenklichen Entwicklung ist häufig die wirtschaftliche Situation der an Fusionen beteiligten (kleineren) Verlage, die erhebliche Auflagen- und Umsatzrückgänge verkraften müssen.[397] Art. 3 würde daher an der ökonomischen Realität vorbeigehen, wenn dieses Recht der Rezipienten – wie eigentlich wünschenswert – vom Gesetzgeber auf den Zugang zu einer Vielzahl redaktionell unabhängiger lokaler und regionaler Medieninhalte ausgeweitet worden wäre.

4.3.2 Artikel 4 Rechte der Mediendiensteanbieter

4.3.2.1 Grundsatz der freien wirtschaftlichen Tätigkeit

Nach Art. 4 Abs. 1 haben Mediendiensteanbieter das Recht, ihre wirtschaftlichen Tätigkeiten im Binnenmarkt ohne andere als die gemäß dem Unionsrecht zulässigen Beschränkungen auszuüben. Die Bereitstellung von Mediendiensten sollte keinen Beschränkungen unterliegen, die gegen den EMFA oder andere Vorschriften des Unionsrechts, wie etwa die AVMD-RL, verstoßen.[398] Zulässige

---

393 BeckOK Grundgesetz-*Schemmer* GG Art. 5, Rn. 32.

394 So ausdrücklich BVerfGE 103, 44, 59 f.

395 Artikel 3 gilt bereits ab dem 8. November 2024.

396 Zum hessischen Zeitungsmarkt *Röper*, Media Perspektiven 2022, 295, 297 f.

397 Zu den stark gesunkenen Werbeeinnahmen siehe *DIW ECON*, Die Situation der lokalen Presse in Deutschland und ihre Herausforderungen im Zeitalter der Digitalisierung.

398 Siehe ErwG 16.

Beschränkungen können sich auch aus Maßnahmen nationaler Behörden ergeben, die im Einklang mit dem Unionsrecht angewandt werden.

Der Vorschlag der Kommission wurde hier vom Gesetzgeber nur marginal geändert. Letztlich spiegelt der Normtext die einschlägige Rechtsprechung des EuGH, der die Wirkung der vier Grundfreiheiten (Art. 26 Abs. 2 AEUV) von Diskriminierungsverboten hin zu Beschränkungsverboten fortentwickelt und damit rechtmäßige Eingriffe in den Binnenmarkt auf ein Mindestmaß zurückgeführt hat.[399]

4.3.2.2 Allgemeines Einmischungsverbot

Art. 4 Abs. 2 verpflichtet die Mitgliedstaaten, die tatsächliche redaktionelle Freiheit und Unabhängigkeit der Mediendiensteanbieter bei Ausübung ihrer beruflichen Tätigkeiten zu achten. Den Mitgliedstaaten und ihren NRB wird untersagt, in redaktionelle Strategien und Entscheidungen von Mediendiensteanbietern einzugreifen oder dies zu versuchen.

Die durch Art. 5 Abs. 1 Satz 2 GG als Grundrechte garantierten Kommunikationsfreiheiten wie die Pressefreiheit und die Freiheit der Berichterstattung durch Rundfunk haben eine originär abwehrrechtliche Schutzrichtung gegen staatliche Eingriffe und Beschränkungen.[400] Der grundrechtliche Abwehranspruch richtet sich auch gegen subtile, diskrete oder mittelbare Einwirkungsversuche staatlicher Organe oder Stellen auf Rundfunkprogramme, Presseveröffentlichungen oder (wichtige) Personalien in Medienunternehmen. Die Bestimmung der politischen und weltanschaulichen Tendenz eines Presseerzeugnisses oder eines Rundfunkprogramms ist vom sachlichen Schutzbereich der Presse- bzw. Rundfunkfreiheit umfasst. Eine staatliche Beeinflussung dieser grundrechtlich geschützten Tendenz von außen oder der Versuch einer solchen Beeinflussung wären demnach verfassungswidrig.

4.3.2.3 Schutz journalistischer Quellen und vertraulicher Kommunikation

4.3.2.3.1 Vorbemerkung

Die Kommission hatte für diesen Regelungsbereich mit Art. 4 Abs. 2 lit. b und c sowie Abs. 3 EMFA-E einen vergleichsweise knapp formulierten Textvorschlag gemacht. Beide Gesetzgeber befassten sich mit diesem Themenkomplex

---

399 Vgl. dazu m.w.N. Grabitz/Hilf/Nettesheim-*Terhechte* EUV Art. 3, Rn. 40.

400 Dürig/Herzog/Scholz-*Grabenwarter* GG Art. 5 Abs. 1, Abs. 2, Rn. 336 u. 736.

besonders intensiv und konnten letzte Differenzen erst beim finalen Trilog ausräumen. Der sprachlich herausfordernde Kompromisstext ist nunmehr in sieben Absätze untergliedert und füllt im Amtsblatt fast anderthalb Seiten. Die folgende Untersuchung kann daher nur einen Überblick geben und nicht ins Detail gehen.

4.3.2.3.2 Verbot bestimmter Zwangsmaßnahmen

Art. 4 Abs. 3 lit. b verbietet den Mitgliedstaaten grundsätzlich mehrere konkret bezeichnete Zwangsmaßnahmen zum Erhalt von Informationen, die mit journalistischen Quellen oder vertraulicher Kommunikation im Zusammenhang stehen oder diese identifizieren können. Vor solchen Maßnahmen werden nicht nur Mediendiensteanbieter und deren redaktionelles Personal geschützt, sondern gleichermaßen „jegliche(n) Personen, die aufgrund ihrer regelmäßigen oder beruflichen Beziehungen zu einem Mediendiensteanbieter oder dessen redaktionellem Personal über solche Informationen verfügen könnten“[401] (im Folgenden: potenziell Eingeweihte).

In den finalen Erwägungsgründen wird extensiv erläutert, dass vertrauenswürdiger Journalismus in seiner für die Demokratie wichtigen Rolle als „öffentliche Wächterinstanz“ geschützten Zugang zu vertraulichen Informationen benötige.[402] Ohne einen „robusten Schutz journalistischer Quellen und vertraulicher Kommunikation“ könnten potenzielle Quellen davon abgehalten werden, Mediendiensten interne oder geheime Informationen über Angelegenheiten von öffentlichem Interesse zuzuspielen.[403] Der Binnenmarkt für Medien sei auch dadurch fragmentiert, dass gegenwärtig ein umfassender Schutz journalistischer Quellen lediglich in einigen Mitgliedstaaten gewährleistet ist.[404] Diese Unterschiede innerhalb der Union behinderten im Besonderen die Arbeit grenzüberschreitend recherchierender Journalisten und führten zu Rechtsunsicherheit.

Das Bundesverfassungsgericht hat in konsistenter Rechtsprechung entschieden, dass das Grundrecht der Presse- und Rundfunkfreiheit gemäß Art. 5 Abs. 1 Satz 2 GG den gesamten Prozess der Herstellung und Verbreitung von analogen oder digitalen Presseerzeugnissen und Rundfunksendungen von der

---

401 ErwG 20: „Dies sollte Personen umfassen, die in einer engen Beziehung im gemeinsamen Haushalt und auf einer stabilen und dauerhaften Grundlage leben, [...].“

402 Dazu ausführlich ErwG 21.

403 Vgl. ErwG 19.

404 Siehe ErwG 23.

Informationsgewinnung bis zur Veröffentlichung und zum Vertrieb der hergestellten Inhalte schützt.[405] Zur Frage der Verfassungsmäßigkeit von Durchsuchungen in Presseräumen wurde im Spiegel-Urteil vom 05.08.1966 wegen Stimmengleichheit im Senat (noch) keine Verletzung der Pressefreiheit durch die angegriffene Durchsuchungsanordnung festgestellt.[406] Im Cicero-Urteil vom 27.02.2007 hat der erkennende Senat hingegen mit 7: 1 Stimmen entschieden, dass Durchsuchungen und Beschlagnahmen in einem Ermittlungsverfahren gegen Presseangehörige verfassungsrechtlich unzulässig sind, wenn sie ausschließlich oder vorwiegend dem Zweck dienen, die Person des Informanten zu ermitteln.[407] Für die damalige journalistische Praxis[408] war dieses Urteil insbesondere wegen der verfassungskonforme Auslegung eines Straftatbestandes hilfreich, wonach die bloße Veröffentlichung eines Dienstgeheimnisses im Sinne des § 353b StGB durch einen Journalisten im Hinblick auf das Grundrecht der Pressefreiheit nicht ausreiche, um den Verdacht der Beihilfe des Journalisten zum Geheimnisverrat zu begründen.

Auch in seiner jüngsten einschlägigen Entscheidung auf eine Verfassungsbeschwerde von Akteuren des investigativen Journalismus betont das Bundesverfassungsgericht die Bedeutung des Quellenschutzes und des Redaktionsgeheimnisses:

> Erst der prinzipiell ungehinderte Zugang zur Information versetzt die Medien in den Stand, die ihnen in der freiheitlichen Demokratie zukommende Funktion wahrzunehmen (BVerfGE 91, 125 <134>; 103, 44 <59>). Dies bedingt auch die Notwendigkeit eines besonderen Schutzes der für die Informationsgewinnung benötigten Quellen, des in diesem Rahmen vorausgesetzten Vertrauensverhältnisses und der Vertraulichkeit der Redaktionsarbeit (vgl. BVerfGE 20, 162 <176>; 66, 116 <134>; 100, 313 <365>; 117, 244 <259>).[409]

Auswirkungen der sog. Whistleblower-Richtlinie[410] auf das tatsächliche Niveau des Schutzes journalistischer Quellen in Deutschland können bis dato nur zurückhaltend bewertet werden, da das politisch umstrittene Hinweisgeberschutzgesetz (HinSchG)[411] nach einem Vermittlungsverfahren erst am 02.07.2023 mit erheblichem Verzug in Kraft getreten ist.[412]

---

405 Für die Presse schon *BVerfGE* 10, 118 – behördliches Presseverbot, FDJ.

406 *BVerfGE* 20, 162 – SPIEGEL.

407 *BVerfGE* 117, 244 – CICERO.

408 Ein "unhaltbarer Zustand" kritisiert der *Presserat,* 50 Jahre Selbstkontrolle (2006).

409 *BVerfG*, MMR 2022, 657, Rn. 18.

410 Richtlinie (EU) 2019/1937 vom 23.10.2019, ABl. EU 2019 L 305, 17.

411 BGBl. 2023 I Nr. 140 vom 02.06.2023.

412 Die Frist zur Umsetzung der Whistleblower-Richtlinie endete am 17.12.2021.

Das HinSchG sieht für den Regelfall vor, dass hinweisgebende Personen Informationen über Verstöße und Missstände wahlweise einer internen oder externen Meldestelle mitteilen können. Der Gang von Hinweisgeberinnen oder Hinweisgebern an die Öffentlichkeit (z.B. über soziale Netzwerke oder die Medien) soll gemäß § 32 HinSchG nur in bestimmten Fällen geschützt werden.[413] Eine solche Offenlegung von Informationen ohne vorherige externe Meldung ist danach möglich, aber an komplexe und im Streitfall vom Hinweisgeber zu beweisende Voraussetzungen geknüpft. Daher ist kaum zu erwarten, dass das HinSchG potenzielle Whistleblower darin bestärken wird, das mit einer direkten Weitergabe vertraulicher Informationen an Medien verbundene Risiko – besonders im Verhältnis zum Arbeitgeber oder Dienstherren – eingehen zu wollen.

4.3.2.3.3 Verbot des Einsatzes intrusiver Überwachungssoftware

Art. 4 Abs. 3 lit. c untersagt den Mitgliedstaaten, intrusive Überwachungssoftware[414] (vulgo: Spähsoftware) in digitalen Geräten aller Art einzusetzen, die von Mediendiensteanbietern, deren redaktionellem Personal oder von potenziell Eingeweihten (im Folgenden: Personen mit Schutzstatus) genutzt werden. Abweichend von diesem Verbot können die Mitgliedstaaten – falls eine Maßnahme gemäß Abs. 3 lit. a oder b nicht angemessen und ausreichend wäre – Spähsoftware als Ultima Ratio dann einsetzen, wenn die in Abs. 4 und 5 aufgeführten Bedingungen vollständig erfüllt sind. Im Wesentlichen muss eine „Justizbehörde“ dem Einsatz von Spähsoftware gegen eine Person mit Schutzstatus grundsätzlich vorab zugestimmt haben und dieser Einsatz muss zum Zweck von Ermittlungen wegen bestimmter schwerer Straftaten erfolgen.

Hintergrund des EMFA beim Thema Spähsoftware ist der im Jahr 2021 vor allem durch Amnesty International aufgedeckte Datenskandal um den missbräuchlichen Einsatz der Überwachungssoftware „Pegasus“, der neben Indien und Mexiko auch Mitgliedstaaten wie Ungarn und Polen betraf.[415] Überwachungsmaßnahmen wurden (und werden möglicherweise weiterhin) gegen Journalisten, Politiker, Diplomaten, Rechtsanwälte, Geschäftsleute, Repräsentanten der Zivilgesellschaft und andere Akteure eingesetzt. Diese Enthüllungen führten im Parlament zur Einsetzung des Untersuchungsausschusses

413 Vgl. *Bundesregierung*, Formulierungshilfe der Bundesregierung, S. 37.
414 Siehe Begriffsbestimmung in Art. 2 Nr. 20.
415 Vgl. *Etteldorf*, ZD-Aktuell 2022, 01110.

zum Einsatz von Pegasus und ähnlicher Überwachungs- und Spähsoftware (PEGA).[416]

Die ab dem 08.08.2025 vorrangig anzuwendende Regelung in Art. 4 Abs. 3 bis 9 berührt das Spannungsverhältnis zwischen den grundrechtlich garantierten Freiheitsrechten der Medien und der Notwendigkeit einer wirksamen Strafverfolgung durch Aufklärung von Straftaten, die ebenfalls Verfassungsrang genießt.[417] Die zuletzt durch Gesetz vom 15.02.2002[418] neu gefasste Regelung in § 53 Abs. 1 Satz 1 Nr. 5 StPO (Zeugnisverweigerungsrecht der Berufsgeheimnisträger) will dieses Spannungsverhältnis im Einklang mit der jeweiligen Rechtsprechung des Bundesverfassungsgerichts auflösen. Dabei soll nach dem Willen des Gesetzgebers im Zweifel – aber keinesfalls immer – der Medienfreiheit Vorrang vor dem Strafverfolgungsinteresse gebühren.[419]

Der sachliche und persönliche Anwendungsbereich des Zeugnisverweigerungsrechts für Medienschaffende entscheidet gemäß § 100d Abs. 5 Satz 1 StPO darüber, ob Ermittlungsmaßnahmen nach den §§ 100b (Online-Durchsuchung) und 100c (Akustische Wohnraumüberwachung; Großer Lauschangriff) StPO unzulässig sind. Bei Vorliegen der Voraussetzungen und richterlicher Anordnung sind dagegen Ermittlungsmaßnahmen nach § 100a StPO (Telekommunikationsüberwachung) – insbesondere in Form der 2017 eingefügten, eingriffsintensiven Quellen-TKÜ[420] – auch gegen Personen zulässig, die sich auf das Zeugnisverweigerungsrecht gemäß § 53 Abs. 1 Satz 1 Nr. 5 StPO berufen können.

Im Rahmen dieser Arbeit mit medienrechtlichem Schwerpunkt würde es – mit Ausnahme der Strafprozessordnung – zu weit führen, spezifische Auswirkungen des grundsätzlichen Spähsoftware-Verbots im EMFA auf weitere deutsche Sicherheitsgesetze[421] zu untersuchen. Auswirkungen auf das deutsche Strafverfahrensrecht als „Seismograph der Staatsverfassung“[422] verdienen

---

416 Beschluss (EU) 2022/480 des Europäischen Parlaments vom 10. März 2022 über die Einsetzung, die Zuständigkeiten, die Mitgliederzahl und die Mandatszeit des Untersuchungsausschusses zum Einsatz von Pegasus und ähnlicher Überwachungs- und Spähsoftware und die Festlegung des Gegenstands der Untersuchung, ABl. EU 2022 L 98, 72.

417 Vgl. Karlsruher Kommentar zur StPO-*Bader* StPO § 53, Rn. 27.

418 Gesetz zur Änderung der Strafprozessordnung, BGBl. 2002 I S. 682.

419 *Deutscher Bundestag,* Gesetzentwurf zur Änderung der StPO, S. 9.

420 Dazu kritisch *Kochheim*, KriPoZ 2018 2, 60.

421 Insb. BKA-Gesetz, BND-Gesetz, BVerfSch-Gesetz, MAD-Gesetz, Polizei- und Verfassungsschutzgesetze der Länder.

422 Münchener Kommentar zur StPO-*Kudlich* Einleitung, Rn. 3.

allerdings kurze Erwähnung. Das Zeugnisverweigerungsrecht im Strafverfahren dient dem Schutz des Vertrauensverhältnisses zwischen Informanten und Medien sowie der Vertraulichkeit der Redaktionsarbeit.

Die Kommission hatte bereits eine Ausnahmeregelung für den Einsatz von Spähsoftware zum Zweck von Ermittlungen wegen schwerer Straftaten vorgeschlagen. Allerdings war die Liste dieser Delikte in Art. 2 Nr. 17 EMFA-E derart knapp ausgefallen, dass der vorrangig anzuwendende EMFA den umfangreichen Katalog schwerer Straftaten in § 100a Abs. 2 StPO (Telekommunikationsüberwachung) bei Ermittlungen gegen Personen mit Schutzstatus weitgehend obsolet gemacht hätte. Vor allem der Rat hat im Gesetzgebungsverfahren aus guten Gründen dafür gesorgt, dass ein solches Handicap für die wirksame Aufklärung von Straftaten nicht zur Realität wurde. Nunmehr kann Spähsoftware gegen Personen mit Schutzstatus insbesondere dann zum Zweck von Ermittlungen wegen schwerer Straftaten eingesetzt werden, die im nationalen Strafrecht mit einem Höchstmaß von mindestens fünf Jahren Freiheitsstrafe geahndet werden (Art. 4 Abs. 5 lit. b sublit. ii). Diese Möglichkeit reduziert die Folgen des EMFA für die Anwendbarkeit von § 100a Abs. 2 StPO erheblich. Dennoch verbleiben einzelne Auswirkungen, die im Rahmen dieser Arbeit mit medienrechtlichem Schwerpunkt nur kursorisch behandelt werden können:

- Bei Durchsicht der zahlreichen schweren Straftaten im Katalog von § 100a Abs. 2 StPO ergibt sich, dass die gelisteten Tatbestände fast ausnahmslos mit einer Höchststrafe von mindestens fünf Jahren geahndet werden. Folgende Delikte liegen allerdings unter dieser Schwelle und sind auch keine Straftaten gemäß Rahmenbeschluss des Rates zum Europäischen Haftbefehl[423]: §§ 86, 129 Abs. 1 Satz 2, 130 Abs. 2,4 und 5 StGB.
- Der persönliche Schutzbereich des EMFA umfasst Mediendiensteanbieter, deren redaktionelles Personal sowie potenziell Eingeweihte (in toto „Personen mit Schutzstatus").

  Dagegen sind strafprozessual ausschließlich die Personen zur Zeugnisverweigerung berechtigt, die aufgrund ihrer berufsmäßigen und redaktionellen Befassung mit dem Medieninhalt von der Person des Informanten und damit der Quelle Kenntnis erlangen können.[424]

423 Hier reicht eine Höchststrafe von mindestens 3 Jahren (Art. 4 Abs. 5 lit. b sublit. i).
424 Vgl. dazu Karlsruher Kommentar zur StPO-*Bader* StPO § 53, Rn. 32.

- Als potenziell Eingeweihte werden vom EMFA auch solche Personen geschützt, die mit einem Mediendiensteanbieter oder dessen redaktionellem Personal „in einer engen Beziehung im gemeinsamen Haushalt und auf einer stabilen und dauerhaften Grundlage leben".[425] In der Praxis dürfte es sich um Ehepartner, Familienangehörige oder besonders nahestehende Mitbewohner handeln. Damit schützt der EMFA hier auch das enge private Umfeld von Redakteuren und geht damit weit über die Strafprozessordnung hinaus.
  Angehörige von Personen, die das Zeugnis gemäß § 53 Abs. 1 Satz 1 Nr. 5 StPO verweigern können, genießen ihrerseits kein eigenes Zeugnisverweigerungsrecht. Ungeachtet dessen sind Angehörige eines Beschuldigten nach § 52 StPO aus naheliegenden Gründen zur Verweigerung des Zeugnisses berechtigt.

4.3.2.4 Beauftragung einer unabhängigen Behörde oder Stelle

In Art. 4 Abs. 3 EMFA-E war vorgesehen, dass die Mitgliedstaaten zusätzlich zum Recht auf wirksamen Rechtsschutz eine unabhängige Behörde oder Stelle benennen, die Beschwerden über Verstöße gegen Abs. 2 lit. b und c bearbeitet.

Dieser Vorschlag wurde im Gesetzgebungsverfahren substanziell geändert. Art. 4 Abs. 8 bestimmt nun zum einen, dass die Mitgliedstaaten ein Recht auf wirksamen Rechtsschutz sicherstellen müssen, das Personen mit Schutzstatus bei bestimmten Verstößen zusteht. Zum anderen sollen die Mitgliedstaaten eine bestehende, unabhängige Behörde oder Stelle mit relevanten Fachkenntnissen beauftragen, die Unterstützung in Bezug auf die Ausübung dieses Rechts auf wirksamen Rechtsschutz bereitstellt. In ErwG 22 macht der Gesetzgeber deutlich, welcher Art diese Unterstützung sein soll und dass die Mitgliedstaaten nicht verpflichtet sind, hierfür eine neue Behörde oder Stelle einzurichten:

> Eine solche Unterstützung könnte rechtlicher, finanzieller oder anderer Art sein, beispielsweise die Bereitstellung von Information zu verfügbaren Rechtsbehelfen. Derartige Unterstützung könnte wirksam beispielsweise durch eine unabhängige Behörde oder Stelle bereitgestellt werden, oder, wenn es keine solche Behörde oder Stelle gibt, durch eine Selbstregulierungsstelle oder einen Selbstregulierungsmechanismus.

Es stellt sich somit die Frage, ob in Deutschland bereits eine einschlägig kompetente und zugleich unabhängige Behörde oder Stelle existiert. Das mit vielfältigen Aufgaben[426] betraute Bundesamt für Justiz (BfJ) als Bundesoberbehörde

---

425 ErwG 20.
426 Bspw. nach § 4 Abs. 4 NetzDG und § 19 HinSchG.

im Geschäftsbereich des Bundesministeriums der Justiz ist weder rechtlich noch funktionell von der Regierung unabhängig[427] und kommt daher für die hier in Rede stehende Beauftragung nicht in Betracht. Bei den insgesamt 45 Beauftragten der Bundesregierung, Bundesbeauftragten sowie Koordinatoren der Bundesregierung[428] würden wiederum die jeweiligen Fachkenntnisse kaum ausreichen, um Personen mit Schutzstatus in solchen Fällen wirksam unterstützen zu können.

Auf Ebene der Länder sind die LMA formal unabhängig, haben das Recht der Selbstverwaltung und unterliegen keiner Fachaufsicht.[429] Allerdings wird man ihnen wohl kaum einschlägige Fachkompetenz – etwa praktische Erfahrungen mit dem Rechtsmittelsystem der StPO – attestieren können.

Im Ergebnis bleibt festzustellen, dass für diese Spezialaufgabe bis dato keine geeignete Behörde oder Stelle existiert. Daher kann die Frage dahinstehen, ob eine Beauftragung gemäß Art. 4 Abs. 8 UAbs. 2 in der Kompetenz des Bundes oder der Länder liegen würde. Der europäische Gesetzgeber geht offenbar davon aus, dass Selbstregulierungsstellen diese Art der Unterstützung für Personen mit Schutzstatus bereitstellen. Der Presserat als Freiwillige Selbstkontrolle der Printmedien in Deutschland befasst sich zwar auch mit Ereignissen, die im Hinblick auf die Pressefreiheit von grundsätzlicher Bedeutung sind.[430] Die Gewährung von Rechtsschutz für einzelne berufsbedingte Strafrechtsfälle zählt aber nicht zu seinen Aufgaben.

Diese Unterstützung ist eine klassische Serviceleistung für beitragszahlende Mitglieder, die von den Journalistenorganisationen Deutscher Journalisten-Verband (DJV) und Deutscher Journalistinnen- und Journalisten-Union (dju) in ver.di unter bestimmten Bedingungen erbracht wird.[431]

4.3.2.5 Absatz 9 und die „Nationale Sicherheit“

Im letzten Absatz von Art. 4 wird eine europarechtliche Selbstverständlichkeit betont. Danach sind die im EUV und im AEUV[432] festgelegten Zuständigkeiten

427 Von Staatsferne könne beim BfJ nicht die Rede sein, so *VG Köln*, Beschluss v. 01.03.2022 – 6 L 1277/21 (erhältlich in juris), Rn. 134.

428 *Bundesregierung,* Liste der Beauftragten.

429 Siehe bspw. §§ 30 Abs. 2, 44 HPMG.

430 Vgl. *Presserat,* Aufgaben des Presserats.

431 Siehe bspw. *DJV NRW,* Rechtsschutzordnung des DJV-Landesverbandes.

432 Beide Verträge sind rechtlich gleichrangig und werden als „die Verträge“ bezeichnet (Art. 1 Abs. 2 Satz 2 AEUV).

der Mitgliedstaaten zu achten. In ErwG 8 wird der politische Hintergrund dieser realiter überflüssigen Bestimmung zumindest angedeutet:

> Es ist auch angebracht, darauf hinzuweisen, dass die vorliegende Verordnung die Zuständigkeiten der Mitgliedstaaten gemäß Artikel 4 Absatz 2 des Vertrags über die Europäische Union (EUV) achtet, insbesondere deren Befugnisse zur Wahrung wesentlicher staatlicher Funktionen.

Art. 4 Abs. 2 Satz 2 und 3 EUV hat folgenden Wortlaut:

> Sie [die Union] achtet die grundlegenden Funktionen des Staates, insbesondere die Wahrung der territorialen Unversehrtheit, die Aufrechterhaltung der öffentlichen Ordnung und den **Schutz der nationalen Sicherheit**. Insbesondere die nationale Sicherheit fällt weiterhin in die alleinige Verantwortung der einzelnen Mitgliedstaaten. [Herv. A.F.]

Der zitierte Passus ist Bestandteil der „Verfassung" der EU und als primäres Unionsrecht Prüfungsmaßstab für die Rechtmäßigkeit von Sekundärrecht wie einer Verordnung.[433] Daher kann der EMFA nichts daran ändern, dass Maßnahmen aus Gründen der nationalen Sicherheit – auch gegen Personen mit Schutzstatus – weiterhin in die alleinige Verantwortung der einzelnen Mitgliedstaaten fallen. Den Teilnehmern der Triloge dürfte die insoweit klare Rechtslage sehr wohl bewusst gewesen sein. Dennoch führten die Beteiligten bei diesem Reizthema aus nachvollziehbaren politischen Gründen eine Art Scheingefecht.

Bis zum letzten Trilog war daher zwischen Rat und Parlament heftig umstritten, ob der Einsatz von Spähsoftware aus Gründen der nationalen Sicherheit in Art. 4 geregelt werden soll. Die für Art. 4 Abs. 2 EMFA-E allein zuständige Berichterstatterin aus dem LIBE-Ausschuss wertete die am Ende vereinbarte Streichung der Worte „nationale Sicherheit" aus dem gesamten Text per se als Erfolg des Parlaments.[434] Dieser bemerkenswert naiven Sichtweise sind Frankreich und Italien in nahezu identischen Erklärungen kurz vor der finalen Abstimmung im Rat entgegengetreten. Hier die Erklärung Frankreichs:

> In diesem Sinne und im Einklang mit Artikel 4 Absatz 9 der vorliegenden Verordnung möchte Frankreich hervorheben, dass es allein Sache der Mitgliedstaaten ist, ihre nationale Sicherheit zu wahren. Die Bestimmungen der Verordnung sollen die Ausübung dieser Zuständigkeit und die in diesem Zusammenhang getroffenen Maßnahmen daher in keiner Weise beeinflussen.[435]

433 Vgl. *Streinz,* Europarecht, Rn. 455.
434 *Strugariu,* Webstream Pressekonferenz 15.12.2023, 16.18 Uhr.
435 *Rat der EU,* Erklärungen zum EMFA, S. 2.

Der Kompromiss beim Thema „Nationale Sicherheit“ wurde am Ende durch eine „pirouette sémantique“[436] möglich, wie ein französischer Fachdienst mit Redaktion in Brüssel diesen Deal treffend kommentierte.[437]

4.3.2.6 Ergebnis

Das allgemeine Einmischungsverbot in Art. 4 Abs. 2 wird sich voraussichtlich in Deutschland nicht relevant auswirken, da Medien und Medienschaffende gegen diese Praktiken durch grundrechtlich garantierte und vom Bundesverfassungsgericht geprägte Kommunikationsfreiheiten und die entsprechende einfachgesetzliche Umsetzung – insbesondere in Medien- und Pressegesetzen – robust geschützt sind.

Dagegen wird das grundsätzliche Verbot des Einsatzes von Spähsoftware in Art. 4 Abs. 3 lit. c dazu führen, dass insbesondere der umfangreiche Straftatenkatalog in § 100a Abs. 2 StPO[438] bei Ermittlungsmaßnahmen (unter Einsatz von Spähsoftware) gegen Personen mit Schutzstatus hinsichtlich einzelner Delikte nicht mehr anwendbar sein wird. Das Zeugnisverweigerungsrecht nach § 53 Abs. 1 Satz 1 Nr. 5 StPO wird demgegenüber stärker betroffen sein, da sein persönlicher Schutzbereich zukünftig auch potenziell Eingeweihte erfassen muss.

Diese Auswirkungen sind im Vergleich zu den theoretischen Folgen des EMFA-E überschaubar. Der Vorschlag hätte einen nicht unerheblichen Eingriff in die gewachsene Struktur der Strafprozessordnung bedeutet, der allein mit einer Verbesserung des Informanten- und Quellenschutzes nicht überzeugend begründet werden konnte. Im Spannungsverhältnis zwischen Medienfreiheit und Strafverfolgungsinteresse hatte der EMFA-E beim Thema Spähsoftware eine in wichtigen Details überschießende Tendenz, die historisch mit der (verständlichen) Empörung innerhalb der Kommission und ihrer Dienststellen über mutmaßlich illegale Abhöraktionen in einzelnen Mitgliedstaaten erklärt werden kann.

Im Ergebnis ist der maßgeblich vom Rat durchgesetzte finale Verordnungstext zu begrüßen, da er ein ausgewogeneres Verhältnis zwischen Medienfreiheit und legitimem Strafverfolgungsinteresse der Mitgliedstaaten sicherstellt.

---

436 Semantische Pirouette.

437 *Lictevout*, Contexte vom 18.12.2023.

438 In Summe ca. 44 Deliktsgruppen (teilw. mit mehreren Einzeldelikten).

4.3.3 Artikel 5 Schutzvorkehrungen für die unabhängige Funktionsweise öffentlich-rechtlicher Mediendiensteanbieter

4.3.3.1 Amsterdamer Protokoll

Die medienrechtliche Diskussion[439] über Art. 5 EMFA-E mit Sonderregelungen für öffentlich-rechtliche Mediendiensteanbieter fokussierte sich zumeist auf diesbezügliche Auswirkungen des „Protokoll (Nr. 29) über den öffentlich-rechtlichen Rundfunk in den Mitgliedstaaten“[440] (Amsterdamer Protokoll). Die auslegenden Bestimmungen in diesem Protokoll sind gemäß Art. 51 EUV Bestandteil des Primärrechts und haben folgenden (knappen) Wortlaut:

> Die Bestimmungen der Verträge berühren nicht die Befugnis der Mitgliedstaaten, den öffentlich-rechtlichen Rundfunk zu finanzieren, sofern die Finanzierung der Rundfunkanstalten dem öffentlich-rechtlichen Auftrag, wie er von den Mitgliedstaaten den Anstalten übertragen, festgelegt und ausgestaltet wird, dient und die Handels- und Wettbewerbsbedingungen in der Union nicht in einem Ausmaß beeinträchtigt, das dem gemeinsamen Interesse zuwiderläuft, wobei den Erfordernissen der Erfüllung des öffentlich-rechtlichen Auftrags Rechnung zu tragen ist.

Das Protokoll setzt eine nach den Verträgen der (damaligen) Gemeinschaft bestehende wettbewerbsrechtliche und insbesondere beihilfenrechtliche Kompetenz der Union voraus und nimmt davon die Finanzierung öffentlich-rechtlicher Rundfunkanstalten aus, die in der Zuständigkeit der Mitgliedstaaten verbleiben soll.[441] Hiermit statuiert das lediglich eine „Auslegungsmaxime“[442] enthaltende Amsterdamer Protokoll – unter Berücksichtigung der besonderen Rolle des öffentlich-rechtlichen Rundfunks für die Gesellschaft – eine bewusste Ausnahme von der grundsätzlichen Kompetenz der Union für das Wettbewerbsrecht im Binnenmarkt. Diese Kompetenzregelung zugunsten der Mitgliedstaaten setzt allerdings voraus, dass die Finanzierung der Rundfunkanstalten dem öffentlich-rechtlichen Auftrag „dient“. Dieser ist von den Mitgliedstaaten jeweils eigenverantwortlich festzulegen und auszugestalten, damit überhaupt festgestellt werden kann, ob Auftrag und Finanzierung in einer vernünftigen Relation stehen. Als ausreichend wird eine relativ allgemein

---

439 Bspw. *Cole/Etteldorf*, EMFA Background Analysis, S. 8.

440 Ursprünglich 1997 dem Vertrag von Amsterdam beigefügt, akt. Fundstelle Protokoll (Nr. 29) über den öffentlich-rechtlichen Rundfunk in den Mitgliedstaaten vom 17.06.1997, ABl. EU 2016 C 202, 311.

441 Vgl. *Schladebach/Simantiras*, EuR 2011, 784, 787 f.

442 *Hain*, MMR 2001, 219, 220.

gehaltene, wenig präzise Auftragsdefinition angesehen, die im Sinne der im Amsterdamer Protokoll vorangestellten Erwägung lediglich eine funktionale Zielrichtung mit dem Recht zur Selbstverwaltung vorsehen kann.[443] Den Mitgliedstaaten wird bei Festlegung und Ausgestaltung des öffentlich-rechtlichen Auftrags eine „Einschätzungsprärogative“[444] eingeräumt.

Trotz der dadurch im nationalen Einzelfall möglichen definitorischen Unschärfe des öffentlich-rechtlichen Auftrages spricht viel dafür, dass sowohl eine nicht auskömmliche Unterfinanzierung als auch eine am Bedarf vorbeigehende Überfinanzierung öffentlich-rechtlicher Medien mit der – ausweislich des Wortlauts – dienenden Rolle der Finanzierung nicht im Einklang stehen dürfte. Die Wirkung des Amsterdamer Protokolls wird zuweilen von interessierten Kreisen extensiv interpretiert und auf Themen und Probleme[445] erstreckt, die im Protokoll auch bei weiter Auslegung nicht adressiert sind.

Die Kommission betont in ErwG 18 EMFA-E, dass die Anforderungen des EMFA die im Amsterdamer Protokoll festgelegte Befugnis der Mitgliedstaaten zur Finanzierung des öffentlich-rechtlichen Rundfunks nicht berühren.

Das bis Herbst 2023 vom Rat für die Öffentlichkeit gesperrte Gutachten des CLS zur Rechtsgrundlage des EMFA-E kann nunmehr in der aktualisierten Version dieser Arbeit berücksichtigt werden. In diesem Gutachten wird auch geprüft, ob die Union vor dem Hintergrund des Amsterdamer Protokolls für Maßnahmen zuständig ist, die die Finanzierung öffentlich-rechtlicher Mediendiensteanbieter betreffen.[446] Der CLS wendet hierbei schrittweise mehrere Auslegungsmethoden an. Im Ergebnis wird eine wörtliche Auslegung zugrunde gelegt:

> Legt man diese Auslegung zugrunde, so wird durch das Protokoll von Amsterdam im Wesentlichen bestätigt, dass die Mitgliedstaaten die Möglichkeit haben, ihren öffentlich-rechtlichen Rundfunk zu finanzieren, es sei denn, es läge eine ‚Überfinanzierung‘ über den öffentlich-rechtlichen Auftrag hinaus vor. Durch diese Auslegung wäre es nicht ausgeschlossen, dass die Union, wenn sie über eine entsprechende Rechtsgrundlage verfügt, Maßnahmen ergreift, um eine Unterfinanzierung öffentlich-rechtlicher Mediendiensteanbieter zu verhindern.[447]

443 Vgl. Binder/Vesting-*Eifert* RStV § 11 Auftrag, Rn. 17.
444 *Schladebach/Simantiras*, EuR 2011, 784, 788.
445 Etwa im Kontext der “digitalen Dividende”, so *Wille*, ZUM 2007, 89, 93.
446 Vgl. *CLS*, Gutachten zur Rechtsgrundlage des EMFA, Rn. 32–34.
447 *CLS*, Gutachten zur Rechtsgrundlage des EMFA, Rn. 33.

4.3.3.2 Vielzahl von Informationen und Meinungen

Nachdem Art. 5 Abs. 1 EMFA-E öffentlich-rechtliche Mediendiensteanbieter unmittelbar in die Pflicht nehmen wollte, richtet sich die finale Fassung ausschließlich an die Mitgliedstaaten. Diese haben sicherzustellen, dass öffentlich-rechtliche Mediendiensteanbieter redaktionell und funktional unabhängig sind und ihrem Publikum – im Einklang mit dem auf nationaler Ebene festgelegten öffentlich-rechtlichen Auftrag – auf unparteiische Weise eine Vielzahl von Informationen und Meinungen bieten.

Durch den Zusatz „im Einklang mit ihrem öffentlich-rechtlichen Auftrag" soll der Tatsache Rechnung getragen werden, dass nach dem Amsterdamer Protokoll allein die Mitgliedstaaten zu Änderungen des jeweils festgelegten öffentlich-rechtlichen Auftrags befugt sind. Der europäische Gesetzgeber kann öffentlich-rechtliche Aufträge der Mitgliedstaaten auch dann nicht „nachbessern", wenn solche Aufträge im Einzelfall unzulänglich sein sollten. Daher wird der erwähnte (aus Kompetenzgründen unvermeidliche) Zusatz voraussichtlich dazu führen, dass Art. 5 Abs. 1 gerade in den Mitgliedstaaten wirkungslos bleiben wird, in denen der jeweilige öffentlich-rechtliche Auftrag eine unparteiische und ausgewogene Berichterstattung nicht zwingend vorgibt.

Im Übrigen bleibt auch der finale Text wegen der Begrifflichkeit „Vielzahl von Informationen und Meinungen" hinter dem zurück, was in einzelnen Mitgliedstaaten wohl erforderlich wäre. Der EMFA hätte als Ziel hier besser die „Vielfalt von Informationen und Meinungen" vorgegeben sollen, die allein durch eine bloße Vielzahl solcher Inhalte nicht realisiert wird.[448] Beispielsweise kann wirkliche Meinungsvielfalt nicht dadurch erreicht werden, dass zwar eine Vielzahl von Meinungen publiziert wird, diese aber im Wesentlichen von Akteuren der Regierung und der die Regierung tragenden Partei(en) stammen.

Das Bundesverfassungsgericht erwartet vor allem vom öffentlich-rechtlichen Rundfunk in ständiger Rechtsprechung größtmögliche Meinungsvielfalt:

> Der in Art. 5 Abs. 1 Satz 2 GG enthaltene Auftrag zur Gewährleistung der Rundfunkfreiheit zielt auf eine Ordnung, die sicherstellt, dass die Vielfalt der bestehenden Meinungen im Rundfunk in größtmöglicher Breite und Vollständigkeit Ausdruck findet (vgl. BVerfGE 57, 295 <319 f.>; 73, 118 <152 f.>; 90, 60 <88>; 114, 371 <387 ff.>; 136, 9 <28 Rn. 29>).[449]

448 Zu dieser Differenzierung *Neuberger/Lobigs*, Die Bedeutung des Internets im Rahmen der Vielfaltssicherung, S. 61; *KEK*, Vorstellung des Gutachtens am 13.07.2010.

449 *BVerfGE* 158, 389, Rn. 76 – Staatsvertrag Rundfunkfinanzierung.

Die von dieser Rechtsprechung geprägten und jeweils in Gesetzen oder Staatsverträgen normierten öffentlich-rechtlichen Aufträge der Landesrundfunkanstalten, des ZDF und des Deutschlandradios befinden sich daher ersichtlich im Einklang mit Art. 5 Abs. 1.[450]

Ob öffentlich-rechtliche Mediendienste im redaktionellen Alltag die gebotene Informations- und Meinungsvielfalt stets hinreichend abbilden, entzieht sich der juristischen Bewertung. Diese faktische Frage könnte im Rahmen einer empirischen Programm- und Inhaltsanalyse untersucht werden.

4.3.3.3 Ernennung und Entlassung der geschäftsführenden Personen

Art. 5 Abs. 2 betrifft die Ernennung, Entlassung und Amtszeit des Geschäftsführers und der Mitglieder des geschäftsführenden Gremiums.[451] Öffentlich-rechtliche Mediendiensteanbieter in Deutschland sind durchgängig so organisiert, dass die Geschäftsführungskompetenz allein bei der Intendantin oder beim Intendanten liegt.[452] Verwaltungsräte haben wichtige Überwachungs- und Kontrollaufgaben, sind aber nicht selbst zur Geschäftsführung berechtigt. Ein geschäftsführendes Gremium[453] gibt es im deutschen Organisationsmodell daher nicht. Die nachfolgende Untersuchung zu Art. 5 Abs. 2 konzentriert sich exemplarisch auf Auswirkungen des EMFA im Hinblick auf Wahl und Abberufung des Intendanten beim HR und dem ZDF.

Art. 5 Abs. 2 UAbs. 2 verlangt ein transparentes, offenes, wirksames[454] und nichtdiskriminierendes Ernennungsverfahren. Eine vorherige Festlegung dieser Verfahrensprinzipien auf nationaler Ebene erwartet der EMFA – anders als bei den Entscheidungskriterien – nicht.

Beim HR und dem ZDF wurden die zuletzt durchgeführten Verfahren zur Findung und Wahl einer Intendantin oder eines Intendanten folgendermaßen gehandhabt:

- Das HR-Gesetz enthält lediglich eine Regelung, wonach die Intendantin oder der Intendant vom Rundfunkrat auf fünf bis neun Jahre mit einfacher Mehrheit gewählt wird (§ 16 Abs. 1). Vor der letzten Intendantenwahl im Dezember 2021 wurde vom Rundfunkrat des HR eine Findungskommission

450 Siehe bspw. § 2 Abs. 1 und § 3 Nr. 7 HR-Gesetz.

451 EMFA EN: The head of management and the members of the governing board.

452 Siehe bspw. § 16 Abs. 3 Satz 1 HR-Gesetz oder § 27 Abs. 1 Satz 2 ZDF-StV.

453 Denkbar wäre ein Direktorium mit Organstellung.

454 Dieses Prinzip war im EMFA-E und den Standpunkten der Gesetzgeber noch nicht enthalten.

eingesetzt, die ihren Vorschlag einen Monat vor der geplanten Wahl veröffentlichte.[455] Spätere Wahlvorschläge von Mitgliedern des Rundfunkrates hätten zusätzlich berücksichtigt werden können. Eine öffentliche Stellenausschreibung im Vorfeld hatte – soweit ersichtlich – nicht stattgefunden.

- § 26 Abs. 1 ZDF-StV regelt in lakonischer Kürze Wahl, Wiederwahl und Amtszeit des Intendanten. Vor der Intendantenwahl im Juli 2021 hatte der „Ausschuss für Strategie und Koordinierung" ein Anforderungsprofil für das Amt des Intendanten/der Intendantin beschlossen und die Mitglieder des ZDF-Fernsehrates wurden von ihrer Vorsitzenden um Wahlvorschläge gebeten.[456] Dieses Anforderungsprofil wurde Ende April 2021 mit dem Hinweis veröffentlich, dass Eigenbewerbungen nur dann zur Wahl zugelassen werden können, wenn sie von einem Mitglied des Fernsehrates als Wahlvorschlag eingebracht werden. In den (noch) verfügbaren Dokumenten des ZDF wird eine öffentliche Stellenausschreibung nicht erwähnt.

Neben bestimmten Verfahrensprinzipien verlangt der EMFA, dass eine Ernennung auf der Grundlage transparenter, objektiver, nichtdiskriminierender und verhältnismäßiger Kriterien erfolgt, die auf nationaler Ebene vorab festzulegen sind.

- Das HR-Gesetz enthält die erwähnte Minimalregelung. Anforderungs- bzw. Auswahlkriterien für die Wahl der Intendantin oder des Intendanten fehlen. Die Findungskommission im letzten Verfahren hatte ihren Wahlvorschlag ohne Nennung der Kriterien veröffentlicht.
- § 26 Abs. 2 ZDF-StV enthält formale Voraussetzungen ohne inhaltlichen Bezug zum Amt. Anforderungen an die persönliche Qualifikation fehlen. Diese wurden im letzten Verfahren von einem Ausschuss des ZDF-Fernsehrates definiert und später veröffentlicht.

Nach Art. 5 Abs. 2 UAbs. 2 Satz 2 muss die Dauer der Amtszeit ausreichend sein, um die tatsächliche Unabhängigkeit öffentlich-rechtlicher Mediendiensteanbieter zu gewährleisten. Trotz der recht vagen Vorgabe im HR-Gesetz (Amtszeit 5 bis 9 Jahre) dürfte diese Regelung ebenso unbedenklich sein wie die des ZDF (Amtszeit 5 Jahre).

Die vorzeitige Entlassung eines Intendanten wird ab dem 08.08.2025 gemäß Art. 5 Abs. 2 UAbs. 3 nur unter diesen Voraussetzungen möglich sein:

---

455 *Rundfunkrat des Hessischen Rundfunks,* Findungskommission schlägt Florian Hager und Stephanie Weber vor.

456 *Thieme,* Schreiben an die Mitglieder des ZDF-Fernsehrates.

> Entscheidungen über die Entlassung des Geschäftsführers oder der Mitglieder des geschäftsführenden Gremiums von öffentlich-rechtlichen Mediendiensteanbietern vor Ende ihrer Amtszeit müssen hinreichend gerechtfertigt sein, dürfen nur in Ausnahmefällen getroffen werden, wenn diese die gemäß vorab auf nationaler Ebene festgelegten Kriterien für die Wahrnehmung ihrer Aufgaben erforderlichen Bedingungen nicht mehr erfüllen, und müssen den betroffenen Personen vorab mitgeteilt werden und die Möglichkeit einer gerichtlichen Überprüfung beinhalten.

Beim ZDF könnte diese Situation beispielsweise in dem wenig wahrscheinlichen Fall eintreten, dass ein Intendant nicht mehr alle personenbezogenen Voraussetzungen gemäß § 26 Abs. 2 ZDF-StV erfüllt.

Gegenwärtig sind die Voraussetzungen der Amtsenthebung einer Intendantin oder eines Intendanten beim HR und dem ZDF folgendermaßen normiert:

- Nach § 16 Abs. 5 HR-Gesetz kann die Anstalt jederzeit auf die Dienste der Intendantin oder des Intendanten verzichten und damit bewirken, dass sie oder er aus dieser Stellung ausscheidet. Die vertragsmäßigen Bezüge sind weiter zu gewähren.[457]
  Nach § 16 Abs. 6 HR-Gesetz kann die Intendantin oder der Intendant aus wichtigem Grund oder wegen grober Pflichtverletzungen durch die Gremien des HR oder ein Schiedsgericht entlassen werden.
- Nach § 26 Abs. 3 ZDF-StV kann der Verwaltungsrat den Intendanten mit Zustimmung des Fernsehrates entlassen. Mit der Entlassung scheidet der Intendant aus seiner Stellung aus; die Bezüge sind ihm für die Dauer der Wahlzeit weiter zu gewähren.

4.3.3.4 Angemessene, nachhaltige und vorhersehbare Finanzierung

Nach Art. 5 Abs. 3 stellen die Mitgliedstaaten sicher, dass Verfahren zur Finanzierung von öffentlich-rechtlichen Mediendiensteanbietern auf transparenten und objektiven Kriterien beruhen, die vorab festgelegt werden. Diese Finanzierungsverfahren müssen eine „angemessene, nachhaltige und vorhersehbare“ Finanzausstattung sicherstellen.

Das Bundesverfassungsgericht hat in ständiger Rechtsprechung aufgrund der Rundfunkfreiheit aus Art. 5 Abs. 1 Satz 2 GG eine staatliche Handlungspflicht in Bezug auf die Gewährleistung der funktionsgerechten Finanzierung der öffentlich-rechtlichen Rundfunkanstalten festgestellt.[458] Damit korrespondiert

---

457 Diese Rechtslage entspricht der Vertragssituation von Trainern im Profisport.

458 Zuletzt *BVerfGE* 158, 389, Rn. 83 – Staatsvertrag Rundfunkfinanzierung.

ein grundrechtlich garantierter Anspruch auf eine entwicklungsoffene und entsprechend bedarfsgerechte Finanzierung, der von den öffentlich-rechtlichen Rundfunkanstalten im Verfahren der Verfassungsbeschwerde durchgesetzt werden kann.

4.3.3.5 Unabhängige Beobachtung

In Art. 5 Abs. 4 EMFA-E war noch vorgesehen, dass die Mitgliedstaaten eine oder mehrere unabhängige Behörden oder Stellen benennen, die die Einhaltung der Absätze 1 bis 3 überwachen. Eine solche Überwachung durch benannte Behörden oder Stellen hätte die Rolle und das Selbstverständnis der plural zusammengesetzten Gremien öffentlich-rechtlicher Rundfunkanstalten in Deutschland erheblich beeinträchtigt. Gerade eine externe Kontrolle von Intendantenwahlen – besonders in puncto Transparenz und Offenheit – hätte die in solchen Verfahren bislang autonomen Gremien ins Mark getroffen. Medienpolitisch wäre auf die hier zuständigen Länder eine schwierige Entscheidung zugekommen, da mutmaßlich jede denkbare Überwachungsbehörde oder -stelle bei den Gremien und deren Mitgliedern auf erheblichen Widerstand gestoßen wäre.

Insofern war es keine Überraschung, dass auf Betreiben des Rates im finalen EMFA aus „Überwachung“ eine vergleichsweise harmlose „Beobachtung“ wurde. Nach Art. 5 Abs. 4 benennen die Mitgliedstaaten nunmehr eine oder mehrere unabhängige Behörden oder Stellen, die die Einhaltung der Absätze 1, 2 und 3 beobachten. Alternativ können für diese Aufgabe auch sog. „Mechanismen“ eingerichtet werden.

Da die Absätze 1 bis 3 jeweils eigenständige Regelungen enthalten, sollten die Länder die Option nutzen, bei der Benennung differenziert vorzugehen.

Die Beobachtung der Einhaltung von Absatz 1 ist eine genuine Aufgabe der als Kontrollorgane konzipierten Gremien der öffentlich-rechtlichen Rundfunkanstalten. Diese sind (inzwischen) hinreichend staatsfern und unabhängig[459], da der Einfluss der staatlichen und staatsnahen Mitglieder in den Aufsichtsgremien der öffentlich-rechtlichen Rundfunkanstalten konsequent begrenzt wurde. Ihr Anteil darf ein Drittel der gesetzlichen Mitglieder des jeweiligen Gremiums nicht mehr übersteigen.[460]

Eine ähnlich pragmatische Lösung für die Beobachtung der Einhaltung von Absatz 2 liegt dagegen nicht auf der Hand. Die Gremien sind für die in Rede

459 Siehe bspw. § 4 Abs. 9 HR-Gesetz.

460 *BVerfGE* 136, 9, Rn. 51 – ZDF-Staatsvertrag.

stehenden Verfahren bei Wahlen oder Entlassungen zuständig und müssten sich somit selbst beobachten. Auch die Staats- und Senatskanzleien als traditionelle Rechtsaufsicht[461] können für diese Beobachterrolle nicht in Betracht kommen, da sie naturgemäß Teil einer Landesregierung und demzufolge nicht unabhängig sind. Die hier für die Benennung zuständigen Länder können also nicht auf gewohnte Strukturen der Aufsicht über öffentlich-rechtliche Rundfunkanstalten zurückgreifen, sondern müssen institutionell Neuland betreten.

In diesem Kontext sollte nicht außer Acht gelassen werden, dass Intendantenwahlen bei öffentlich-rechtlichen Rundfunkanstalten in einer pluralen Medienlandschaft gerade von der überregionalen, stets privatrechtlich organisierten Presse kritisch unter die Lupe genommen werden.[462] Die Sinnhaftigkeit einer zusätzlichen Beobachtung der Einhaltung von Absatz 2 durch unabhängige Behörden oder Stellen oder mittels einzurichtender Mechanismen darf daher aus deutscher Sicht sehr wohl bezweifelt werden. Gleichwohl wird hier jeder Mitgliedstaat in der einen oder anderen Form handeln müssen. Allenfalls bei Nutzung der Option „Mechanismen“ haben die hier zuständigen Länder einen gewissen Spielraum für niedrigschwellige Lösungen.

Vergleichsweise problemlos erscheint wiederum die Benennung der unabhängigen Behörde oder Stelle zur Beobachtung der Einhaltung von Absatz 3. Hier können die Länder ohne weiteres auf die unabhängige KEF verweisen, deren Arbeit im RFinStV normiert ist. Die heutige Regelung wurde maßgeblich durch Rechtsprechung des Bundesverfassungsgerichts geprägt. Noch bis Mitte der 1990er Jahre hatte die KEF einen „Status als Hilfsorgan der Ministerpräsidenten“ und konnte daher ihren Aufgaben bei der verfahrensrechtlichen Absicherung der Rundfunkfreiheit nicht hinreichend gerecht werden.[463] Das Bundesverfassungsgericht verpflichtete den Gesetzgeber, die Unabhängigkeit der Mitglieder der KEF gesetzlich abzusichern. Dabei sei es naheliegend, dieses Sachverständigengremium rundfunk- und politikfrei zusammenzusetzen.[464] Diese verfassungsrechtliche Vorgabe wurde in § 4 Abs. 3 RFinStV jedoch ohne Ausschluss der kommunalen Ebene umgesetzt.[465]

461 Bspw. § 20 Abs. 1 HR-Gesetz.

462 Bspw. *Hartung*, Frankfurter Allgemeine Zeitung vom 08.03.2023.

463 *BVerfG*, NJW 1994, 1942, juris-Rn. 176.

464 *BVerfG*, NJW 1994, 1942, juris-Rn. 183.

465 Dazu kritisch *Rößner*, KEF-Nachbesetzung: Fatales Signal für das Vertrauen in den öffentlich-rechtlichen Rundfunk.

4.3.3.6 Ergebnis

Aufgrund der dargestellten Rechtsprechung des Bundesverfassungsgerichts und der dadurch geprägten einfachen Gesetze werden die Absätze 1 (Vielzahl von Informationen und Meinungen) und 3 (angemessene Finanzierung) in Deutschland voraussichtlich ohne Auswirkungen bleiben.

Die vier Verfahrensprinzipien in Art. 5 Abs. 2 UAbs. 2 werden von den zuständigen Gremien der öffentlich-rechtlichen Rundfunkanstalten zu beachten sein. Da es sich insbesondere bei Transparenz und Offenheit um unbestimmte Rechtsbegriffe handelt, wird deren Auslegung bei Vorbereitung und Durchführung einer Intendantenwahl wohl zu Diskussionen innerhalb der Gremien führen. Im Rückblick auf die vorstehend skizzierten Verfahren beim HR und dem ZDF sind beide Gremien mutmaßlich der Auffassung, hinreichend transparent und offen vorgegangen zu sein. Für das Außenverhältnis steht zu erwarten, dass Konkurrentenklagen ab den 08.08.2025 auch mit einem (behaupteten) Verstoß gegen den EMFA wegen unzureichender Transparenz und Offenheit des Verfahrens begründet werden.

Darüber hinaus müssen nach Art. 5 Abs. 2 UAbs. 2 als Grundlage der Ernennung eines Intendanten spätestens ab dem 08.08.2025 bestimmte Kriterien auf nationaler Ebene festgelegt sein. Sowohl das HR-Gesetz als auch der ZDF-StV enthalten keine derartigen Kriterien. Eine vorherige Festlegung der Kriterien im nationalen Recht – wie noch im EMFA-E vorgesehen – verlangt der finale Normtext nicht. Ausreichend ist nunmehr bereits eine Festlegung der Kriterien „auf nationaler Ebene“. Entsprechendes gilt für die ebenfalls auf nationaler Ebene vorab festzulegenden Kriterien für die Amtsenthebung eines Intendanten. Sowohl die Entlassung des ZDF-Intendanten als auch der Verzicht auf die Dienste der Intendantin oder des Intendanten beim HR kann jeweils mit qualifizierter Gremienmehrheit, aber ansonsten voraussetzungslos beschlossen werden. Diese Rechtslage wird in beiden Häusern ab dem 08.08.2025 nicht mehr EMFA-konform sein.

Im Ergebnis müssen sowohl die Ernennungs- als auch die Entlassungskriterien für Intendanten beim HR und dem ZDF vorab auf nationaler Ebene festgelegt werden. Der Gesetzeswortlaut lässt offen, von wem und in welcher Form diese Festlegung getroffen werden kann. Angesichts der föderalen Struktur Deutschlands sollte die „nationale Ebene“ hier nicht nur im Sinne der Bundesebene verstanden werden. Sachgerecht wäre wohl eine abstrakt-generelle Festlegung der Ernennungs- und Entlassungskriterien auf Satzungsebene durch die hierfür zuständigen Gremien des HR und des ZDF.[466] Dies hätte den Charakter

---

466 So auch *Knothe,* Der EMFA ist da, Minute 31.

einer Selbstbindung, da diese Gremien zugleich für die nächste Wahl oder Entlassung eines Intendanten verantwortlich sein werden. Solche Personalentscheidungen können die Gremien ab dem 08.08.2025 nur dann EMFA-konform treffen, wenn zuvor die notwendige Satzungsergänzung erledigt wurde.

Die Schutzvorkehrungen in den Absätzen 1 und 3 unterliegen bereits einer unabhängigen Beobachtung durch die Gremien der öffentlich-rechtlichen Rundfunkanstalten bzw. durch die KEF. Eine entsprechende Benennung dieser verfassungsrechtlich bestätigten Einrichtungen liegt auf der Hand und dürfte alternativlos sein. Die ebenfalls vom EMFA gewünschte Beobachtung der Einhaltung von Absatz 2 betrifft die Ernennung oder Amtsenthebung von Intendanten und damit einen Kernbereich der Gremienkompetenz. Die Gremien selbst oder die nicht unabhängigen Staats- und Senatskanzleien kommen für diese Beobachterrolle nicht in Betracht. Daher werden die Länder hier mit einer sensiblen Problematik konfrontiert, die mit den tradierten Aufsichtsstrukturen des öffentlich-rechtlichen Rundfunks nicht gelöst werden kann.

4.3.4 Artikel 6 Pflichten von Mediendiensteanbietern

4.3.4.1 Anwendungsbereich

Art. 6 EMFA-E hatte ausschließlich Pflichten für diejenigen Mediendiensteanbieter vorgesehen, die Nachrichten und Inhalte zum Zeitgeschehen bereitstellen.[467] Der Gesetzgeber ist diesem Vorschlag allerdings nur teilweise gefolgt. Lediglich Absatz 3 enthält unverändert diese Begrenzung auf Anbieter von Nachrichten und Inhalten zum Zeitgeschehen.

Eine Legaldefinition dieser für die individuelle und öffentliche Meinungsbildung besonders relevanten Inhalte findet sich weder im EMFA noch in der AVMD-RL. In ErwG 14 wird betont, dass unter Nachrichten und Inhalten zum Zeitgeschehen „jede Art von Nachrichten und Inhalten zum Zeitgeschehen" verstanden werden sollte. Auch als Dokumentarfilme, in Zeitschriften oder Talkshows könnten solche Inhalte ihr Publikum erreichen.

Zusätzlich können sog. Soft News[468] die politischen Einstellungen vieler Rezipienten beeinflussen. Im Kontext von Art. 6 Abs. 3 sollte daher – entsprechend

---

467 EMFA EN: News and current affairs content.

468 "Soft news, also called market-centred journalism, journalistic style and genre that blurs the line between information and entertainment." (Mills-Brown, Encyclopedia Britannica).

§ 2 Abs. 2 Nr. 25 MStV – ein weiter Informations- und Nachrichtenbegriff zugrunde gelegt werden.

4.3.4.2 Informationspflichten

Die Transparenzgebote in Absatz 1 sollen Empfängern eines Mediendienstes aktuelle Informationen über die Namen bestimmter Eigentümer dieses Mediendienstes leicht und direkt zugänglich machen. Bei Kenntnis dieser Namen können Rezipienten den jeweiligen Mediendienst zur Bildung einer fundierten Meinung (hoffentlich) besser einordnen und bewerten. Der Gesetzgeber stellt sich die Offenlegung in der Praxis folgendermaßen vor:

> Die erforderlichen Informationen sollten von den betreffenden Mediendiensteanbietern in elektronischem Format, beispielsweise auf ihren Websites oder in einem anderen leicht und unmittelbar zugänglichen Medium offengelegt werden.[469]

Die in Absatz 1 lit. a und c geregelten Informationspflichten erscheinen hinreichend klar und werden in der Praxis ohne wesentliche Probleme erfüllt werden können. Der EMFA übernimmt den Begriff „wirtschaftlicher Eigentümer“ gemäß seiner Definition in der Vierten EU-Geldwäsche-Richtlinie.[470] Zur Umsetzung dieser Richtlinie wurde in Deutschland 2017 mit dem Gesetz über das Aufspüren von Gewinnen aus schweren Straftaten (Geldwäschegesetz – GwG) das sog. Transparenzregister geschaffen. Seit August 2021 müssen juristische Personen und sonstige Gesellschaften grundsätzlich den oder die „wirtschaftlich Berechtigten“ an das Transparenzregister melden.[471] Zu diesen zählt jede natürliche Person, die unmittelbar oder mittelbar mehr als 25 % der Kapitalanteile hält, mehr als 25 % der Stimmrechte kontrolliert oder auf vergleichbare Weise Kontrolle ausübt (§ 3 Abs. 2 GwG). Während der EMFA hier lediglich die Offenlegung des Namens verlangt, umfasst die Mitteilungspflicht gegenüber dem Transparenzregister zusätzliche Angaben wie Geburtsdatum, Wohnort und Staatsangehörigkeit(en). Bis zur Geltung von Art. 6 Abs. 1 ab dem 08.08.2025 werden die Meldepflichten nach GwG auch für Mediendiensteanbieter längst geübte Praxis sein. Die (zusätzliche) Transparenzpflicht nach Absatz 1 lit. c wird daher ohne größeren Verwaltungsaufwand erfüllt werden können.

---

469 ErwG 32 a.E.

470 Richtlinie (EU) 2015/849 vom 20.05.2015, ABl. EU 2015 L 141, 73.

471 Dazu mit komplexen Details *Bundesverwaltungsamt*, Transparenzregister FAQ.

Die Regelung in Absatz 1 lit. b erscheint nicht hinreichend präzise, weshalb hierzu eine divergierende Auslegungs- und Anwendungspraxis der Mitgliedstaaten erwartet werden kann. Zum einen ergibt sich aus dem Wortlaut nicht mit Sicherheit, ob die Namen juristischer Personen als „Eigentümer" ebenfalls offenzulegen sind. Zum anderen ist die Einflussmöglichkeit eines Gesellschafters „auf die Geschäftstätigkeit und die strategische Entscheidungsfindung" im Einzelfall von der konkreten Satzung der jeweiligen Gesellschaft abhängig. Außerdem wird nach dem Wortlaut jeglicher „Einfluss" unabhängig von seiner Stärke (oder Schwäche) ausreichen, diese Transparenzpflicht zu begründen. In der Dissertationsversion dieser Arbeit hatte der Verfasser daher die Auffassung vertreten, dass der wenig praxistauglich erscheinende Art. 6 Abs. 1 lit. b EMFA-E im Gesetzgebungsverfahren gestrichen werden sollte. Dieser Sichtweise haben sich Rat und Parlament allerdings nicht angeschlossen.

4.3.4.2.1 Bestehende Informationspflichten

Anbieter unterschiedlicher Mediengattungen unterliegen im Rahmen ihres Gesamtangebots gegenwärtig bundes- und landesgesetzlich geregelten Informationspflichten, die im Wesentlichen dem Verbraucherschutz dienen.[472] Die in Absatz 1 lit. a normierte Pflicht zur Offenlegung des eingetragenen Namens und der Kontaktdaten ist bereits Bestandteil folgender Regelungen:

- § 5 (Allgemeine Informationspflichten) TMG
- § 4 (Informationspflichten, Verbraucherschutz) MStV
- § 18 Abs. 2 (journalistisch-redaktionelle Angebote) MStV
- §§ 6, 7 Abs. 1 (Impressum) HPresseG

Weder das TMG noch der MStV sehen hier Informationspflichten zur Offenlegung von Eigentümern oder Teilhabern vor. Dagegen verpflichtet § 5 Abs. 2 HPresseG Verleger periodischer Druckwerke, Art und Umfang der Inhaber- und Beteiligungsverhältnisse des Verlags in regelmäßigen Zeitabständen im Impressum des Druckwerks offenzulegen. Dabei sind diejenigen Gesellschafter (mit Prozentangaben) zu nennen, deren Kapital- oder Stimmrechtsanteil mindestens 5 % erreicht. Die Bekanntgabe erfolgt bei Tageszeitungen in der ersten Ausgabe jedes Kalendervierteljahres. Diese presserechtliche Transparenzvorgabe ist im bundesweiten Vergleich[473] bemerkenswert, dürfte aber den

472 Für Rundfunkveranstalter vgl. BeckOK InfoMedienR-*Hahn* MStV § 4, Rn. 1.
473 Bspw. ggü. § 8 (Impressum) Niedersächsisches Pressegesetz.

in ErwG 32 konkretisierten Anforderungen des EMFA an leichte und direkte (digitale) Zugänglichkeit der Informationen nicht entsprechen.

Die Transparenzpflichten in Absatz 1 werden die Anwendbarkeit des deutschen Rechtsrahmens mit seinen eigenständigen oder weitergehenden Informationspflichten nicht berühren. Die bereits erwähnte Öffnungsklausel des EMFA erlaubt auch im Bereich von Kapitel II ausführlichere oder strengere Vorschriften.

Beide Offenlegungspflichten gemäß Absatz 1 lit. b und c gehen über die einschlägigen Vorschriften in Deutschland hinaus. Diese Informationen sollten im Interesse der Auffindbarkeit vorzugsweise innerhalb der meist „Impressum" genannten Anbieterkennzeichnung und nicht auf einer beliebigen Webpage des Mediendiensteanbieters bereitgestellt werden. Eine diesbezügliche Pflicht zur Bündelung aller rechtlich gebotenen Transparenzinformationen enthält der EMFA nicht. Eine solche Bündelung wäre aber sachgerecht und könnte auf nationaler Ebene durchgesetzt werden.

4.3.4.3 Offenlegung der Mittel für staatliche Werbung

Vom Gesetzgeber wurde in Absatz 1 lit. d ein begrüßenswertes Transparenzgebot anderen Charakters eingefügt, das Mediendiensteanbieter insbesondere dazu verpflichtet, den ihnen zugewiesenen jährlichen Gesamtbetrag staatlicher Mittel für staatliche Werbung offenzulegen. Wie Absatz 1 im Ganzen wird diese Verpflichtung am 08.08.2025 Geltung erlangen.

4.3.4.4 Nationale Datenbank zum Medieneigentum

Ebenfalls erst Teil des finalen EMFA ist die Regelung in Absatz 2, die jeden Mitgliedstaat verpflichtet, seine NRB oder eine andere zuständige Behörde oder Stelle mit der Entwicklung einer nationalen Datenbank zum Medieneigentum zu beauftragen. Diese Datenbank soll (nur) die Informationen nach Absatz 1 enthalten.

In Deutschland existiert bereits die von der KEK aufgebaute und gepflegte „Mediendatenbank"[474] mit umfangreichen Informationen über die Inhaber- und Beteiligungsverhältnisse in Hörfunk, Fernsehen, Presse und im Onlinebereich.[475] Die Informationstiefe dieser Datenbank übertrifft schon heute den

474 *KEK,* Mediendatenbank.

475 Eine öffentlich zugängliche Datenbank des BKartA zum Medieneigentum gibt es nicht.

künftigen EMFA-Mindeststandard. Daher ist es aus Sicht des Verfassers naheliegend, die KEK mit der Weiterentwicklung ihrer Datenbank zur „Deutsche(n) Datenbank zum Medieneigentum" zu beauftragen. Dieser Auftrag müsste wohl aus Kompetenzgründen von Bund und Ländern gemeinsam erteilt werden. Im Rahmen der Beauftragung müsste zugleich sichergestellt werden, dass die KEK für diese Aufgabe angemessen finanziert wird. Die Datenvalidität müsste durch spezifische Meldepflichten gegenüber der KEK und damit korrespondierenden Auskunftsrechten der KEK abgesichert werden, da der medienrechtliche Kenntnisstand der LMA im Einzelfall unvollständig oder nicht mehr aktuell sein kann.

4.3.4.5 Unabhängigkeit redaktioneller Entscheidungen

Nach Art. 6 Abs. 3 ergreifen Anbieter von Nachrichtenmedien Maßnahmen, um die Unabhängigkeit redaktioneller Entscheidungen zu gewährleisten. Der hier fast identische EMFA-E war besonders von Verlegerverbänden vehement zurückgewiesen worden.[476] Dabei hatte schon die Kommission ihren Vorschlag unmittelbar im Normtext unter einen doppelten Vorbehalt gestellt.[477] Zum einen sollen derartige Maßnahmen unbeschadet des im Einklang mit der GRCh stehenden nationalen Verfassungsrechts ergriffen werden.[478] Zum anderen werden Mediendiensteanbieter lediglich zu solchen Maßnahmen angehalten, die sie (selbst) für angemessen erachten.

Aufgrund der bereits dargestellten Legaldefinitionen können „redaktionelle Entscheidungen" allein von Personen getroffen werden, die zur Ausübung „redaktioneller Verantwortung" befugt sind. Diese Verantwortung bezieht sich nicht auf die inhaltliche Gestaltung einzelner Artikel oder Sendebeiträge, sondern insbesondere auf eine wirksame Kontrolle hinsichtlich der Zusammenstellung der Sendungen oder Presseveröffentlichungen. Bei hierarchisch organisierten Mediendiensten ist diese Kompetenz der Redaktionsleitung vorbehalten, die aus einer oder mehreren Personen bestehen kann. Maßnahmen nach Absatz 3 werden demzufolge ausschließlich das Binnenverhältnis zwischen Medieneigentümern, Verlegern, Herausgebern (im

---

476 *BDZV/MVFP,* „Der ‚Media Freedom Act' fördert die Pressefreiheit nicht, er untergräbt sie".

477 "Angstklauseln", so *Cornils,* CULT, Public Hearing on EMFA (Webstream), 17.45 Uhr.

478 EMFA EN: Without prejudice to national constitutional law consistent with the Charter.

Folgenden: Eigentümer) und der Redaktionsleitung betreffen. Die Unabhängigkeit individueller journalistischer Entscheidungen einzelner Redakteure war schon von der Kommission nicht intendiert, obwohl Art. 6 Abs. 2 EMFA-E an dieser Stelle missverständlich formuliert war.

Die Kommission hatte ihren Vorschlag folgendermaßen begründet:

> Mediendiensteanbieter sollten verhältnismäßige Maßnahmen ergreifen, um zu gewährleisten, dass Redakteure, nachdem sie sich mit den Eigentümern auf die redaktionelle Gesamtlinie geeinigt haben, im Rahmen ihrer beruflichen Tätigkeit individuelle Entscheidungen frei treffen können. Das Ziel, Redakteure vor ungebührlicher Einmischung in ihre Entscheidungen über bestimmte Inhalte im Rahmen ihrer täglichen Arbeit zu schützen, trägt dazu bei, […][479]

Nach dem Rollenverständnis der Kommission wird demnach die „redaktionelle Gesamtlinie" eines Mediendienstes von Eigentümern und Redakteuren einvernehmlich festgelegt. In den finalen Erwägungsgründen wird diese Auffassung allerdings nicht mehr vertreten. Legitime Rechte privater Medieneigentümer werden vom europäischen Gesetzgeber nun folgendermaßen beschrieben:

> In dieser Hinsicht sollte in dieser Verordnung anerkannt werden, dass das Ziel der Förderung der redaktionellen Unabhängigkeit mit den legitimen Rechten und Interessen privater Medieneigentümer, beispielsweise mit dem Recht, die **redaktionelle Ausrichtung** des Mediendiensteanbieters zu bestimmen und über die **Zusammensetzung ihrer Redaktionsteams** zu entscheiden, in Einklang gebracht werden muss. [Herv. A.F.][480]

Die dargestellte Rechtsauffassung der Kommission sowie der erwähnte Vorbehalt im Hinblick auf das nationale Verfassungsrecht geben Anlass, die verfassungsrechtlichen Grenzen einer Normierung der sog. inneren Medienfreiheit am Beispiel der inneren Pressefreiheit in Grundzügen darzustellen.

Das Konzept der inneren Pressefreiheit betrifft die Binnenstruktur von Presseunternehmen und soll Journalisten im arbeitsteiligen Zusammenwirken mit Chefredaktion und Eigentümer einen „abgesicherten Freiraum für die redaktionell-publizistische Tätigkeit" geben.[481] Die Stärkung der inneren Pressefreiheit war insbesondere in den 1970er und 1980er Jahren ein wichtiges medienpolitisches Thema. Verfassungsrechtlich wird die innere Pressefreiheit teilweise auch mit einer Drittwirkung der Pressefreiheit begründet.[482]

---

479 *Europäische Kommission,* EMFA-E DE Corrigendum, ErwG 20.

480 ErwG 35.

481 *Hoffmann-Riem,* ZRP 2006, 29.

482 Vgl. Dürig/Herzog/Scholz-*Grabenwarter* GG Art. 5 Abs. 1, Abs. 2, Rn. 310.

Das Bundesverfassungsgericht hat diese These allerdings nicht aufgegriffen, da „Art. 5 Abs. 1 Satz 2 GG als subjektivem Recht keine der Staatsgerichtetheit entsprechende ‚Dritt-Gerichtetheit' zukommen" könne.[483] Daher lassen sich Mitwirkungsrechte von Journalisten gegenüber dem Eigentümer mit der grundrechtlich garantierten Pressefreiheit nicht begründen, da diese ausschließlich gegen staatliche Eingriffe und Maßnahmen gerichtet ist.[484] Überwiegend wird demzufolge die Auffassung vertreten, dass Mitgliedern der Redaktion keine Mitbestimmungsrechte hinsichtlich der Tendenz und Ausrichtung eines Mediendienstes zustehen.[485] Bei einem Presseverlag als Tendenzbetrieb muss dessen politische, religiöse und weltanschauliche Ausrichtung durch den – das wirtschaftliche Risiko tragenden – Eigentümer frei bestimmt werden können.[486] Der grundrechtlich gewährte Tendenzschutz berechtigt den Eigentümer zu konkreten Weisungen gegenüber der Chefredaktion und einzelnen Journalisten, die sich sowohl auf die grundlegende Ausrichtung des Presseerzeugnisses als auch auf tendenzrelevante Details beziehen können.[487] Unbeschadet dieser Weisungsbefugnis des Eigentümers folgt wiederum aus der negativen Pressefreiheit jedes Redakteurs, dass er nicht gezwungen oder gedrängt werden kann, Artikel unter seinem Namen zu publizieren, die er inhaltlich aus Gewissensgründen ablehnt.[488] Bei der Gestaltung einzelner Artikel muss redaktionellen Mitarbeitern eine gewisse Selbstständigkeit eingeräumt werden. Im Einzelfall sind sie vor einer Einflussnahme nur dann geschützt, wenn die Anweisung des Eigentümers die Grenzen seiner Richtlinienkompetenz überschreitet.[489] Dieses grundrechtlich garantierte Minimum publizistischer Unabhängigkeit jedes einzelnen Redakteurs liegt deutlich unter dem Maß an Unabhängigkeit, das die Kommission für individuelle redaktionelle Entscheidungen vorgeschlagen hatte.

---

483 *BVerfG*, NJW 1984, 1741, 1742; aA BeckOK InfoMedienR-*Kühling* GG Art. 5, Rn. 95.

484 BeckOK Grundgesetz-*Schemmer* GG Art. 5, Rn. 50.

485 Vgl. Dürig/Herzog/Scholz-*Grabenwarter* GG Art. 5 Abs. 1, Abs. 2, Rn. 500.

486 Vgl. dazu *Seiler*, AfP 1999, 7.

487 So ausdrücklich Dürig/Herzog/Scholz-*Grabenwarter* GG Art. 5 Abs. 1, Abs. 2, Rn. 316.

488 *Wittreck*, Schutzbereich der Pressefreiheit, Rn. 15.

489 Vgl. Dürig/Herzog/Scholz-*Grabenwarter* GG Art. 5 Abs. 1, Abs. 2, Rn. 312.

4.3.4.6 *Ergebnis*

Die Transparenzpflicht in Art. 6 Abs. 1 lit. a wird sich für Mediendiensteanbieter nicht erkennbar auswirken, da die Offenlegung des eingetragenen Namens und der Kontaktdaten bereits nach anderen Rechtsvorschriften obligatorisch ist.

Die Transparenzpflicht in Art. 6 Abs. 1 lit. b ist nicht hinreichend bestimmt und erscheint daher wegen vorhersehbarer Auslegungsprobleme kaum praxistauglich. Bedauerlicherweise hat der Gesetzgeber hier den Vorschlag der Kommission im Wesentlichen unverändert übernommen.

Eine neuartige und zusätzliche Informationspflicht wird für Mediendiensteanbieter durch Art. 6 Abs. 1 lit. c entstehen. Allerdings sind Informationen über den oder die wirtschaftlichen Eigentümer bereits aufbereitet verfügbar, da sie ohnehin an das Transparenzregister gemeldet werden müssen. Daher wird der zusätzliche Aufwand für die Offenlegung dieser Daten kaum ins Gewicht fallen.

Die vom Gesetzgeber hinzugefügte Offenlegungspflicht in Art. 6 Abs. 1 lit. d betrifft die jährlichen Gesamteinnahmen aus staatlicher Werbung und wird wohl denjenigen Mediendiensteanbietern weniger zusagen, die bei der Akquise staatlicher Anzeigen oder Werbespots besonders erfolgreich sind.

Die Regelung in Art. 6 Abs. 2 war ebenfalls kein Element des EMFA-E. Da die KEK bereits eine umfassende „Mediendatenbank“ vorhält, sollten Bund und Länder die naheliegende Option nutzen, diese Kommission mit der Entwicklung der „Deutsche(n) Datenbank zum Medieneigentum“ zu beauftragen. Im Rahmen der Beauftragung müsste eine angemessene Finanzierung zur Erfüllung dieser anspruchsvollen neuen Aufgabe sichergestellt werden.[490]

Die unter zweifachen Vorbehalt gestellte Regelung zur inneren Medienfreiheit in Art. 6 Abs. 3 steht nicht im Einklang mit der durch die Rechtsprechung des Bundesverfassungsgerichts geprägten und stets betonten Presse- und Rundfunkfreiheit der Eigentümer von Mediendiensten. Diese legen die Tendenz ihres Medienunternehmens eigenverantwortlich fest und können im Einzelfall sowohl der Redaktionsleitung als auch einzelnen Redakteuren Weisungen erteilen. Der europäische Gesetzgeber will hingegen die traditionellen Einflussverhältnisse innerhalb von Mediendiensten grundlegend reformieren. Vom Eigentümer eines Mediendienstes werden Maßnahmen erwartet, die seine Einflussnahme auf Entscheidungen der Redaktionsleitung im Tagesgeschäft

---

490 Die KEK wird bislang ausschließlich von den LMA finanziert (§ 104 Abs. 7 MStV).

verhindern sollen. Solche Maßnahmen würden in der Praxis zu einen Machtverlust des Eigentümers führen, der zu einer wirksamen Kontrolle des täglichen Erscheinungsbilds seines Mediendienstes nicht länger befugt wäre. Daher wird wohl allein die Interessenlage in vielen Fällen dazu führen, dass betroffene Mediendiensteanbieter derartige Maßnahmen als unangemessen erachten und mit dieser „Begründung" ablehnen werden. Dies wird voraussichtlich gerade für diejenigen Eigentümer regierungsnaher Medien in bestimmten Mitgliedstaaten gelten, deren ungebührliche Einmischung in die tägliche Redaktionsarbeit diese – ab dem 08.02.2025 geltende – Regelung veranlasst hatte.

In Deutschland können sich Eigentümer von Mediendiensten in erster Linie auf die grundrechtlich verbürgten Medienfreiheiten berufen, die „unbeschadet" von Absatz 3 Geltung beanspruchen. Zusätzlich und ergänzend können Eigentümer vorbringen, dass sie derartige Maßnahmen bereits aus verfassungsrechtlichen Gründen nicht für angemessen erachten. Im Ergebnis wird die neue Norm somit für Mediendiensteanbieter in Deutschland keine Rechtspflicht zur Ergreifung derartiger Maßnahmen statuieren. Allerdings könnte die Regelung Diskussionen zwischen Eigentümern und Redakteursgremien über eine freiwillige Einführung solcher Maßnahmen auslösen und in diesem Zusammenhang die Aufmerksamkeit für die zeitgleich mit dem EMFA-E veröffentlichte Empfehlung der Kommission zu internen Schutzvorkehrungen für redaktionelle Unabhängigkeit und Transparenz von Medieneigentum[491] erhöhen.

4.4 Kapitel III Abschnitt 1 Unabhängige Medienaufsichtsbehörden

4.4.1 Artikel 7 Nationale Regulierungsbehörden oder -stellen

4.4.1.1 Zuständigkeit für die Anwendung von Kapitel III

Art. 7 Abs. 1 EMFA-E war klar formuliert und sah vor, dass die in Art. 30 AVMD-RL genannten NRB für die Anwendung von Kapitel III zuständig sind. Im finalen Text wurde diese Stringenz zugunsten einer herausfordernden Formulierung aufgegeben. Nunmehr sollen sich – vereinfacht ausgedrückt – die NRB ggf. mit anderen einschlägigen Behörden oder mit „Selbstregulierungsstellen"[492]

491 Empfehlung (EU) 2022/1634 vom 16.09.2022, ABl. EU 2022 L 245, 56.

492 Die Anwendung von Kapitel III betrifft insbesondere den Deutschen Presserat und die Freiwillige Selbstkontrolle Fernsehen (FSF).

abstimmen. An der grundsätzlichen Zuständigkeit der in Art. 30 AVMD-RL genannten NRB hat der Gesetzgeber indes nichts geändert.

In seiner ersten Fassung von 2010 enthielt dieser Art. 30 eine knappe, wenig konkrete Aufforderung zum Informationsaustausch insbesondere über die „zuständigen unabhängigen Regulierungsstellen" der Mitgliedstaaten. Erst im Zuge der Revision der AVMD-RL im Jahr 2018 wurde die Norm maßgeblich erweitert und mit Art. 30b Abs. 1 die bereits bestehende ERGA förmlich anerkannt.[493] Nach Art. 30 Abs. 1 AVMD-RL benennt jeder Mitgliedstaat eine oder mehrere NRB und hat dabei die Möglichkeit, die Aufsicht über verschiedene Sektoren[494] in einer Regulierungsbehörde zu bündeln. Deutschland konnte aus verfassungsrechtlichen Gründen von dieser Möglichkeit keinen Gebrauch machen. Die Länder als zuständiger Gesetzgeber haben für die Aufsicht über öffentlich-rechtliche und private audiovisuelle Mediendienste jeweils autonome Strukturen geschaffen.[495]

Allerdings werden die Länder durch Art. 30 AVMD-RL nicht gehindert, die gegenwärtige Aufsichtsstruktur als Reaktion auf den EMFA in Nuancen oder grundsätzlicher anzupassen. Beispielsweise wird die Bewertung von Zusammenschlüssen auf dem Medienmarkt bei Beteiligung von Zeitungs- oder Zeitschriftenverlagen auch presserechtliche und medienökonomische Expertise erfordern, die von den Sachverständigen der KEK in § 104 Abs. 5 Nr. 1 MStV gegenwärtig nicht verlangt wird. Da den gesetzlichen Vertretern der LMA in der KEK eine besondere Affinität zum Pressesektor kaum attestiert werden kann, könnte der EMFA hier eine umfassende Reformdiskussion über eine aufgabengerechtere Zusammensetzung der KEK auslösen. Die Schaffung einer zusätzlichen NRB allein für die medienrechtliche Bewertung von Zusammenschlüssen mit Pressebeteiligung wäre – auch aus Gründen der Verwaltungseffizienz – kaum sachgerecht. Vielmehr erscheint es naheliegend, die seit ihrer Gründung im Jahr 1997 kontinuierlich gewachsene Kompetenz und Erfahrung der KEK für eine in Zukunft sämtliche Mediendienste umfassende Konzentrationskontrolle zu nutzen. Verbände und Vertreter der Presse werden sich voraussichtlich intensiv in die Reformdebatte einbringen und könnten in diesem Kontext an die Länder appellieren, ihre nach wie vor selbstbewusste Branche

493 Siehe Beschluss C(2014) 462 final der Kommission vom 03.02.2014 zur Einsetzung der Gruppe europäischer Regulierungsstellen für audiovisuelle Mediendienste.

494 Bspw. medien- und telekommunikationsrechtliche Aufsicht.

495 Aufsicht durch plural zusammengesetzte Gremien, Rechtsaufsicht durch Staats- und Senatskanzleien (über öffentlich-rechtliche Anbieter). Aufsicht durch 14 LMA (über private Anbieter).

oder den Deutsche Presserat in der gesetzlichen Zusammensetzung der (neuen) KEK zu berücksichtigen.

4.4.1.2 Unabhängigkeit der NRB

Nach Art. 7 Abs. 2 unterliegen die NRB in Bezug auf die Wahrnehmung der ihnen durch den EMFA übertragenen Aufgaben den Anforderungen des Art. 30 AVMD-RL. Der Gesetzgeber betont mit Absatz 2 den erst durch die Revision der AVMD-RL im Jahr 2018 eingeführten „europäischen Unabhängigkeitsstandard“[496] und unternimmt bewusst keinen Versuch, mit dem EMFA als Verordnung ergänzende, weitergehende und vor allem unmittelbar gültige Anforderungen an die Unabhängigkeit der NRB durchzusetzen.

In den Erwägungsgründen der AVMD-RL 2018 wird die geforderte Unabhängigkeit der NRB folgendermaßen dargestellt:

> Die Mitgliedstaaten sollten sicherstellen, dass ihre nationalen Regulierungsbehörden oder -stellen rechtlich von der Regierung getrennt sind. Dies sollte die Mitgliedstaaten jedoch nicht daran hindern, die Aufsicht im Einklang mit ihrem nationalen Verfassungsrecht auszuüben. Es sollte davon ausgegangen werden, dass die nationalen Regulierungsbehörden oder -stellen den **geforderten Grad an Unabhängigkeit** erreicht haben, wenn diese Behörden oder Stellen [...] funktionell und tatsächlich unabhängig von ihren jeweiligen Regierungen und von anderen öffentlichen oder privaten Einrichtungen sind. [Herv. A.F.][497]

Die im vorstehenden Zitat hervorgehobene Formulierung erlaubt den Umkehrschluss, dass eine in jeder Hinsicht uneingeschränkte, absolute Unabhängigkeit der NRB von ihrer jeweiligen Regierung nicht gefordert wird. Angesichts zahlreicher thematischer Berührungspunkte und dementsprechend notwendigen persönlichen Kontakten zwischen NRB und Regierung würde die AVMD-RL auch an der Lebenswirklichkeit vorbeigehen, wenn gleichsam hundertprozentige Unabhängigkeit verlangt würde.

Tatsächliche Unabhängigkeit der NRB von ihrer jeweiligen Regierung wird allein im zitierten ErwG 53 als faktischer Maßstab der Unabhängigkeit erwähnt. Im Richtlinientext ist zurückhaltender von funktioneller Unabhängigkeit die Rede.

Im Alltag wird die tatsächliche Unabhängigkeit nicht unerheblich durch Haltung und Verhalten der verantwortlichen Akteure bestimmt. Wer sich aus Vorsicht oder politischer Opportunität regelmäßig bei der Regierung

---

496 *Gundel*, ZUM 2019, 131, 137.
497 Richtlinie (EU) 2018/1808 vom 14.11.2018, ABl. EU 2018 L 303, 69, ErwG 53.

rückversichert und bei diesen Kontakten die Linie der Regierung aufnimmt und anschließend berücksichtigt, gibt ohne Not seine rechtlich verbürgte Unabhängigkeit faktisch preis. Bei einer derartigen Konstellation kann die Regierung ihren Willen ohne Weisungen durchsetzen und sich mitunter auf subtile Signale nonverbaler Kommunikation[498] beschränken.

4.4.1.3 Angemessene Ressourcen

Nach Absatz 3 sorgen die Mitgliedstaaten dafür, dass die zuständigen NRB mit angemessenen finanziellen, personellen und technischen Ressourcen ausgestattet sind, damit sie ihre Aufgaben im Rahmen des EMFA wahrnehmen können. Der Verordnungstext unterscheidet sich hier nur marginal von Art. 30 Abs. 4 Satz 1 AVMD-RL: *Die Mitgliedstaaten sorgen dafür, dass die nationalen Regulierungsbehörden oder -stellen angemessene finanzielle und personelle Mittel und Durchsetzungsbefugnisse haben, um ihre Aufgaben wirksam wahrzunehmen und zur Arbeit der ERGA beizutragen.*

Die im EMFA zusätzlich genannten „technischen Ressourcen“ müssen von NRB gewöhnlich unter Einsatz finanzieller Mittel beschafft werden. Daher dürfte diese kleine Differenz zwischen beiden Normtexten keine praktischen Konsequenzen nach sich ziehen. Ebenso verhält es sich mit dem Adjektiv „wirksam“, das im Kontext der Aufgabenwahrnehmung lediglich in der AVMD-RL vorkommt.

4.4.1.3.1 Klagebefugnis

Art. 7 Abs. 3 könnte sich auf die gemäß § 42 Abs. 2 VwGO (in analoger Anwendung) erforderliche Klagebefugnis für den Fall auswirken, dass eine LMA wegen einer als nicht angemessen empfundenen Ressourcenausstattung gegen das (eigene) Land beim zuständigen Verwaltungsgericht Leistungs- oder Feststellungsklage erhebt.[499] Obwohl in Art. 30 Abs. 4 Satz 1 AVMD-RL eine im Wesentlichen identische Regelung mit drittschützendem Gehalt bereits besteht, konnte diese als Teil einer auf Umsetzung durch die Mitgliedstaaten angelegten Richtlinie keine subjektiven Rechte für NRB begründen.[500] Die Länder als zuständige Gesetzgeber haben die hier deutliche Schutzrichtung der AVMD-RL in den Umsetzungsnormen (§ 10 RFinStV und § 112 MStV) allerdings nicht expressis verbis berücksichtigt, da sie wohl aufgrund ihrer Erfahrungen mit

498 Bspw. durch Mimik, Gestik, Blick und Tonfall.
499 Vgl. dazu Redeker/von Oertzen-*M. Redeker/Kothe/Nicolai* VwGO § 42, Rn. 43.
500 *Gellermann*, § 37 Verwaltungsgerichtlicher Rechtsschutz, Rn. 23.

der Genehmigung von Haushaltsplänen der LMA[501] von einer grundsätzlich angemessenen Ausstattung mit finanziellen und personellen Mitteln ausgehen konnten. Im Rahmen dieser Arbeit zum EMFA soll nicht vertieft werden, ob den erwähnten nationalen Umsetzungsnormen im Wege einer richtlinienkonformen Auslegung dennoch drittschützende Wirkung zukommen könnte.

Art. 7 Abs. 3 wird ab dem 08.02.2025 als sekundäres Unionsrecht zu den Rechtsnormen zählen, die subjektiv-öffentliche Rechte einräumen können.[502] Darunter fallen auch sog. Organrechte, die juristischen Personen oder sonstigen Vereinigungen vom Rechtssystem zur Wahrung ihrer funktionalen Interessen zugebilligt sind.[503] Ob eine Norm des Unionsrechts dem Einzelnen oder einem Organ eine zur Klage berechtigende Rechtsposition vermittelt, richtet sich nicht nach der im deutschen Recht überwiegend vertretene Schutznormtheorie, sondern wird vom Unionsrecht „aus sich heraus" bestimmt.[504] Die drittschützende Wirkung hängt davon ab, ob der jeweilige Rechtsakt unmittelbare Geltung beansprucht und unbedingte, hinreichend genaue Handlungsanweisungen enthält. Im Falle der Regelung in Art. 7 Abs. 3 könnte eingewandt werden, dass deren Vorgabe unter Verwendung des unbestimmten Rechtsbegriffes „angemessen" einer Konkretisierung durch die Mitgliedstaaten vorbehalten bleiben müsse und diese Norm deshalb ungeeignet sei, ein einklagbares Organrecht der NRB zu begründen. Eine solche Argumentation wäre allerdings kaum mit dem in Art. 47 GRCh grundrechtlich garantierten Recht auf einen wirksamen Rechtsbehelf in Einklang zu bringen. Zudem verfolgt das Unionsrecht bei der Anerkennung klagefähiger Rechtspositionen eine tolerantere Linie als das deutsche Recht, obwohl beiden Rechtsordnungen Popularklagen fremd sind.[505] Ungeachtet der Unbestimmtheit des Tatbestandsmerkmals „angemessen" spricht daher viel für eine durch Art. 7 Abs. 3 eingeräumte Klagebefugnis einer LMA, sofern sich eine solche Klage gegen eine gravierende und nicht nur marginale Unterfinanzierung richten würde. Eine LMA müsste dazu behaupten und schlüssig darlegen, dass ihre finanziellen, personellen und technischen Ressourcen offensichtlich nicht angemessen sind, um ihre (zusätzlichen) Aufgaben im Rahmen des EMFA wahrnehmen zu können. Diese Darlegungslast wird in der Praxis eine recht hohe Hürde bedeuten und kann verhindern, dass

---

501 Siehe dazu bspw. § 43 Abs. 1 HPMG.

502 BeckOK VwGO-*Schmidt-Kötters* VwGO § 42, Rn. 143.

503 BeckOK VwGO-*Schmidt-Kötters* VwGO § 42, Rn. 149.

504 Vgl. etwa *Gellermann*, § 37 Verwaltungsgerichtlicher Rechtsschutz, Rn. 17.

505 Vgl. hierzu *Steinbeiß-Winkelmann*, NJW 2010, 1233, 1234; *Ruffert*, DVBl. 1998, 69, 72.

bereits Klagen mit dem Ziel einer (ggf. nur geringen) Reduzierung des nach § 112 Abs. 2 MStV weiterhin möglichen sog. Vorwegabzuges durch Landesgesetzgeber[506] zulässig werden.

4.4.1.4 Ermittlungsbefugnisse

Während Art. 7 Abs. 4 EMFA-E den NRB angemessene Ermittlungsbefugnisse unmittelbar einräumen wollte, richtet sich Absatz 4 nunmehr allein an die Mitgliedstaaten, die bestimmte Ermittlungsbefugnisse der NRB zur Wahrnehmung der Aufgaben nach Kapitel III sicherstellen müssen. Insbesondere müssen die NRB befugt sein, erforderliche Informationen bei natürlichen oder juristischen Personen einzufordern, auf die Kapitel III Anwendung findet. Die Auskunftspflicht gegenüber einer NRB kann unter den Voraussetzungen in Absatz 4 lit. b auch jede andere natürliche oder juristische Person treffen.

In der Detailtiefe geht Absatz 4 über Art. 30 Abs. 4 Satz 1 AVMD-RL hinaus, der für NRB zur wirksamen Aufgabenwahrnehmung „angemessene [...] Durchsetzungsbefugnisse" verlangt und offenkundig nicht durchweg adäquat in nationales Recht umgesetzt wurde.

Die Absatz 4 inhaltlich entsprechenden Befugnisse sind in den §§ 55 und 56 MStV festgelegt. Beide Normen regeln bestimmte Auskunftsrechte der LMA und ergänzen sich wechselseitig, da sich ihre Anwendungsbereiche teilweise überschneiden.[507] In der Gesamtwirkung geben sie der jeweils zuständigen LMA weitreichende Eingriffsbefugnisse, die eine wirksame Aufgabenwahrnehmung mit aktiver Amtsermittlung ermöglichen.

Im Kontext des EMFA – insbesondere hinsichtlich Art. 22 – ist § 56 MStV von besonderem Interesse, da er anlassbezogene Befugnisse gewährt, um die Aufgaben der medienrechtlichen Konzentrationskontrolle effizient wahrnehmen zu können. Nach § 56 Abs. 1 Satz 3 MStV steht die Auswahl unter einer Reihe von Ermittlungsinstrumenten im Ermessen der zuständigen LMA.

In einem unter Umständen wichtigen Detail geht der EMFA über die aktuelle deutsche Rechtslage hinaus. Nach § 56 Abs. 1 Satz 4 MStV sollen grundsätzlich zunächst die Verfahrensbeteiligten im Sinne von § 13 VwVfG und erst dann andere Personen herangezogen werden. Absatz 4 will NRB dagegen die Befugnis einräumen, die Bereitstellung von Informationen auch bei jeder anderen Person unmittelbar und nicht nur nachrangig einfordern zu können.

---

506 Siehe bspw. zur Aufteilung des Rundfunkbeitrags und Finanzierung der Medienanstalt § 41 HPMG (62,5 % Medienanstalt Hessen / 37,5 % HR).

507 Zu den Details BeckOK InfoMedienR-*Martini* MStV § 56, Rn. 1 ff.

Da Absatz 4 allein an die Mitgliedstaaten adressiert ist, wird § 56 MStV an dieser Stelle angepasst werden müssen. Es bietet sich an, diese kleine Korrektur im Rahmen der infolge des EMFA anstehenden Reform des Medienkonzentrationsrechts vorzunehmen.

4.4.2 Ergebnis

Die grundsätzliche Zuständigkeitsregelung in Absatz 1 zugunsten der in Art. 30 AVMD-RL genannten NRB bedeutet nicht, dass die Mitgliedstaaten hinsichtlich der Organisationsstruktur ihrer NRB am Status quo festhalten sollen. Beispielsweise könnte im Zuge der nationalen Umsetzung von Art. 22 eine Medienanstalt der Länder und damit ein adäquates Pendant zum BKartA geschaffen werden. Die Wahrscheinlichkeit einer derart durchgreifenden Reform ist allerdings äußerst gering.[508]

Im Unterschied zu den meisten Mitgliedstaaten verfügt Deutschland mit der KEK als zentralem Organ der LMA über eine Einrichtung, die bereits seit dem Jahr 1997 für die medienrechtliche Konzentrationskontrolle und Vielfaltsicherung im bundesweiten privaten Fernsehen zuständig ist. Insofern können die Länder bei Umsetzung der durch den EMFA gebotenen grundlegenden Reform des Medienkonzentrationsrechts auf dieser etablierten Struktur aufbauen. Eine KEK mit umfassender Zuständigkeit für die Bewertung von Zusammenschlüssen auf dem publizistisch relevanten Medienmarkt sollte möglichst aufgabengerecht zusammengesetzt werden und daher zusätzlich über presserechtliche und medienökonomische Kompetenzen verfügen.

Im Hinblick auf die Unabhängigkeit der NRB verweist Absatz 2 lediglich auf die Anforderungen des Art. 30 AVMD-RL. Diese Regelungstechnik kann dahingehend interpretiert werden, dass der europäische Gesetzgeber den gegenwärtig erreichten Grad an Unabhängigkeit und Staatsferne der NRB grundsätzlich für hinreichend hält. Die amtliche Überschrift von Kapitel III Abschnitt 1 „Unabhängige Medienaufsichtsbehörden“ betont diese Zufriedenheit.

Der Vorgabe in Absatz 3 zur Ausstattung der NRB kommt im Verhältnis zur weitgehend identischen Regelung in der AVMD-RL besondere Bedeutung zu, da dieser Passus als Teil einer EU-Verordnung die Klagebefugnis einer LMA begründen kann, sofern diese eine offensichtlich nicht angemessene Ressourcenausstattung behauptet und darlegt.

508 Dazu kritisch *Gangloff*, Stuttgarter Zeitung vom 30.01.2018.

Absatz 4 wurde im Gesetzgebungsverfahren maßgeblich verändert und richtet sich nunmehr allein an die Mitgliedstaaten, die bestimmte Ermittlungsbefugnisse der NRB sicherzustellen haben. Die dazu einschlägigen Regelungen in den §§ 55 und 56 MStV sehen bereits weitreichende Eingriffsbefugnisse der zuständigen LMA vor. Sollten Detailregelungen hier ausführlicher oder strenger als Absatz 4 sein, wäre dies gemäß der bereits dargestellten Öffnungsklausel des EMFA unproblematisch. Lediglich die Bestimmung zur vorrangigen Ermittlung bei Verfahrensbeteiligten in § 56 Abs. 1 Satz 4 MStV ist weniger streng als der EMFA und sollte dementsprechend vom Ländergesetzgeber angepasst werden.

4.5 Kapitel III Abschnitt 2 Europäisches Gremium für Mediendienste

Mit Art. 8 wird das Europäische Gremium für Mediendienste (im Folgenden „Board“[509]) als kollektive Einrichtung unabhängiger NRB an Stelle der ERGA eingerichtet. Das Board soll die Kommission gemäß Art. 13 Abs. 1 Satz 1 beraten und unterstützen sowie für eine einheitliche und wirksame Anwendung des Kapitels III und der nationalen Vorschriften zur Umsetzung der AVMD-RL sorgen. Die Organisationsnormen zu Unabhängigkeit, Struktur, Sekretariat und Aufgaben des Boards werden bereits am 08.02.2025 Geltung erlangen, da sie nicht in nationales Recht umgesetzt werden müssen.[510] Die LMA werden gemäß Art. 10 Abs. 4 einen gemeinsamen Vertreter benennen, der das deutsche Stimmrecht im Board ausübt. Diese Funktion wird in der ERGA traditionell vom „Beauftragten für Europa“ wahrgenommen, der nach § 6 Abs. 2 ALM-Statut aus dem Kreis der Direktoren/Direktorinnen der gegenwärtig 14 LMA gewählt wird.[511] Dies wird die Möglichkeit der anderen 13 LMA unberührt lassen, ggf. an den Sitzungen des Boards teilzunehmen.[512] Eine unter Umständen reizvolle Option, von der im Interesse der deutschen Stimme im Board tunlichst kein Gebrauch gemacht werden sollte.

509 Die amtliche Legaldefinition „Gremium“ konnte sich in der deutschsprachigen Fachdiskussion bis dato nicht durchsetzen.

510 Ungeachtet der Handlungsform „Verordnung“ werden einzelne Vorschriften des EMFA in nationales Recht umzusetzen sein.

511 *Die Medienanstalten*, ALM-Statut, S. 7.

512 So tatsächlich ErwG 38.

4.5.1 Entwicklung der ERGA

Seit Anfang der 2000er Jahre hatte sich – ohne förmliche Grundlage durch einen Rechtsakt der Union – die Zusammenarbeit der nationalen Rundfunkaufsichtsbehörden im Rahmen einer europaweiten Arbeitsgruppe der unabhängigen Regulierungsbehörden entwickelt.[513] Der informelle Status dieser Gruppierung wurde erst im Jahr 2014 mit einen Beschluss der Kommission beendet, durch den eine Gruppe europäischer Regulierungsstellen für audiovisuelle Mediendienste (die „Gruppe" genannt) als Beratungsgremium der Kommission eingesetzt und mit Aufgaben betraut wurde.[514] Die Gruppe sollte neben dem internen Erfahrungs- und Informationsaustausch im Wesentlichen eine Unterstützungs- und Beratungsleistung gegenüber der Kommission erbringen. Die Arbeitsweise der Gruppe wurde weitgehend von der Kommission bzw. dem Vertreter der Kommission in der Gruppe kontrolliert. Beispielsweise wurden die Sitzungen der Gruppe von der Kommission im Einvernehmen mit dem Vertreter der Kommission und nicht etwa vom gewählten Vorsitzenden der Gruppe einberufen.

Die Phase der Zusammenarbeit als Gruppe endete mit Inkrafttreten der novellierten AVMD-RL am 19.12.2018. Die Gruppe hatte einen positiven Beitrag zu einer einheitlichen Regulierungspraxis geleistet und die Kommission in Fragen der Umsetzung auf hoher Ebene beraten.[515] Deshalb war eine förmliche Anerkennung und Stärkung der nunmehr offiziell ERGA genannten Gruppe im Zuge der Revision der AVMD-RL geboten. In den Erwägungsgründen wird die Aufgabe der ERGA folgendermaßen zusammengefasst:

> Aufgabe der ERGA ist es, der Kommission bei ihrer Arbeit zur kohärenten Umsetzung der Richtlinie 2010/13/EU in allen Mitgliedstaaten technischen Sachverstand zur Verfügung zu stellen und die Zusammenarbeit zwischen den nationalen Regulierungsbehörden oder -stellen untereinander sowie zwischen den nationalen Regulierungsbehörden oder -stellen und der Kommission zu erleichtern.[516]

Im Kontext und zum tieferen Verständnis der nach wie vor kritischen Position der Länder zum EMFA[517] sollte nicht in Vergessenheit geraten, dass der

513 Dazu im Detail *Stoffregen*, Die Rolle unabhängiger Regulierungsbehörden in der europäischen Medienpolitik, S. 31 ff.

514 *Europäische Kommission*, Beschluss zur Einsetzung der "Gruppe".

515 Richtlinie (EU) 2018/1808 vom 14.11.2018, ABl. EU 2018 L 303, 69, ErwG 57.

516 Richtlinie (EU) 2018/1808 vom 14.11.2018, ABl. EU 2018 L 303, 69, ErwG 56.

517 "Keiner brauchte und wollte den EMFA" meint *Knothe*, Der EMFA ist da, Minute 21.

Bundesrat im September 2016 während des damaligen Gesetzgebungsverfahrens zur Revision der AVMD-RL die Aufnahme von Bestimmungen zur ERGA mit folgender Begründung kategorisch abgelehnt hatte:

> Er [der Bundesrat] wendet sich gegen eine formelle Etablierung der Gruppe der Europäischen Regulierungsstellen für audiovisuelle Mediendienste (ERGA) in der AVMD-Richtlinie und die damit einhergehende Beschneidung der Kompetenzen der Mitgliedstaaten. Hierin liegt ein unzulässiger Eingriff in das Staatsorganisationsrecht der Mitgliedstaaten sowie in ihre Zuständigkeiten im Rat der EU und im Kontaktausschuss zur AVMD-Richtlinie. [...] Die Mitgliedstaaten müssen der direkte Ansprechpartner für die Kommission in Fragen der rechtspolitischen Fortentwicklung der AVMD-Richtlinie bleiben. Das maßgebliche Forum für derartige Erörterungen außerhalb konkreter Legislativvorschläge, die im Rat der EU und seinen Arbeitsgruppen behandelt werden, muss der Kontaktausschuss bleiben.[518]

Dieser Beschluss ist Ausdruck einer realistischen Besorgnis, dass die Kommission künftig Fragen der rechtspolitischen Fortentwicklung der AVMD-RL bevorzugt mit der ERGA erörtern könnte, um den praktischen Sachverstand und die Erfahrungen dieser Expertengruppe zu nutzen. Die befürchtete Entwicklung ist eingetreten und mindert zwangsläufig den Stellenwert des Kontaktausschusses (Art. 29 AVMD-RL), in dem Deutschland durch die BKM und die Koordinatorin der Rundfunkkommission der Länder vertreten wird. Daher ist der damalige Widerstand des Bundesrates gegen eine formelle Etablierung der ERGA zwar medien- und machtpolitisch nachvollziehbar, aber dennoch kaum im Sinne einer wirksamen und europaweit möglichst einheitlichen Anwendung der AVMD-RL.[519]

In Kreisen des öffentlich-rechtlichen Rundfunks wurde einerseits der wertvolle Input zum Revisionsprozess der AVMD-RL anerkannt, den die ERGA mit großem Sachverstand in mehreren Berichten erarbeitet habe.[520] Durch die Stärkung der ERGA werde aber andererseits „die Rolle von nicht demokratisch legitimierten Experten gestärkt, die Rolle der Politik aber potenziell geschwächt“. Eine solche Entwicklung sei vor einem „demokratietheoretischen Hintergrund“ problematisch. Das durch diesen Einwand zum Ausdruck kommende Unbehagen des öffentlich-rechtlichen Rundfunks ist partiell verständlich, weil Deutschland in der ERGA ausschließlich durch den Europabeauftragten der LMA vertreten wird. Eine externe unabhängige Aufsichtsbehörde für den

---

518 *Bundesrat,* Stellungnahme zum Vorschlag zur Änderung der AVMD-RL, Rn. 2.

519 Siehe dazu bspw. *Kurp,* TENDENZ Das Magazin der BLM 02/2016, 12; *Martens,* Süddeutsche Zeitung vom 25.09.2016.

520 Vgl. *Wiesner,* Media Perspektiven 2017, 567, 578.

deutschen öffentlich-rechtlichen Rundfunk besteht aber nicht und demzufolge kommt eine Vertretung in der ERGA als Unionsgremium nationaler Aufsichtsbehörden nicht in Betracht.[521]

4.5.2 Rolle des Boards

Die Einrichtung des neuen Boards als „institutionelle Komponente der Initiative“[522] dient dem Ziel, die wirksame und einheitliche Anwendung des EMFA und der nationalen Vorschriften zur Umsetzung der AVMD-RL zu fördern. Dazu wird eine intensivere und verbindlich strukturiertere Zusammenarbeit und Kooperation der NRB innerhalb des Boards und des Boards mit der Kommission realisiert. Das Board wird mit Art. 13 einen umfänglichen, detailreichen Aufgabenkatalog und damit – im Vergleich zur ERGA – einen breiteren Tätigkeits- aber auch Pflichtenbereich erhalten. In ErwG 41 fasst der Gesetzgeber die künftigen Aufgaben des Boards folgendermaßen zusammen:

> Das Gremium sollte die Kommission bei ihren Aufgaben, die einheitliche und wirksame Anwendung dieser Verordnung und die Umsetzung der Richtlinie 2010/13/EU sicherzustellen, aktiv unterstützen. Zu diesem Zweck sollte das Gremium die Kommission insbesondere in Bezug auf regulatorische, technische oder praktische Aspekte, die für die Anwendung des Unionsrechts von Belang sind, beraten und unterstützen, die Zusammenarbeit und den wirksamen Austausch von Informationen, Erfahrungen und bewährten Verfahren fördern und in den in dieser Verordnung vorgesehenen Fällen Stellungnahmen erarbeiten, […].Solche Stellungnahmen sollten nicht rechtsverbindlich sein, sondern als nützliche Orientierungshilfe für die betreffenden nationalen Regulierungsbehörden oder -stellen dienen und […].

Im Ergebnis einer wertenden Gesamtschau des umfangreichen Aufgabenkatalogs in Art. 13 Abs. 1 handelt es sich beim Board weiterhin im Kern um ein „Beratungsgremium“[523] mit Unterstützungsfunktion. Unter besonderer Berücksichtigung der in Art. 13 Abs. 1 Satz 2 lit. l normierten Aufgabe wird das Board auch als „Koordinierungsgremium“ bezeichnet.[524]

Nicht eine Aufgabe des Boards rechtfertigt die in der ersten Bundesratsdebatte zum EMFA-E prominent geäußerte Befürchtung, wonach die Kommission über das Board die Medienaufsicht übernehmen wolle.[525] Diese politisch

521 Vgl. dazu *Gundel*, ZUM 2019, 131, 139.
522 *Europäische Kommission,* EMFA-E DE Corrigendum, S. 11.
523 So schon *Europäische Kommission,* EMFA-E DE Corrigendum, ErwG 22.
524 *Cole/Ukrow,* Webinar des EMR (Präsentation), S. 7.
525 *Staatskanzlei Rheinland-Pfalz,* Malu Dreyer: Medienfreiheit durch Vielfalt sichern.

zugespitzte These impliziert die unzutreffende Behauptung, dass das Board als Entscheidungsgremium für medienrechtliche Aufsichtsmaßnahmen eingerichtet werde. Auch wenn der tatsächliche Einfluss künftiger Stellungnahmen des Boards auf NRB intendiert ist und keinesfalls unterschätzt werden sollte, macht der präzise formulierte Aufgabenkatalog in Art. 13 Abs. 1 aber hinreichend deutlich, dass das Board gerade kein Entscheidungsgremium werden wird.

4.5.3 Unabhängigkeit des Boards

Das Board arbeitet bei der Wahrnehmung seiner Aufgaben oder der Ausübung seiner Befugnisse völlig unabhängig (Art. 9 Satz 1). Dazu erläutert ErwG 37:

> Bei der Wahrnehmung seiner Aufgaben und der Ausübung seiner Befugnisse sollte das Gremium völlig unabhängig sein, auch von jeglicher politischer oder wirtschaftlicher Einflussnahme, und es sollte Weisungen von Regierungen, Einrichtungen, gleich ob national, supranational oder international, oder von öffentlichen oder privaten Personen oder Stellen weder anfordern noch entgegennehmen.

Die Unabhängigkeit des Boards lässt allerdings gemäß Art. 9 Satz 3 die im EMFA vorgesehenen Zuständigkeiten der Kommission oder der NRB unberührt.

In besonderer Weise wäre die inhaltliche Unabhängigkeit des Boards bei Stellungnahmen im Einvernehmen mit der Kommission beeinträchtigt gewesen. Die Kommission hatte solche Stellungnahmen mit Art. 12 lit. e EMFA-E vorgeschlagen. Im Interesse der Unabhängigkeit des Boards ist zu begrüßen, dass das Board in diesen Fällen nunmehr Stellungnahmen (nur) „in Beratung mit der Kommission“ erarbeitet (Art. 13 Abs. 1 lit. d).

Stellungnahmen des Boards auf Ersuchen der Kommission nach Art. 13 Abs. 1 lit. c, f und h werden die inhaltliche Unabhängigkeit des Boards nicht beeinträchtigen. Das Board muss zwar einem solchen Auftrag der Kommission stets nachkommen, wird aber auch ersuchte Stellungnahmen völlig unabhängig erarbeiten können. Dem Gesetzgeber ist zu verdanken, dass das Board künftig in vielen Fallkonstellationen auf eigene Initiative Stellungnahmen erarbeiten kann. Die Kommission hatte ein solches Initiativrecht des Boards nicht vorgeschlagen.

Aus der Einschränkung in Art. 9 Satz 3 ergibt sich, dass eine völlige Unabhängigkeit des Boards von der Kommission auch vom Gesetzgeber nicht gewollt ist. Mit der erwähnten Rolle des Boards als Beratungsgremium mit Unterstützungsaufgaben könnte die völlige Unabhängigkeit des Boards gegenüber der Kommission nicht im Einklang stehen und wäre daher widersinnig.

Der Grad an tatsächlicher Unabhängigkeit des Boards im Verhältnis zur Kommission wird auch durch organisatorische Detailregelungen (in Art. 10 und 11) und die Art ihrer praktischen Handhabung beeinflusst werden:

- Der Vertreter der Kommission nimmt an den Beratungen des Boards teil, hat dabei kein Stimmrecht.
- Der Vorsitz des Boards hält die Kommission über die Tätigkeiten des Boards informiert.
- Das Board kann Experten und im Einvernehmen mit der Kommission ständige Beobachter zur Teilnahme an den Sitzungen einladen.
- Das Board gibt sich in Beratung mit der Kommission eine Geschäftsordnung.
- Die Kommission stellt das Sekretariat unter Berücksichtigung des vom Board angegebenen Bedarfs.

Der Verordnungsvorschlag hatte hier eine noch stärkere Position der Kommission vorgesehen und wurde schließlich vom Gesetzgeber an relevanten Stellen zugunsten einer größeren Unabhängigkeit des Boards geändert. Möglicherweise hatte die Kommission genau diese Tendenz vorhergesehen und vorsorglich „Verhandlungsmasse" für die Triloge mit Rat und Parlament aufgebaut.

Nunmehr wird die Kommission gegenüber dem Board eine einflussreiche, aber noch nicht dominierende Stellung innehaben. Der exakte Grad an tatsächlicher Unabhängigkeit des Boards gegenüber der Kommission wird voraussichtlich fluktuieren und im Einzelfall wohl auch davon abhängen, ob NRB aus bestimmten Mitgliedstaaten involviert sind.

Die nach wie vor starke Position der Kommission in vielen Bereichen der Interaktion mit dem Board gibt Anlass, nachfolgend die Unabhängigkeit bzw. Staatsferne der Kommission zu untersuchen.

4.5.4 Unabhängigkeit der Kommission

Die Kommission als Förderer der allgemeinen Interessen der Union und Hüterin des Unionsrechts (Art. 17 Abs. 1 Satz 1 bis 3 EUV) muss ihre Aufgaben objektiv, unparteiisch und nicht am Interesse einzelner Mitgliedstaaten orientiert wahrnehmen. Die Mitglieder der Kommission sollen sich daher neutral verhalten und nicht jeweils wie ein Vertreter des Mitgliedstaates agieren, der sie als Mitglied der Kommission vorgeschlagen hatte.[526]

---

526 Grabitz/Hilf/Nettesheim-*Martenczuk* EUV Art. 17, Rn. 74.

Zur Absicherung dieser – allein dem Unionsinteresse verpflichteten – Rolle garantiert und fordert Art. 17 Abs. 3 UAbs. 3 EUV, dass die Kommission und jedes Mitglied der Kommission ihre Tätigkeit in voller Unabhängigkeit ausüben können bzw. ausüben müssen. Diese Regelung wird ergänzt durch Art. 245 Abs. 1 Satz 2 AEUV, der den Mitgliedstaaten jeden Versuch untersagt, die Mitglieder der Kommission bei der Erfüllung ihrer Aufgaben zu beeinflussen. Dieses Verbot erfasst nicht den argumentativen Austausch von Standpunkten zwischen Mitgliedstaaten und Kommissionsmitgliedern. Die Grenze zum Versuch einer unlauteren Beeinflussung ist allerdings dann überschritten, wenn dem Mitglied der Kommission bei Nichtunterstützung der mitgliedstaatlichen Interessen Nachteile angedroht oder für den Fall der Unterstützung dieser Interessen Vorteile wie eine erneute Nominierung als Mitglied der Kommission in Aussicht gestellt werden.[527]

In der Praxis besteht ungeachtet der formal garantierten Unabhängigkeit durch die enge Verbindung eines Kommissionsmitglieds zur Führung und politischen Elite des Heimatstaates und insbesondere zur eigenen politischen Partei durchaus eine „Grauzone politischer Beeinflussung“.[528]

4.5.4.1 Kritik der Länder

Der Bundesrat stellt die faktische Wirksamkeit der zugunsten der Kommission und ihrer Mitglieder primärrechtlich verankerten Unabhängigkeitsgarantien ersichtlich in Abrede und vertritt demzufolge in der Begründung der Subsidiaritätsrüge vom 25.11.2022 folgende Rechtsauffassung:

> Nach Ansicht des Bundesrates erfüllt die nach dem Verordnungsvorschlag in letzter Konsequenz eine maßgebliche Rolle einnehmende Kommission selbst nicht die nach deutschem Verfassungsrecht (Art. 5 Abs. 1 Satz 2 des Grundgesetzes) an eine Medienaufsicht gestellten Anforderungen der Unabhängigkeit und Staatsferne [...].[529]

Auch in der Aussprache des Bundesrates vor den beiden ersten Beschlüssen zum EMFA[530] und den zu Protokoll gegebenen Erklärungen wurde die fehlende Staatsferne der Kommission wiederholt behauptet, ohne diese These substanziell zu untermauern:

---

527 Vgl. dazu Grabitz/Hilf/Nettesheim-*Martenczuk* AEUV Art. 245, Rn. 3.

528 Calliess/Ruffert-*Ruffert* EU-Vertrag (Lissabon) Art. 17, Rn. 53.

529 *Bundesrat,* Erster Beschluss zum EMFA-E, Rn. 16.

530 *Dreyer,* Protokoll 1028. Sitzung, S. 466 ff.

> Das Medienfreiheitsgesetz sieht ein neues Europäisches Gremium für Mediendienste vor: eine EU-Superbehörde zur Medienaufsicht. Die Einflussmöglichkeiten der Kommission auf dieses Gremium sind weitreichend. An zahlreichen Stellen sieht die Verordnung vor, dass es „im Einvernehmen“ mit der Kommission handeln muss. Staatsferne Aufsicht sieht anders aus.[531]

Während die Staatsferne der Kommission kategorisch verneint wird, attestieren sowohl Bundesrat[532] als auch Bundestag[533] den LMA uneingeschränkt Staatsferne und Unabhängigkeit. Diese These wird in der deutschen Medienpolitik mit Vorliebe betont und lässt sich – auch aufgrund ihrer schlichten Eindeutigkeit – im politischen Diskurs mit Parlament, Rat und Kommission argumentativ nutzen. Sie beruht allein auf der formalen Rechtslage und blendet die in Einzelfällen problematische Praxis bewusst oder unbewusst aus.

Angesichts der Vielfalt der durch den EMFA berührten Problemkreise sieht der Verfasser davon ab, das Thema „Staatsferne der LMA“ vertieft zu untersuchen. Besonders relevante Aspekte dieser Thematik verdienen allerdings kurze Erwähnung.

Zum einen besteht dann eine spezifische Problematik hinsichtlich der Staatsferne, wenn nach Landesrecht die Wahl der Direktorin oder des Direktors einer LMA durch den Landtag erfolgt. Eine solche Regelung gab es noch bis Oktober 2023 im Saarland[534]. In Baden-Württemberg wurde diese Kompetenz des Landtags durch eine Novelle des Mediengesetzes Ende 2022 abgeschafft.[535]

Im Juni 2021 hatten die Bundestagsfraktionen Bündnis 90/Die Grünen, Linke und FDP ein abstraktes Normenkontrollverfahren gegen § 58 Abs. 1, 3 SMG wegen eines Verstoßes gegen das Gebot der Staatsferne eingeleitet.[536] Das Bundesverfassungsgericht wollte hierzu im Verlauf des Jahres 2023 eine Entscheidung treffen.[537] Dieses Normenkontrollverfahren hat sich allerdings durch eine Änderung des SMG ohne Sachentscheidung erledigt.[538] Die bis April 2027 laufende Amtszeit der noch vom Landtag des Saarlandes gewählten Direktorin der LMA bleibt unberührt.[539]

---

531 Statt aller Puttrich (Hessen) *Dreyer*, Protokoll 1028. Sitzung, S. 503.

532 *Bundesrat*, Zweiter Beschluss zum EMFA-E, Rn. 17.

533 *Deutscher Bundestag*, Antrag der Fraktionen SPD, BÜNDNIS 90/DIE GRÜNEN u. FDP, S. 2.

534 Dazu kritisch *Dörr*, § 58 SMG und die Rundfunkfreiheit.

535 *LFK*, Novellierung Landesmediengesetz.

536 *Nünning*, KNA/MK 24.06.2021.

537 *Kirch*, Saarbrücker Zeitung vom 26.03.2023.

538 Saarländisches Mediengesetz vom 17. Oktober 2023, Amtsblatt I 2023, 930, 1065.

539 Siehe Übergangsregelung in § 62 Abs. 2 SMG.

Zum anderen existiert bis heute eine faktische Problemlage wegen der ausgeprägten Politiknähe einzelner Akteure der LMA.[540] Ein ehemaliger Direktor der LMA in NRW beschreibt seine desillusionierenden Erfahrungen folgendermaßen:

> Die Staatsferne war für die LfR bzw. LfM besonders in den ersten Jahren, aber auch wieder unter Rot-Grün ab 2010 eine schöne Fiktion, die in Sonntagsreden gerne betont wurde. In der Realität konnte man eine große Politiknähe beobachten, weil Struktur, Spitzenpersonal und Aufgabenstellung der nordrheinwestfälischen Medienanstalt immer wieder parteipolitischen Interessen unterworfen wurden bzw. entsprechende Beeinflussungsversuche stattfanden.[541]

4.5.5 Ergebnis

Das Board wird als Rechtsnachfolger und in der Tradition der ERGA weiterhin im Kern ein Beratungs- bzw. Koordinierungsgremium bleiben. Die im Bundesrat geäußerte Befürchtung, dass mit dem Board eine „EU-Superbehörde zur Medienaufsicht“[542] entstehen werde, geht daher als medienpolitisch motivierte Zuspitzung an der künftigen Rechtslage (ab dem 08.02.2025) vorbei.

Die Unabhängigkeit des Boards im Verhältnis zur Kommission wurde durch mehrere Interventionen des Gesetzgebers im finalen Text gestärkt. Insbesondere der Verzicht auf ein System einvernehmlicher Stellungnahmen nimmt der Kommission die Möglichkeit, in diesen Fällen eine Stellungnahme gänzlich blockieren oder inhaltlich stark beeinflussen zu können.

Die volle Unabhängigkeit der Kommission und ihrer Mitglieder gegenüber den Mitgliedstaaten wird durch primäres Unionsrecht garantiert und gefordert. In der Praxis besteht durch die regelmäßig enge Verbindung eines Kommissionsmitglieds zur Führung des Heimatstaates allerdings eine Grauzone politischer Beeinflussung.

Die explizite Kritik der Länder an der (angeblich) fehlenden Staatsferne der Kommission lässt die primärrechtlich verankerten Unabhängigkeitsgarantien zugunsten der Kommission und ihrer Mitglieder vollständig außer Betracht. Andererseits rühmen Länder und LMA unisono stets die Unabhängigkeit und Staatsferne der dezentralen deutschen Medienaufsicht, obwohl die in diesem

540 Zur umstrittenen Wahl des SPD-Medienpolitikers Eumann in RP *Nünning*, KNA/MK 23.12.2017; *Koch*, Saarländische Landesmedienanstalt – Kritik an Wahl der Direktorin.

541 *Brautmeier*, KNA/MK 31.12.2017.

542 Staatsministerin Puttrich (Hessen) *Dreyer*, Protokoll 1028. Sitzung, S. 503.

Kontext erwähnten Probleme Anlass für eine gewisse Zurückhaltung sein sollten. Gerade die permanente Betonung der eigenen Unabhängigkeit könnte die Frage provozieren, warum eine Selbstverständlichkeit regelmäßig lobend hervorgehoben wird.

4.6 Kapitel III Abschnitt 3 Zusammenarbeit und Konvergenz in Regulierungsfragen

4.6.1 Kooperation in der ERGA

Die Zusammenarbeit der NRB in Regulierungsfragen erfolgt bislang auf der Rechtsgrundlage von Art. 30a AVMD-RL, dessen allgemeine Regelung in Abs. 1 lediglich den für die Anwendung der AVMD-RL notwendigen Informationsaustausch unter den NRB und mit der Kommission vorsieht. Die AVMD-RL erfasst somit nur einen Teilaspekt der Kooperation und enthält insbesondere keine Vorgaben für die in der Praxis wichtigen Unterstützungs- und Amtshilfeersuchen im bilateralen Verhältnis zweier NRB. Da auf Grundlage dieser unvollständigen Normierung in der AVMD-RL eine effiziente Kooperation kaum möglich war, haben sich die in der ERGA organisierten NRB am 03.12.2020 auf ein Memorandum of Understanding (MoU) geeinigt, um ihre Zusammenarbeit innerhalb eines institutionellen Rahmens zu verbessern und zu erweitern.[543] Bei dieser freiwilligen Übereinkunft handelt es sich naturgemäß um einen Kompromiss zwischen dem gemeinsamen Interesse an einer engen und möglichst verbindlichen Zusammenarbeit und den Eigeninteressen der NRB. Besonders deutlich wird dieser Kompromisscharakter in „Principle 7“:

> NRAs recognise that the Country of Origin Principle is pivotal for the effective functioning of the European Union’s single market and that each Member State is entitled to transpose the Revised AVMS Directive in a manner that it deems most appropriate for its jurisdiction. NRAs understand the need to respect other NRAs’ decisions made on an independent basis and pursuant to their national legal framework and national traditions […].[544]

Sowohl für Informationsanfragen als auch für Ersuchen um gegenseitige Unterstützung enthält das MoU in 2.1.2.6 und 2.1.3.8 die Bestimmung, dass die empfangende NRB solchen Anfragen bzw. Ersuchen „Without Undue Delay“

543 *ERGA*, Memorandum of Understanding.
544 *ERGA*, Memorandum of Understanding, S. 10.

nachkommen soll. Konkrete kurze Fristvorgaben für die ersuchte NRB sieht das MoU – anders als Art. 14 Abs. 6 UAbs. 1[545] – nicht vor.

Anlässlich der öffentlichen Anhörung zum EMFA im federführenden Parlamentsausschuss CULT am 06.02.2023 hat der Europabeauftragte der LMA und ehemalige Vorsitzende der ERGA[546] die gegenwärtige Zusammenarbeit innerhalb der ERGA aus Sicht der Praxis kritisch bewertet.[547] Eine enge und vertrauensvolle Kooperation finde zwar häufig, aber nicht ausnahmslos statt. Die NRB des Mitgliedstaates Irland komme Anfragen und Ersuchen anderer NRB „in der Regel nur mit einem enormen Zeitverzug“ nach. Das MoU der ERGA habe in dieser Hinsicht keine Verbesserung bewirkt. Daher sei es „natürlich so, dass wir eine zusätzliche Verbindlichkeit im grenzüberschreitenden Kontext brauchen“.

4.6.2 Artikel 14 Strukturierte Kooperation

Wie bereits erwähnt, sieht die AVMD-RL keinen rechtsverbindlichen Rahmen für eine wirksame und effiziente Zusammenarbeit der NRB vor. In ErwG 43 weist der Gesetzgeber darauf hin, dass insbesondere bei der Lösung grenzüberschreitender Fälle die Notwendigkeit einer engen Zusammenarbeit zwischen den NRB seit Revision der Richtlinie im Jahr 2018 stetig zugenommen habe. Die besondere Relevanz der mit dem EMFA festgelegten Kooperationsregeln wird folgendermaßen betont:

> [...] um die wirksame Durchsetzung des Medienrechts der Union zu gewährleisten, [...] ist es von wesentlicher Bedeutung, einen klaren, rechtsverbindlichen Rahmen für die wirksame und effiziente Zusammenarbeit der nationalen Regulierungsbehörden oder -stellen innerhalb des bestehenden Rechtsrahmens zu schaffen.[548]

Während die schriftlichen Dokumente der EU stets neutral und diplomatisch formuliert sind, äußern sich Vertreterinnen der Kommission bei öffentlichen Fachveranstaltungen gelegentlich prägnanter. So wurde bspw. anlässlich des DLM-Symposiums 2023[549] von Renate Nikolay[550] unumwunden dargelegt, dass die Schaffung des Boards und die Einführung präziser Kooperationsregeln

545 Weitere Fristen wird das Board gemäß Art. 14 Abs. 7 in seiner GO festlegen.
546 Von Januar 2020 bis Dezember 2021.
547 *Schmid*, CULT, Public Hearing on EMFA (Webstream), ab 16.50 Uhr.
548 ErwG 44.
549 *Die Medienanstalten*, Programm DLM-Symposium 2023.
550 Stellvertretende Generaldirektorin der Generaldirektion Kommunikationsnetze, Inhalte und Technologien (DG CNECT) der Europäischen Kommission.

darauf abzielen, gegenüber bestimmten Mitgliedstaaten und deren NRB einen (bislang nicht möglichen) „Druckmechanismus“ aufbauen zu können.[551]

Die nachfolgende Untersuchung zur Zusammenarbeit und Konvergenz in Regulierungsfragen konzentriert sich auf die allgemeine Bestimmung in Art. 14, der zur Ermöglichung von Druck auf die ersuchte NRB einen strikten Mechanismus bei Kooperationsersuchen vorsieht. Eine NRB kann „jederzeit“ eine oder mehrere sonstige NRB um Kooperation für die einheitliche und wirksame Anwendung des Kapitels III oder die Umsetzung der AVMD-RL ersuchen. Die ersuchte Behörde soll ihr „Möglichstes“ unternehmen, um den Kooperationsersuchen unverzüglich nachzukommen.

Erzielen die ersuchende und die ersuchte Behörde keine Einigung über das Kooperationsersuchen, kann „jede“ Behörde das Board mit der Angelegenheit befassen. Im Einklang mit den vom Board in seiner GO festzulegenden Fristen gibt das Board in Beratung mit der Kommission eine Stellungnahme (inklusive konkreter Empfehlungen für Maßnahmen) zu der Angelegenheit ab. Die betreffenden Behörden sollen dann ihr „Möglichstes“ unternehmen, um die Stellungnahme des Boards zu berücksichtigen.

Art. 14 Abs. 5 endet mit dieser Vorgabe und lässt offen, welche Konsequenzen eine unbotmäßige NRB zu gewärtigen hätte, die sich der Autorität des Boards und der Kommission widersetzt und die Stellungnahme insgesamt oder in Teilen ignoriert. Die Regelung in Art. 14 Abs. 5 Satz 3 und 4 wirkt wenig konsistent, da von der ersuchten NRB erwartet wird, der Stellungnahme des Boards Rechnung zu tragen, obwohl diese Stellungnahme explizit „Empfehlungen für Maßnahmen“ einschließt, die nach ihrem Wortsinn gerade nicht verbindlich sind.

In der Praxis kann Art. 14 eine wesentliche Beschleunigung der Interaktion zwischen ersuchender und ersuchter NRB erreichen, sofern das Board in seiner GO entsprechend kurze Fristen festlegt und diese konsequent durchsetzt. Die Wirkung der in Beratung mit der Kommission erarbeiteten Stellungnahmen des Boards auf uneinsichtige NRB sollte indes nicht überschätzt werden, obwohl im Einzelfall insbesondere die Autorität der einflussreichen Kommission durchaus eine Rolle spielen kann.

Nach Bekanntwerden der Allgemeinen Ausrichtung des Rates vom 21.06.2023 kommentierte der Europabeauftragte der Medienanstalten den verbindlicheren Kooperationsmechanismus zu Recht nur vorsichtig optimistisch:

---

551 *Nikolay*, DLM-Symposium 2023 (Webstream), ab Minute 54.

‚Mit dem EMFA haben wir die Chance, unsere grenzüberschreitende Zusammenarbeit auf ein neues, durchsetzungsstärkeres Level zu heben und wir sind auf einem guten Weg dorthin.'[552]

4.6.3 Ergebnis

Nach dem Wortlaut von Art. 14 Abs. 1 kann jede LMA grundsätzlich selbst ersuchende oder ersuchte Behörde sein. Im Interesse eines möglichst homogenen Auftretens werden die Belange der LMA auf europäischer Ebene aber durch und über den Europabeauftragten vertreten, der dazu ggf. eine Beschlussfassung in der Direktorenkonferenz der LMA[553] herbeiführt.

Soweit die LMA als „ersuchende Behörde" aktiv werden wollen, wird Art. 14 ihre Position gegenüber einer ersuchten NRB nachhaltig verbessern. Dies wird vice versa natürlich auch für jede europäische NRB gelten, die ihrerseits die LMA um Kooperation einschließlich des Austauschs von Informationen ersuchen will. Mit welcher Intensität und Häufigkeit die LMA und ihre europäischen „Schwesterbehörden"[554] von den neuen Möglichkeiten der strukturierten Kooperation in Zukunft Gebrauch machen werden, kann und will der Verfasser nicht prognostizieren. Im bilateralen Verhältnis zweier NRB kann – realistisch betrachtet – gelegentlich die Situation entstehen, dass die ersuchte Behörde das Kooperationsersuchen als übergriffige Einmischung empfindet und sich daher mit einem eigenen Ersuchen revanchieren will. In einem solchen Fall könnten sich die beteiligten NRB am Ende verständigen und ihren Konflikt durch Rücknahme beider Ersuchen beilegen. Board und Kommission wären in diesem Verfahrensstadium noch nicht beteiligt und könnten einen solchen Deal nicht verhindern. Bei Kenntnis des Vorgangs wäre die Kommission allerdings legitimiert, anschließend eine eigene Stellungnahme gemäß Art. 16 Abs. 3 abzugeben. Künftige

Künftige Kooperationsersuchen nach Art. 14 können auch sämtliche nationalen Maßnahmen zur Umsetzung der AVMD-RL und damit gleichermaßen Themenfelder betreffen, die im Kontext des EMFA aktuell weniger relevant erscheinen. Besonders im Fall einer spezifischen Konfliktsituation könnte ein Szenario denkbar sein, in dem die (liberale) deutsche Aufsichtspraxis

552 *Die Medienanstalten,* Die unabhängigen Medienregulierer in Europa zu stärken, ist der richtige Weg.

553 Zu Aufgaben und Zusammensetzung siehe *Die Medienanstalten,* Direktorenkonferenz der Landesmedienanstalten (DLM).

554 *Schmid,* CULT, Public Hearing on EMFA (Webstream), 16:52 Uhr.

hinsichtlich des Anteils europäischer Werke in Fernsehprogrammen[555] oder der Dauer der Fernsehwerbung[556] durch diesbezügliche Ersuchen europäischer NRB problematisiert wird.

4.7 Kapitel III Abschnitt 4 Bereitstellung von und Zugang zu Mediendiensten im digitalen Umfeld

4.7.1 Artikel 18 Inhalte von Mediendiensteanbietern auf sehr großen Online-Plattformen

Art. 17 EMFA-E (jetzt Art. 18) war neben Art. 4 die Vorschrift, die in den Trilogen besonders intensiv und kontrovers diskutiert wurde. Der Kompromisstext zum sog. Medienprivileg will Inhalte bereits regulierter Mediendiensteanbieter auf VLOPs besser vor Aussetzung oder Beschränkung der Sichtbarkeit schützen. Derartige Maßnahmen aus Gründen der hauseigenen Nutzungsbedingungen einer VLOP haben sich in der Praxis zu einem relevanten Problem entwickelt.[557]

Der neue Schutzmechanismus setzt zunächst voraus, dass Mediendiensteanbieter eine mehrteilige Eigenerklärung gegenüber einer VLOP abgeben. Falls diese VLOP Inhalte des registrierten Anbieters aussetzen oder beschränken will, muss sie ihre Maßnahme mit Begründung ankündigen und dem Anbieter Gelegenheit geben, innerhalb von 24 Stunden zu antworten. Erst nach Erhalt oder in Ermangelung einer Antwort ist die VLOP zur Umsetzung ihrer Maßnahme berechtigt. Falls ein Anbieter die Frist zur Antwort voll ausschöpft oder auf eine Antwort verzichtet, darf die VLOP dessen Inhalt erst 24 Stunden nach Ankündigung der Maßnahme aussetzen oder beschränken (sog. 24-hour-must-carry). Gegen die fristgerechte einzelne Maßnahme einer VLOP sieht der EMFA noch keine Beschwerdemöglichkeit für den betroffenen Mediendiensteanbieter vor.

Sofern aber Inhalte eines Anbieters aus dessen Sicht von einer VLOP wiederholt ohne triftigen Grund ausgesetzt oder beschränkt wurden, hat diese VLOP mit dem betroffenen Anbieter auf dessen Ersuchen einen „sinnvollen und

555 § 15 Abs. 2 MStV.

556 § 70 Abs. 1 MStV.

557 Bspw. *ZDF*, Twitter sperrt Konten mehrerer US-Journalisten; *DER SPIEGEL*, Sendung über Ukrainekrieg: Twitter sperrt zeitweise Konto von ZDF-Magazin »Frontal«.

wirksamen Dialog" zu führen. Sollte in diesem Dialog keine gütliche Lösung erzielt werden, kann der Anbieter schließlich das Board um Stellungnahme ersuchen.

Die Praxis wird zeigen, ob der neue Mechanismus bereits regulierte Medieninhalte auf VLOPs tatsächlich besser vor Aussetzung oder Beschränkung schützen kann. Im Konfliktfall werden mächtige Technologieunternehmen wie die VLOPs den nicht rechtsverbindlichen Stellungnahmen des Boards[558] wohl kaum uneingeschränkt Folge leisten.

Der in der deutschen Sprachfassung völlig missglückte Art. 18 Abs. 4 UAbs. 2 macht im Übrigen offensichtlich, dass der Verordnungstext vor der finalen Lesung im Parlament unter großem Zeitdruck finalisiert werden musste.

4.8 Kapitel III Abschnitt 5 Anforderungen an gut funktionierende Medienmarktmaßnahmen und -verfahren

4.8.1 Artikel 21 Nationale Maßnahmen, die sich auf Mediendiensteanbieter auswirken

4.8.1.1 Allgemeine Anforderungen

Nach Art. 21 Abs. 1 müssen nationale Maßnahmen der Legislative oder Exekutive, die den Medienpluralismus oder die redaktionelle Unabhängigkeit der im Binnenmarkt tätigen Mediendiensteanbieter beeinträchtigen können, hinreichend gerechtfertigt, verhältnismäßig, begründet, transparent, objektiv und nichtdiskriminierend sein. Der Gesetzgeber begründet diese allgemeinen rechtsstaatlichen Anforderungen damit, dass sich Legislativ-, Regulierungs- oder Verwaltungsmaßnahmen (bspw. Lizenzierungsentscheidungen) potenziell negativ auf das Funktionieren des Binnenmarkts für Mediendienste auswirken können. Um solche Auswirkungen abzumildern und die Rechtssicherheit im Binnenmarkt für Mediendienste zu stärken, sei es wichtig, „dass diese Maßnahmen mit den Grundsätzen der objektiven Rechtfertigung, der Transparenz, der Nichtdiskriminierung und der Verhältnismäßigkeit im Einklang stehen".[559]

Im Kontext von Art. 21 Abs. 1 hat in der deutschen Rechtsordnung insbesondere der Grundsatz der Verhältnismäßigkeit außerordentliche dogmatische

558 So ausdrücklich ErwG 41.

559 ErwG 60.

und praktische Bedeutung.[560] Das Bundesverfassungsgericht betont den kaum zu überschätzenden Stellenwert dieses Grundsatzes für alle Träger staatlicher Gewalt in gefestigter und langjähriger Rechtsprechung:

> Schließlich liegt [...] kein Verstoß gegen die Grundsätze der Verhältnismäßigkeit und des Übermaßverbotes, die sich als übergreifende Leitregeln allen staatlichen Handelns zwingend aus dem Rechtsstaatsprinzip ergeben und deshalb Verfassungsrang haben (BVerfGE 6, 389 [439] = NJW 57, 865 [868]; BVerfGE 16, 194 [210 f.] = NJW 63, 1597; BVerfGE 17, 108 [117 f.] = NJW 63, 2368; BVerfGE 17, 306 [313 f.] = NJW 64, 1219; BVerfGE 19, 342 [348 f.] = NJW 66, 243; BVerfGE 20, 45 [49 f.] = NJW 66, 1259).[561]

Die Notwendigkeit der Begründung eines Verwaltungsaktes mit belastender oder drittbelastender Wirkung ergibt sich im deutschen Recht unmittelbar aus § 39 Abs. 1 VwVfG bzw. für Landesbehörden (wie den LMA) aus dem jeweiligen Landesgesetz zum Verwaltungsverfahren.[562] Ein Mediendiensteanbieter als Verfahrensbeteiligter hat das Recht auf Akteneinsicht gemäß § 29 VwVfG bzw. den entsprechenden Landesgesetzen und ist damit in der Lage, unter bestimmten Bedingungen für Transparenz zu sorgen. Für Außenstehende kann der Zugang zu Informationen über die Zulassungs- und Aufsichtstätigkeit einer LMA allerdings gesperrt sein.[563]

Im Ergebnis bestehen keine durchgreifenden Zweifel, dass die für Rechtstexte der Union charakteristischen allgemeinen Anforderungen an die Rechtmäßigkeit nationaler Maßnahmen in Art. 21 Abs. 1 mit den entsprechenden deutschen Verfassungsprinzipien und einfachgesetzlich normierten Verfahrensrechten hinreichend im Einklang stehen. Daher wird sich diese Vorschrift in Deutschland ab dem Geltungsdatum 08.08.2025 nicht relevant auswirken.

4.8.1.2 Fristen für jedes nationale Verwaltungsverfahren

Nach Art. 21 Abs. 2 gelten für jedes nationale Verfahren, das dem Erlass einer Verwaltungsmaßnahme gemäß Absatz 1 dient, vorab festgelegte Fristen. Solche Verfahren müssen unverzüglich durchgeführt werden. Dazu ErwG 60:

---

560 Dazu bspw. Dürig/Herzog/Scholz-*Grzeszick* GG Art. 20, Rn. 109; BeckOK Grundgesetz-*Rux* GG Art. 20, Rn. 189; *Michaelis*, JA 2021, 573; *Klatt/Meister*, JuS 2014, 193.

561 *BVerfG*, NJW 1968, 979, 981.

562 Bspw. § 39 Abs. 1 HVwVfG.

563 So geregelt in § 81 Abs. 1 Nr. 8 HDSIG.

Verwaltungsmaßnahmen, die sich auf den Medienpluralismus oder die redaktionelle Unabhängigkeit auswirken könnten, sollten innerhalb vorhersehbarer Fristen getroffen werden. Diese Fristen sollten ausreichend lang sein, um eine angemessene Bewertung der Maßnahmen und ihrer vorhersehbaren Folgen durch die Mediendiensteanbieter zu gewährleisten.

In Deutschland garantiert Art. 19 Abs. 4 GG effektiven gerichtlichen Rechtsschutz und dementsprechend ist gemäß § 75 VwGO nach Ablauf von drei Monaten unter bestimmten Bedingungen eine Untätigkeitsklage gegen die Behörde zulässig.[564] Diese Regelung betrifft ausschließlich die Zulässigkeit von verwaltungsgerichtlichen Klagen und setzt daher keinen allgemeingültigen Maßstab für die angemessene Dauer von Verwaltungsverfahren.[565] Sofern es keine fachrechtliche Spezialregelung gibt, ist die angemessene Verfahrensdauer im Einzelfall insbesondere von der Vollständigkeit des Antrags, der Erforderlichkeit der Beteiligung anderer Behörden sowie der Komplexität der Sachverhalts- und Rechtsfragen abhängig. Stets zu beachten ist der allgemeine Verfahrensgrundsatz in § 10 Satz 2 VwVfG, wonach Verwaltungsverfahren einfach, zweckmäßig und zügig durchzuführen sind.

Der Medienstaatsvertrag als Fachgesetz enthält einerseits zahlreiche Fristen bzw. Möglichkeiten zur Fristsetzung gegenüber Antragstellern, die besonders in einem Zulassungsverfahren zu Auskünften und Vorlage von Unterlagen verpflichtet sind.[566] Die zuständige LMA ist dagegen nicht von gesetzlichen Fristen – etwa zur Höchstdauer eines Lizenzierungsverfahrens – betroffen. Eine vergleichbare „Schieflage“ des Fristenregimes besteht auch in medienspezifischen Beschwerdesystemen außerhalb der Zuständigkeit der LMA.[567]

Der Art. 21 Abs. 2 ist gemäß Art. 288 Abs. 2 Satz 2 AEUV als Teil einer Verordnung verbindlich und wird in jedem Mitgliedstaat unmittelbar gelten. Sein Regelungsgehalt ist aber lückenhaft und muss vom hier zuständigen deutschen Gesetzgeber ausgeformt und konkretisiert werden. Dies gilt insbesondere für die Weichenstellung, ob einer zuständigen LMA bei der obligatorischen Fristsetzung Ermessen eingeräumt wird oder ob differenzierte, verbindliche Fristen für einzelne Verfahrensarten[568] bereits im Gesetz festgelegt werden. Gegen

564 Vgl. bspw. BeckOK VwGO-*Peters* VwGO § 75, Rn. 1 ff.

565 Schoch/Schneider-*Porsch* VwGO § 75, Rn. 4.

566 Siehe bspw. § 55 Abs. 5 MStV.

567 Für die Presse siehe § 6 Beschwerdeordnung des Deutschen Presserats. Für öffentlich-rechtliche Medien siehe bspw. § 5 Satzung des Hessischen Rundfunks über die betriebliche Ordnung.

568 Bspw. für die Bewertung eines Zusammenschlusses auf dem Medienmarkt.

erstere Alternative könnte eingewandt werden, dass derartige Fristen nicht „vorab", sondern frühestens unmittelbar nach Antragseingang gesetzt werden können. Außerdem könnte im Einzelfall die konkrete Fristsetzung einer LMA von tatsächlichen Umständen beeinflusst werden, die im Falle einer Untätigkeitsklage kein zureichender Grund für eine Nichtentscheidung wären.[569] Daher spricht viel dafür, dass die Länder als Gesetzgeber von der zweiten Alternative Gebrauch machen oder alternativ (als Mittelweg) die Option in Erwägung ziehen sollten, den LMA die Kompetenz zur Festlegung der Fristen in einer gemeinsamen Satzung oder Richtlinie einzuräumen.

4.8.1.3 Unabhängige Beschwerdestelle

Nach Art. 21 Abs. 3 hat jeder Mediendiensteanbieter das Recht, gegen eine ihn individuell und unmittelbar betreffende Verwaltungs- oder Regulierungsmaßnahme nach Absatz 1 Beschwerde bei einer unabhängigen Beschwerdestelle einzulegen. Vom Gesetzgeber wurde der (wichtige) Nebensatz hinzugefügt, wonach es sich bei dieser Stelle um ein Gericht handeln kann.[570] Die Kommission hatte hingegen ausdrücklich vorgeschlagen, dass dieses Beschwerderecht für Mediendiensteanbieter zusätzlich zum Recht auf wirksamen Rechtsschutz bestehen soll. Falls der Gesetzgeber Art. 20 Abs. 3 Satz 1 EMFA-E unverändert angenommen hätte, wären Bedeutung und Autorität der vier bundesweiten Organe der LMA allein durch die Existenz einer übergeordneten „Beschwerdekommission" gravierend beeinträchtigt worden. In der als Dissertation abgegebenen Version dieser Arbeit hatte der Verfasser daher diesen potenziellen Auswirkungen auf ZAK, GVK, KEK und KJM besondere Aufmerksamkeit gewidmet.

Der finale Verordnungstext lässt Mitgliedstaaten die Wahl, ob das in Art. 21 Abs. 3 Satz 1 verbriefte Beschwerderecht bei einer eigenständigen Beschwerdestelle (Alternative 1) oder bei einem Gericht als „Beschwerdestelle" (Alternative 2) wahrgenommen werden kann. Die Einrichtung einer Beschwerdestelle, bei der es sich um kein Gericht handelt, ist gegenüber Alternative 2 gleichrangig. Allerdings wird Alternative 1 höhere Kosten verursachen, da eine autonome Struktur finanziert werden muss. In ErwG 60 wird aus guten Gründen die Notwendigkeit einer angemessenen Ausstattung betont:

569 Bspw. vermeidbare Bearbeitungsengpässe, siehe BeckOK VwGO-*Peters* VwGO § 75, Rn. 13.

570 Entsprechend der Regelung in Art. 30 Abs. 6 Satz 2 AVMD-RL.

Handelt es sich bei dieser Beschwerdestelle nicht um ein Gericht, so sollte sie über die notwendigen Ressourcen für ihr reibungsloses Funktionieren verfügen.

Dem Verfasser ist bewusst, dass wohl nur eine geringe Wahrscheinlichkeit besteht, dass die allein im Konsens handlungsfähigen Länder eine separate Beschwerdestelle schaffen und damit regulatorisches Neuland betreten werden. Unbeschadet dieser Einschätzung soll auch in der aktualisierten Version der Arbeit dargestellt werden, wie sich die EMFA-konforme Einrichtung einer neuen Beschwerdestelle auf den Status quo in Deutschland auswirken würde.

In Mitgliedstaaten wie Deutschland, die Art. 30 Abs. 6 Satz 2 AVMD-RL richtlinienkonform anwenden und bis dato unabhängigen Gerichten vertrauen, hätte ein Umstieg auf Alternative 1 erhebliche Konsequenzen. Um die konkreten Auswirkungen dieser Alternative zu verdeutlichen, wird nachfolgend exemplarisch das im VII. Abschnitt des MStV geregelte System der Medienaufsicht über private bundesweite Veranstalter in Grundzügen dargestellt.

4.8.1.3.1 Medienaufsicht über private bundesweite Veranstalter

Die Organisationsstruktur der Medienaufsicht über private bundesweite Veranstalter wird durch ein kompliziert wirkendes Zusammenspiel zentraler und regionaler Handlungsebenen geprägt.[571]

Für zentrale Entscheidungen im Rahmen der jeweiligen Aufgaben nach § 105 MStV und nach den Bestimmungen des JMStV sind vier bundesweite Kommissionen bzw. Konferenzen[572] zuständig, die im Einzelfall als Organ der jeweils zuständigen LMA handeln (zentrale Organe). Deren Beschlüsse sind für den gesetzlichen Vertreter der zuständigen LMA bindend und im Außenverhältnis gegenüber dem Veranstalter zu vollziehen. Für bundesweit ausgerichtete Angebote ist gemäß § 106 Abs. 1 MStV grundsätzlich die LMA des Landes zuständig, in dem der betroffene Veranstalter seinen Sitz hat.[573] Der zuständigen LMA obliegen bei Zulassungs- und Aufsichtsmaßnahmen insbesondere folgende Vorbereitungs- und Umsetzungsaufgaben:

---

571 So auch *Raab*, FAZ vom 16.05.2023.

572 Siehe § 104 Abs. 2 MStV: Kommission für Zulassung und Aufsicht (ZAK), Gremienvorsitzendenkonferenz (GVK), Kommission zur Ermittlung der Konzentration im Medienbereich (KEK) und Kommission für Jugendmedienschutz (KJM).

573 Ausnahmen von diesem Prinzip sind nach § 119 MStV möglich, sofern eine Zulassungsverlängerung bei der zulassungserteilenden LMA beantragt wird. Ein Veranstalter könnte alternativ eine neue Zulassung bei der LMA im Sitzland beantragen.

- Kontakt zum Veranstalter
- Programmkontrolle[574]
- Abfassung der Beschlussvorlagen für zentrale Organe[575]
- Erlass von Verwaltungsakten zum Vollzug der Beschlüsse zentraler Organe
- Ggf. Prozessführung als Beklagte[576]

Der faktische Einfluss der zuständigen LMA auf Konsequenz und Intensität der Aufsicht sollte angesichts der Praxisrelevanz dieser Obliegenheiten nicht unterschätzt werden, obgleich die finale Entscheidungskompetenz über bestimmte Maßnahmen ausschließlich bei den zentralen Organen liegt.

4.8.1.3.1.1 Fallbeispiel: RTL2 und die Medienanstalt Hessen

Das Fernsehvollprogramm RTL ZWEI wird von der RTL2 Fernsehen GmbH & Co. KG (im Folgenden: RTL2) mit Sitz in Grünwald (Bayern) veranstaltet.[577] Zuständige LMA für dieses bundesweite Programm ist ungeachtet des Unternehmenssitzes auf Grundlage einer Übergangsbestimmung in § 119 Abs. 1 Satz 1 MStV die Medienanstalt Hessen.[578] Bei einem mutmaßlichen Werbeverstoß in diesem Programm ist allein die ZAK (hier als Organ der Medienanstalt Hessen) für die Entscheidung zuständig, ob der Verstoß gegenüber RTL2 förmlich beanstandet oder das Verfahren eingestellt wird.[579] Im Fall einer Beanstandung muss der Direktor der Medienanstalt Hessen als deren gesetzlicher Vertreter den Beschluss der ZAK vollziehen, indem er einen entsprechenden Verwaltungsakt gegen RTL2 erlässt. Gegen einen solchen Beanstandungsbescheid der Medienanstalt Hessen kann RTL2 unmittelbar Anfechtungsklage beim örtlich zuständigen VG Kassel erheben, da gemäß § 110 MStV bei Rechtsmitteln gegen Entscheidungen zentraler Organe kein Vorverfahren nach § 68 Abs. 1 VwGO stattfindet.

574 Siehe § 104 Abs. 1 Satz 1 MStV.
575 Mit Ausnahme der KEK, die bis 31.08.2013 eine eigene Geschäftsstelle in Potsdam hatte und deren Vorlagen nunmehr in der gemeinsamen Geschäftsstelle der Medienanstalten verfasst werden.
576 Bei Entscheidungen über Rechtsmittel oder Vergleiche in Abstimmung mit dem betroffenen zentralen Organ.
577 *RTL ZWEI*, Impressum & Kontakt.
578 *Medienanstalt Hessen*, TV-Veranstalter mit bundesweiter Zulassung.
579 Siehe bspw. *Die Medienanstalten*, ZAK-Aufsichtsfälle (Az. 22–43).

Nachfolgend soll anhand dieses Fallbeispiels veranschaulicht werden, in welchem Maße die gegenwärtige Rechtslage bei Umsetzung von Alternative 1 angepasst werden müsste.

4.8.1.3.2 Kollision mit § 110 MStV

Im Falle von Alternative 1 könnte ein Mediendiensteanbieter wie RTL2 gegen eine ihn betreffende, möglicherweise binnenmarktrelevante Regulierungsmaßnahme der zuständigen LMA Beschwerde bei der neuen Beschwerdestelle einlegen. Ein solches Beschwerderecht würde mit § 110 MStV[580] kollidieren, durch den die Länder von der Ermächtigung in § 68 Abs. 1 Satz 2 VwGO Gebrauch gemacht haben, das Vorverfahren durch eine gesetzliche Bestimmung bewusst abzuschaffen.

Der Feststellung einer solchen Kollision könnte entgegengehalten werden, dass die „EMFA-Beschwerde" nach Art. 21 Abs. 3 Satz 1 ein Rechtsbehelf sui generis ist und daher einem Widerspruch im Vorverfahren gemäß §§ 68 ff. VwGO nicht gleichgesetzt werden kann. Im Fallbeispiel würde diese These dazu führen, dass RTL2 trotz des neuen Beschwerderechts fristgerecht gegen die Medienanstalt Hessen klagen müsste, um den Eintritt der Bestandskraft des Beanstandungsbescheides zu hindern. Sollte RTL2 zusätzlich Beschwerde einlegen, wären die zuständige Kammer beim VG Kassel und die Beschwerdestelle simultan mit einem identischen Fall befasst[581], über den beide in jeweiliger Unabhängigkeit eigenständig zu entscheiden hätten.[582] Es liegt auf der Hand, dass eine solche Parallelsituation weder sachdienlich noch praxisgerecht wäre und zudem die vom EMFA intendierte Stärkung der Rechtsposition eines Mediendiensteanbieters durch ein gleichsam im Schatten des Gerichtsverfahrens laufendes Beschwerdeverfahren schwerlich erreicht würde.

Daher bleibt der Verfasser bei seiner These, dass Alternative 1 mit der Abschaffung des Widerspruchsverfahrens in § 110 MStV nicht im Einklang steht.

580 Ehemals § 37 Abs. 5 RStV.

581 In Baden einst als "Doppelbeschwerde" zulässig, siehe *Biermann*, DÖV 2008, 395, 398.

582 In der Praxis würde das gerichtliche Verfahren mutmaßlich ausgesetzt, um den Ausgang des Beschwerdeverfahrens abzuwarten.

4.8.1.3.3 Pro und Contra Vorverfahren

In einem Vorverfahren wird die Ausgangsentscheidung gemäß § 68 Abs. 1 Satz 1 VwGO umfassend auf Rechtmäßigkeit und Zweckmäßigkeit geprüft. Der Prüfungsumfang geht damit weiter als die gerichtliche Kontrolle von Ermessensfehlern nach § 114 VwGO.

Das Rechtsinstitut Vorverfahren soll folgenden Funktionen dienen: Selbstkontrolle der Verwaltung, Entlastung der Verwaltungsgerichtsbarkeit und Rechtsschutz des Bürgers.[583] Ob diese Vorzüge in der Rechtswirklichkeit generell oder nur in Einzelfällen zum Tragen kommen, ist schon seit längerer Zeit zwischen Befürwortern und Gegnern der „Institution Widerspruchsverfahren" heftig umstritten.[584] Auf der einen Seite wird die Bürgerfreundlichkeit des relativ einfachen und kostengünstigen Vorverfahrens sowie seine Befriedungsfunktion zur Entlastung der Verwaltungsgerichte betont. Andererseits zweifeln Kritiker an der Bereitschaft der Verwaltung zur Selbstkontrolle, insbesondere bei Identität von Ausgangs- und Widerspruchsbehörde. Daher führe ein zwingendes Vorverfahren durch die zusätzliche Instanz faktisch in vielen Fällen zur Verlängerung des gesamten Verfahrens. Neuere rechtstatsächliche Studien zur Funktionserfüllung des Widerspruchsverfahrens zeichnen dagegen ein differenzierteres Bild mit „Licht und Schatten".[585]

Angesichts der erwähnten juristischen Debatte und der uneinheitlichen Ergebnisse empirischer Untersuchungen überrascht nicht, dass die Landesgesetzgeber von der Öffnungsklausel des § 68 Abs. 1 Satz 2 Halbs. 1 VwGO verschiedenartigen[586], mitunter auch innovativen[587] Gebrauch gemacht haben und das Widerspruchsverfahren zu einem „Experimentierfeld" föderaler Vielfalt wurde.[588]

Zur Implementierung des Beschwerderechts nach Art. 21 Abs. 3 (Alternative 1) in § 110 MStV würde sowohl ein obligatorisches als auch ein sog. fakultatives Vorverfahren[589] in Betracht kommen. Bei einem fakultativen Vorverfahren hätte RTL2 im Fallbeispiel die Wahl, zuerst Widerspruch („Beschwerde") bei der Medienanstalt Hessen einzulegen oder unmittelbar Klage beim VG Kassel

583 Vgl. bspw. Schoch/Schneider-*Porsch* Vorbemerkung § 68, Rn. 1; *Rüssel*, NVwZ 2006, 523, 524; *Steinbeiß-Winkelmann*, NVwZ 2009, 686, 687.

584 Vgl. *Biermann*, DÖV 2008, 395, 399.

585 Schoch/Schneider-*Porsch* Vorbemerkung § 68, Rn. 16a.

586 Bspw. Hessen in der Anlage zu § 16a Abs. 1 HessAGVwGO.

587 „Behördenoptionsmodell" nach § 80 Abs. 3 Niedersächsisches Justizgesetz.

588 *Beckermann*, NVwZ 2017, 1431.

589 Siehe dazu *Heiß/Schreiner*, BayVBl 2007, 616.

zu erheben. RTL2 wäre als Unternehmen – wie im Normalfall jeder Mediendiensteanbieter – in der Lage, beide Optionen mit juristischer Expertise zu bewerten und könnte fundiert entscheiden, welcher Rechtsbehelf im Einzelfall zielführender erscheint. Daher spricht viel dafür, dass die Länder im Kontext der bei Alternative 1 notwendigen Novellierung von § 110 MStV das fakultative und nicht das obligatorische Vorverfahren einführen sollten. Damit würde das zusätzliche Beschwerderecht hinreichend abgesichert und zugleich ein zwingend durchzuführendes Widerspruchsverfahren im wohlverstandenen Interesse der Mediendiensteanbieter vermieden.

4.8.1.3.4 Medienanstalt Hessen als Widerspruchsbehörde

RTL2 kann sich im Fallbeispiel und bei Normierung des hier favorisierten fakultativen Vorverfahrens für einen Widerspruch entscheiden, der gemäß § 70 Abs. 1 Satz 1 VwGO bei der Medienanstalt Hessen als Ausgangsbehörde erhoben wird. Diesem Widerspruch hilft die ZAK als Organ der Medienanstalt Hessen gemäß § 72 VwGO ab, sofern sie ihn für begründet hält. Falls die ZAK aber an ihrer Entscheidung festhält, muss ein Widerspruchsbescheid ergehen. Widerspruchsbehörde ist hier gemäß § 73 Abs. 1 Satz 2 Nr. 2 VwGO die Medienanstalt Hessen, da die Hessische Staatskanzlei als nächsthöhere Behörde eine oberste Landesbehörde ist und bereits aus diesem Grund – unabhängig von ihrer fehlenden Staatsferne – als Widerspruchsbehörde nicht in Frage kommt.[590] Daher kann im Ergebnis dahinstehen, ob die Medienanstalt Hessen auch als Selbstverwaltungsbehörde i.S.v. § 73 Abs. 1 Satz 2 Nr. 3 VwGO für den Widerspruchsbescheid zuständig wäre.[591]

Die Medienanstalt Hessen ist demnach im hier bemühten Fallbeispiel sowohl Ausgangs- als auch Widerspruchsbehörde.

4.8.1.3.5 ZAK als erstinstanzliches Organ

Die Zuständigkeit der ZAK als Organ der Medienanstalt Hessen ist bei einem Widerspruch von RTL2 nach der Beschlussfassung über die erwähnte Abhilfemöglichkeit beendet.

590 BeckOK VwGO-*Hüttenbrink* VwGO § 73, Rn. 4.

591 Siehe zu "weisungsfreien Angelegenheiten" Schoch/Schneider-*Porsch* VwGO § 73, Rn. 14.

Da die Beschwerdestelle nach Art. 21 Abs. 3 Satz 2 „unabhängig von den beteiligten Parteien“[592] sein muss, kann nicht in Betracht kommen, die Zuständigkeit für Entscheidungen über Widersprüche (der Einfachheit halber) zusätzlich in den Aufgabenkatalog der ZAK aufzunehmen. Bei konsequent rechtstreuer Umsetzung von Art. 21 Abs. 3 hat der Gesetzgeber in Alternative 1 auch nicht den Gestaltungsspielraum, für Widersprüche gegen Entscheidungen der ZAK ein formal neues Organ zu bilden, dessen personelle Zusammensetzung der ZAK vollständig[593] oder teilweise entspricht. Für Entscheidungen über diese Widersprüche sollte daher zur Absicherung der Unabhängigkeit der Beschwerdestelle ein staats- und politikfernes, von der ersten Entscheidungsebene personell getrenntes[594] und dennoch fachkundiges Gremium als weiteres zentrales Organ eingerichtet werden.

4.8.1.3.6 Organzuständigkeit für Widersprüche – Optionen

In diesem Zusammenhang stellt sich – losgelöst vom Fallbeispiel – die Frage, ob den zentralen Organen ZAK, GVK, KEK und KJM jeweils eine eigene, fachlich spezialisierte Beschwerdekommission als Widerspruchsinstanz übergeordnet werden soll, wodurch sich die Anzahl zentraler Organe verdoppeln würde. Diese Lösung würde die gegenwärtige Organstruktur auf der Widerspruchsebene konsequent spiegeln (Option 4+4).

Gleichermaßen denkbar ist die Bildung einer einzigen Beschwerdekommission mit gebündelter Zuständigkeit für sämtliche Widersprüche gegen Entscheidungen der zentralen Organe (Option 4+1). Ein solches Gremium könnte sich insbesondere bei entsprechend korrigierender Spruchpraxis zum einflussreichsten Organ der Medienanstalten entwickeln. Die notwendige Konsensfindung zur staatsvertraglichen Normierung einer solchen „Superkommission“ würde die deutsche Medienpolitik vor komplexe Herausforderungen stellen und dürfte zudem auf den entschiedenen Widerstand der Medienanstalten stoßen. Auch die Realisierung der noch aufwändigeren Option 4+4 wäre für Länder und Medienanstalten kaum weniger problematisch.

---

592 EMFA EN: That body, which may be a court, shall be independent of the parties involved […].

593 In einer anderen Konstellation hatten die Länder im 3. RÄStV die Konferenz der Direktoren der Landesmedienanstalten (KDLM) geschaffen. DLM und KDLM waren identisch zusammengesetzt.

594 Ggf. mit Ausnahme der zuständigen LMA.

4.8.1.3.7 Fachwissen der Beschwerdestelle

Die Regelung in Art. 21 Abs. 3 Satz 3 sieht vor, dass die Beschwerdestelle über das erforderliche Fachwissen verfügen muss, damit sie ihre Aufgaben wirksam und rechtzeitig wahrnehmen kann. Diese Anforderung betrifft einerseits das individuelle Fachwissen der Mitglieder der Beschwerdestelle. Auf der anderen Seite benötigen gerade ehrenamtlich tätige Gremien trotz ausgewiesener Expertise ihrer Mitglieder professionelle Zuarbeit durch eine fach- und detailkundige, loyale Arbeitsebene.

Die persönlichen Voraussetzungen für Mitglieder der optional erwähnten Beschwerdekommission(en) sollten – für jedes Gremium aufgabengerecht – gesetzlich festgelegt werden.[595] Diese Normierung könnte insbesondere bei „Option 4 + 1" diffizil werden, da die Mitglieder dieser allzuständigen Beschwerdekommission mit heterogenen Themenbereichen wie Jugendmedienschutz, Medienkonzentration oder Werberecht befasst werden können.

In Abhängigkeit von der gewählten Umsetzungsoption wird zumindest ein weiteres zentrales Organ entstehen. Für diese Organe bilden die LMA nach § 104 Abs. 7 MStV eine Gemeinsame Geschäftsstelle (GGS). Die GGS ist nach § 7 Abs. 2 Satz 3 ALM-Statut unter bestimmten Voraussetzungen auch für die Bearbeitung inhaltlicher Fragen zuständig. Im Übrigen erfolgt die inhaltliche Arbeit durch die zuständige LMA. Die diesbezüglichen Bestimmungen in § 7 Abs. 2 ALM-Statut erscheinen wenig kohärent und enthalten insbesondere keine präzise Regelung, ob die inhaltliche Zuarbeit für ein zentrales Organ im Einzelfall von der GGS oder der zuständigen LMA geleistet wird.[596] So ist im Fallbeispiel unklar, ob die GGS oder die Medienanstalt Hessen für die Abfassung der Beschlussvorlage an die Beschwerdekommission zuständig sein wird. Um den potenziellen Einfluss eventueller Standort- oder Behördeninteressen auf die inhaltliche Zuarbeit für die Beschwerdekommission(en) bereits strukturell auszuschließen, sollte für diese Aufgabe fachkundiges Personal der neutralen GGS eingesetzt werden. Jeder künftige Vorsitzende einer als zentrales Organ verfassten Beschwerdekommission kann in diesem Fall den jeweiligen Fachmitarbeitern der GGS direkte fachliche Weisungen erteilen (§ 7 Abs. 5

---

595 Eine solche Regelung existiert bereits für die sechs Sachverständigen der KEK in § 104 Abs. 5 Satz 1 Nr. 1 MStV.

596 Möglicherweise enthält der nicht öffentlich zugängliche Organisations- und Geschäftsverteilungsplan (§ 7 Abs. 2 Satz 4 ALM-Statut) dazu eine Regelung.

Satz 2 ALM-Statut). Ein dementsprechendes Weisungsrecht gegenüber Mitarbeitern der zuständigen LMA existiert nicht.

Idealtypisch würde die GGS für die Beschwerdekommission(en) eigenes Personal vorhalten, um die inhaltliche Arbeit für die erstinstanzlichen Organe von der (möglichst unvoreingenommenen) Bearbeitung der Widersprüche zu trennen. Eine derartige Doppelstruktur der Arbeitsebene würde die Personal- und Sachkosten der GGS signifikant erhöhen und erscheint daher wenig realistisch, zumal die Frequenz der Nutzung des fakultativen Vorverfahrens kaum prognostizierbar ist und zunächst abgewartet werden sollte. In diesem Kontext sollte nicht außer Betracht gelassen werden, dass bei Identität von Ausgangs- und Widerspruchsbehörde derselbe Sachbearbeiter sowohl für den Ausgangsbescheid als auch für den anschließenden Widerspruchsbescheid zuständig sein kann.[597]

4.8.1.4 Stellungnahme des Boards zu nationalen Maßnahmen

Nach Art. 21 Abs. 4 gibt das Board auf eigene Initiative, auf Ersuchen der Kommission oder aufgrund eines hinreichend gerechtfertigten und begründeten Ersuchens eines betroffenen Mediendiensteanbieters eine Stellungnahme zu nationalen Regulierungs- oder Verwaltungsmaßnahmen mit erheblicher Binnenmarktrelevanz ab. Der Gesetzgeber erläutert die gegenüber dem EMFA-E maßgeblich geänderte Vorschrift folgendermaßen:

> Der Schwerpunkt der Stellungnahmen des Gremiums sollte auf nationalen Maßnahmen liegen, die das Potenzial haben, die Tätigkeiten von Mediendiensteanbietern im Binnenmarkt zu stören, zum Beispiel dadurch, dass ihre Tätigkeit auf eine Art verhindert oder beeinträchtigt wird, dass die Bereitstellung ihrer Mediendienstleistungen auf einem bestimmten Markt ernsthaft untergraben wird.[598]

Die neue Bestimmung wird ab dem 08.08.2025 gelten und gibt sowohl dem Board als auch der Kommission und in bestimmten Fällen zudem betroffenen Mediendiensteanbietern ein Initiativrecht, öffentlich zugängliche Stellungnahmen des Boards abzugeben bzw. zu veranlassen. Durch eine eigene Stellungnahme kann die Kommission der Stellungnahme des Boards zusätzlich Gewicht geben und damit den Druck auf die involvierte NRB bewusst verstärken.

---

597 BeckOK VwGO-*Hüttenbrink* VwGO § 73, Rn. 4.

598 ErwG 61.

Bemerkenswert ist das – erst im Trilog konzipierte – Recht betroffener Mediendiensteanbieter, das Board unter bestimmten Voraussetzungen unmittelbar um Stellungnahme ersuchen zu können. Damit ist bei einem Konflikt mit der zuständigen NRB der direkte Weg zum Board für einen „Hilferuf nach Brüssel" eröffnet.

Allerdings macht der Gesetzgeber in ErwG 61 folgende Einschränkung, die im Wortlaut der Norm nicht verankert ist:

> In seinem Antrag sollte der betroffene Mediendiensteanbieter insbesondere angeben, ob er bereits alle verfügbaren nationalen Rechtsbehelfe ausgeschöpft hat, indem er die betreffenden Maßnahmen vor nationalen Gerichten oder anderen zuständigen nationalen Behörden oder Stellen angefochten hat, sowie die Art der daraus resultierenden Entscheidung oder Entscheidungen nennen.

4.8.1.5 Informationspflicht nationaler Behörden oder Stellen

Nach Art. 21 Abs. 5 können das Board und ggf. die Kommission für die Zwecke der Erarbeitung einer Stellungnahme nach Absatz 4 „einschlägige Informationen" von einer nationalen Behörde oder Stelle anfordern. Die ersuchte nationale Behörde oder Stelle muss diese Informationen unverzüglich auf elektronischem Wege zur Verfügung stellen.

Diese Informationspflicht kann ab dem 08.08.2025 nicht nur die LMA treffen, sondern auch jede andere nationale Behörde oder Stelle, die für bestimmte Maßnahmen gegenüber Mediendiensteanbietern zuständig ist.[599]

Obwohl der Gesetzgeber hier den Vorschlag der Kommission leicht abgeschwächt hatte, erinnert diese Informationspflicht an die Situation einer LMA, die der zuständigen obersten Landesbehörde als Rechtsaufsicht auf Anforderung erforderliche Auskünfte zu erteilen hat und entsprechende Unterlagen vorlegen muss.[600] Die ersuchte Informationsübermittlung wird im Übrigen ohne Beteiligung und unter Umständen ohne Kenntnis der zuständigen Rechtsaufsichtsbehörde unmittelbar zwischen einer LMA und dem Board bzw. der Kommission vonstattengehen.

4.8.1.6 Ergebnis

Die in Art. 21 Abs. 1 statuierten allgemeinen Anforderungen an nationale Maßnahmen sind für Rechtstexte der EU charakteristisch. Sie entsprechen

599 Bspw. die BNetzA.
600 Siehe bspw. § 44 Abs. 3 HPMG.

deutschen Verfassungsprinzipien oder einfachgesetzlich normierten Verfahrensrechten. Daher sind keine relevanten Auswirkungen auf die deutsche Legislative oder Exekutive zu erwarten.

Die Regelung zu Fristen in Art. 21 Abs. 2 wurde im Gesetzgebungsverfahren verbessert und muss nunmehr im nationalen Recht umgesetzt und konkretisiert werden. Dabei bietet es sich an, dass die Länder den Sachverstand der Praxis nutzen und den LMA im MStV die Kompetenz einräumen, diese Fristen in einer gemeinsamen Satzung oder Richtlinie festzulegen. Eine Regelung in dieser Form hätte zugleich den Charakter einer Selbstbindung der LMA.

Das Beschwerderecht für Mediendiensteanbieter gemäß Art. 21 Abs. 3 Satz 2 Alt. 1 wird die Relevanz der zentralen Organe der LMA signifikant verändern. Auch bei Einführung des hier favorisierten fakultativen Vorverfahrens muss wenigstens eine von den bestehenden Organen personell unabhängige Beschwerdekommission zur Entscheidung über Widersprüche zusätzlich eingerichtet werden. ZAK, GVK, KEK und KJM werden demnach zu Organen erster Instanz, deren Entscheidungen von dieser Beschwerdekommission (bei Option 4+1) umfassend auf Rechtmäßigkeit und Zweckmäßigkeit überprüft werden können. Es liegt auf der Hand, dass allein die bloße Existenz einer übergeordneten Beschwerdekommission der Autorität und dem Stellenwert der erstinstanzlichen Organe abträglich sein kann. Ob in der Praxis tatsächlich ein substanzieller Einflussverlust dieser Organe eintreten wird, ist im Wesentlichen von der Nutzung des fakultativen Vorverfahrens und der Spruchpraxis der Beschwerdekommission abhängig. Falls Widersprüche in aller Regel oder stets zurückgewiesen werden, behalten die Entscheidungen der erstinstanzlichen Organe auch künftig ihre maßgebliche Bedeutung. Sollte die Beschwerdekommission hingegen Beschlüsse der ZAK, GVK, KEK oder KJM in der Mehrzahl der Fälle aufheben, wird die Reputation der davon betroffenen Organe und die ihrer Repräsentanten unweigerlich in Mitleidenschaft gezogen. Zwischen den Akteuren beider Organebenen wird sich in der Praxis wohl ein professionell sachliches Verhältnis entwickeln und das letztgenannte Konfliktszenario somit vermieden. Eine Marginalisierung der existierenden zentralen Organe erscheint wenig wahrscheinlich, obgleich sie vom Verhalten der Akteure beider Instanzen abhängen wird und daher auch nicht völlig auszuschließen ist.

Die Vorschrift in Art. 21 Abs. 4 wird Board, Kommission und Mediendiensteanbietern ein Initiativrecht geben, um mittels einer Stellungnahme des Boards Druck auf die Exekutive eines Mitgliedstaates ausüben zu können, falls eine konkrete nationale Maßnahme die Tätigkeiten von Mediendiensteanbietern im Binnenmarkt wahrscheinlich erheblich beeinträchtigt. Dieser Mechanismus soll im Einzelfall aufgrund seiner öffentlichen Wirkung zu einer

Änderung problematischer nationaler Maßnahmen führen. Es bleibt allerdings abzuwarten, ob sich das Board mit nicht rechtsverbindlichen Stellungnahmen (so explizit ErwG 41) bei künftigen Konflikten mit uneinsichtigen NRB durchsetzen kann.

Die in Art. 21 Abs. 5 geregelten Informationspflichten einer nationalen Behörde oder Stelle gegenüber dem Board und ggf. der Kommission erinnern an die Verantwortlichkeit einer LMA im Verhältnis zu ihrer Rechtsaufsichtsbehörde. Im Einzelfall wird ein entsprechendes Ersuchen des Boards und im Besonderen der Kommission von der betroffenen NRB möglicherweise als provokative Anmaßung empfunden werden.

4.8.2 Artikel 22 Bewertung von Zusammenschlüssen auf dem Medienmarkt

4.8.2.1 Rückblick auf erste Regelungsansätze der EG-Kommission

Bereits im Jahr 1992 veröffentlichte die Kommission der Europäischen Gemeinschaften (EG) ein „Grünbuch über Pluralismus und Medienkonzentration im Binnenmarkt – Bewertung der Notwendigkeit einer Gemeinschaftsaktion –“.[601] Grünbücher der Kommission zu einer spezifischen Thematik richten sich hauptsächlich an die interessierten Kreise, zeigen denkbare Handlungsoptionen konkret auf und sollen einen Konsultations- und Diskussionsprozess mit betroffenen Interessenträgern anstoßen.[602]

Durch das erwähnte Grünbuch wurde die zentrale Frage aufgeworfen, ob zur Sicherung von Medienvielfalt eine Gemeinschaftsaktion notwendig erscheint.[603] Zur Kompetenzgrundlage für gemeinschaftsweite Aktivitäten vertrat die Kommission schon damals die Auffassung, dass das Funktionieren des EG-Binnenmarkts durch voneinander abweichende Antikonzentrationsregeln der Mitgliedstaaten behindert werde. Als Option III wurde im Grünbuch vorgeschlagen, das nationale Medienkonzentrationsrecht durch eine Richtlinie oder Verordnung zu harmonisieren. Obwohl das Europäische Parlament und der Wirtschafts- und Sozialausschuss diesen Vorschlag unterstützten, scheiterte die Initiative der Kommission letztlich am Widerstand einer Mehrheit

---

601 KOM (92) 480 endg. vom 23.12.1992 (auf https://commission.europa.eu/index_de oder https://eur-lex.europa.eu/homepage.html nicht mehr zugänglich).

602 *Amt für Veröffentlichungen der Europäischen Union,* Grünbuch.

603 Vgl. *KEK,* Erster Konzentrationsbericht (2000), S. 79 ff.

von Mitgliedstaaten, die sich für Option I (keine Gemeinschaftsaktion) aussprachen. Zwei Entwürfe für Konzentrationsrichtlinien wurden zwar veröffentlicht, aber auch die überarbeitete Fassung vom März 1997 wurde von der Kommission am Ende nicht angenommen. Sowohl Fernseh- und Hörfunkdienste als auch Tageszeitungen waren vom sachlichen Anwendungsbereich beider Richtlinienentwürfe erfasst. Bemerkenswert konkret – gerade im Vergleich zum EMFA – waren die vorgeschlagenen Beteiligungshöchstgrenzen für Fernseh- und Hörfunkdienste[604] sowie für den gesamten (damaligen) Medienmarkt. Für diesen medienübergreifenden Gesamtmarkt sollte die zulässige Höchstgrenze zur Verhinderung multimedialer Konzentration bereits bei einem Marktanteil von 10 % erreicht sein.

Den vorgelegten Richtlinienentwürfen wurde insbesondere entgegengehalten, dass die EG als Wirtschaftsgemeinschaft für die Sicherung von Medienpluralismus nicht zuständig sei. Außerdem hätten die in den Entwürfen vorgesehenen Schwellenwerte zu einer relevanten Senkung entsprechender Standards in Großbritannien und Frankreich geführt, da strengere Vorschriften der Mitgliedstaaten nicht zulässig gewesen wären.

Auch der Bundesrat hatte bereits zum Grünbuch Stellung genommen und „dabei unter Hinweis auf die vorwiegend gesellschaftlichen und kulturellen Funktionen des Rundfunks festgestellt, dass der EG nach den Gemeinschaftsverträgen keine Kompetenzen im Bereich des Rundfunks zugewiesen sind".[605]

Der nachhaltige Widerstand einer Mehrheit von Mitgliedstaaten gegen eine Konzentrationsrichtlinie in den 1990er Jahren dürfte eine wesentliche Erklärung dafür sein, dass die EU erst heute – nach rund drei Jahrzehnten – mit dem EMFA eine Mindestharmonisierung des Medienkonzentrationsrechts der Mitgliedstaaten herbeiführen will.

4.8.2.2 Art. 22 EMFA als „hinkende Verordnung"

Art. 22 Abs. 1 wird die Mitgliedstaaten verpflichten, im nationalen Recht materielle und verfahrensrechtliche Vorschriften festzulegen (oder ggf. anzupassen), die eine Bewertung von Zusammenschlüssen auf dem Medienmarkt ermöglichen, die sich erheblich auf Medienpluralismus und redaktionelle Unabhängigkeit auswirken könnten. In ErwG 64 macht der Gesetzgeber deutlich, dass es im Kern um den Erhalt von Meinungspluralismus geht:

604 Zur Verhinderung monomedialer Rundfunkkonzentration sollte die Grenze bei einem zurechenbaren Zuschauer- bzw. Höreranteil von 30 % liegen.

605 *Bundesrat,* Drucksache 77/93 (Beschluß), Rn. 1.

> Unter Zusammenschlüssen auf dem Medienmarkt, die solchen Vorschriften unterliegen, sind Zusammenschlüsse zu verstehen, die dazu führen könnten, dass eine einzelne Einrichtung den betreffenden Markt kontrolliert oder erhebliche Anteile an diesem Markt hält und somit großen Einfluss auf die öffentliche Meinungsbildung auf einem bestimmten Medienmarkt in einem oder mehreren Mitgliedstaaten hat. Ein wichtiges zu berücksichtigendes Kriterium ist die infolge des Zusammenschlusses abnehmende Zahl konkurrierender Ansichten auf dem Medienmarkt.

Der EMFA ist als Verordnung nach Art. 288 Abs. 2 Satz 2 AEUV in allen Teilen verbindlich und wird unmittelbar in jedem Mitgliedstaat gelten. Obwohl der Reformvertrag von Lissabon auf diesen (national geprägten) Terminus verzichtet, handelt es sich bei einer Verordnung der Sache nach um ein „Europäisches Gesetz".[606]

Allerdings ist der Unionsgesetzgeber nicht verpflichtet, alle Bereiche einer Verordnung vollständig zu regeln und damit unmittelbar anwendbar zu machen. Nach gefestigter und langjähriger Rechtsprechung des EuGH kann eine Verordnung den Mitgliedstaaten die Aufgabe überlassen, selbst die erforderlichen Rechtsvorschriften zu erlassen, damit die Bestimmungen der Verordnung durchgeführt werden können.[607] Eine solchermaßen unvollständige und richtlinienähnliche Rahmenverordnung wird in der Literatur als „hinkende Verordnung" bezeichnet.[608]

Die Vorschrift in Art. 22 Abs. 1 enthält eine solche hinkende Verordnung, da sie zumindest implizit voraussetzt, dass Mitgliedstaaten ein nationales Medienkonzentrationsrecht (neu) schaffen bzw. bestehende Vorschriften an die Vorgaben des EMFA anpassen. Die Mitgliedstaaten sind daher einerseits zum Erlass „verordnungsakzessorischen Rechts" legitimiert.[609] Andererseits werden sie nach Art. 291 Abs. 1 AEUV zugleich verpflichtet, zur Durchführung des EMFA alle erforderlichen Maßnahmen nach innerstaatlichem Recht zu ergreifen. Auch legislative Maßnahmen (hier zur Umsetzung einer hinkenden Verordnung) können unter den weiten Begriff „Durchführung" subsumiert werden.[610]

---

606 Geiger/Khan/Kotzur/Kirchmair-*Kotzur* AEUV Art. 288, Rn. 6.

607 *EuGH*, Urt. v. 30.11.1978 – Rs. 31/78 – Bussone, Rn. 28/33; Urt. v. 27.09.1979 – Rs. 230/78 – Eridania, Rn. 34; Urt. v. 05.05.2015 – Rs. C-146/13 – Spanien/Parlament und Rat, Rn. 105.

608 Vgl. Calliess/Ruffert-*Ruffert* AEUV Art. 288, Rn. 22; Streinz-*Schroeder* AEUV Art. 288, Rn. 46; Streinz-*Kahl* AEUV Art. 192, Rn. 53; Geiger/Khan/Kotzur/Kirchmair-*Kotzur* AEUV Art. 288, Rn. 9; *Bauerschmidt*, BKR 2019, 324.

609 Grabitz/Hilf/Nettesheim-*Nettesheim* AEUV Art. 288, Rn. 101.

610 Streinz-*Gellermann* AEUV Art. 291, Rn. 7.

Sowohl die spezifische Durchführungsverpflichtung nach Art. 291 Abs. 1 AEUV als auch die allgemeine Pflicht zur loyalen Zusammenarbeit in Art. 4 Abs. 3 UAbs. 2 EUV enthalten keine konkreten Zeitvorgaben. Während in Richtlinien wie der AVMD-RL tagesgenau verbindliche Umsetzungsfristen festgelegt werden, bleibt hier offen, bis zu welchem Datum die keineswegs triviale Umsetzung von Art. 22 Abs. 1 und 2 in jedem Mitgliedstaat abgeschlossen sein muss.[611] Vor dem Hintergrund des schwierigen Umsetzungsprozesses bei der AVMD-RL sollte die praktische Relevanz dieses Unsicherheitsfaktors nicht unterschätzt werden. Die Wahl der Regelungstechnik „hinkende Verordnung" anstelle einer regulären Richtlinie könnte sich hier noch als Kardinalfehler des Gesetzgebers erweisen. Ab Geltung der Vorschrift am 08.08.2025 kann die von Amts wegen misstrauische Kommission die Umsetzungsdisziplin der Mitgliedstaaten lediglich beobachten und ggf. kritisch kommentieren.

4.8.2.3 Zusammenschluss auf dem Medienmarkt

Der im Kontext von Art. 22 zentrale Begriff „Zusammenschluss auf dem Medienmarkt" wird in Art. 2 Nr. 15 folgendermaßen legaldefiniert:

> „Zusammenschluss auf dem Medienmarkt" einen Zusammenschluss im Sinne von Artikel 3 der Verordnung (EG) Nr. 139/2004, an dem mindestens ein Mediendiensteanbieter oder ein Anbieter einer Online-Plattform, die Zugang zu Medieninhalten bietet, beteiligt ist.

Nach Art. 3 Abs. 1 FKVO wird ein Zusammenschluss dadurch bewirkt, dass eine dauerhafte Veränderung der Kontrolle durch eine Fusion bisher unabhängiger Unternehmen oder durch den – in der Praxis weit häufigeren[612] – Erwerb der Kontrolle über ein Unternehmen stattfindet.[613] Das entscheidende Kriterium der Kontrolle über das Zielunternehmen wird in Art. 3 Abs. 2 FKVO als Möglichkeit definiert, einen bestimmenden Einfluss auf die Tätigkeit eines Unternehmens ausüben zu können. Bei Erwerb der Mehrheit des stimmberechtigten Kapitals liegt ein solcher Kontrollerwerb vor. Im Fall von Minderheitsbeteiligungen kann die FKVO nur dann angewandt werden, wenn der Erwerber

---

611 Die Schlussbestimmungen in Kapitel IV enthalten demgemäß keine Umsetzungsfrist.

612 *Wissenschaftliche Dienste/Deutscher Bundestag,* Die kartellrechtliche Fusionskontrolle, S. 6.

613 Zu den Zusammenschlusstatbeständen Immenga/Mestmäcker/Thomas-*Körber* FKVO Art. 3, Rn. 6 ff; Loewenheim/Meessen/Riesenkampff/Kersting/Meyer-Lindemann-*Riesenkampff/Steinbarth* FKVO Art. 3, Rn. 12.

nach den Umständen des Einzelfalls dennoch die Möglichkeit erhält, einen bestimmenden Einfluss auszuüben.[614] Nicht kontrollierende Minderheitsbeteiligungen bewirken keinen Zusammenschluss im Sinne von Art. 3 FKVO und erfüllen den Tatbestand „Zusammenschluss auf dem Medienmarkt" daher nicht.

Durch die oben zitierte (vom Gesetzgeber nachgebesserte) Begriffsbestimmung ist der sachliche Anwendungsbereich von Art. 22 eindeutig auf Zusammenschlüsse im Sinne von Art. 3 FKVO begrenzt. Der Erwerb einer nicht kontrollierenden Minderheitsbeteiligung an einem Mediendiensteanbieter wird daher von der grundsätzlichen Meldepflicht in Art. 22 Abs. 1 Satz 2 lit. b nicht erfasst. Solche Beteiligungsveränderungen können nur dann medienrechtlich bewertet werden, wenn ein Mitgliedstaat von der von der bereits erwähnten Öffnungsklausel Gebrauch macht und im nationalen Recht strengere Regelungen trifft oder ggf. beibehält.

Neben den Folgen der erläuterten Bezugnahme auf die Zusammenschlusstatbestände der FKVO wird sich eine weitere Verengung des Anwendungsbereiches von Art. 22 daraus ergeben, dass tatbestandlich nur solche Zusammenschlüsse auf dem Medienmarkt zu bewerten sind, die sich erheblich auf Medienpluralismus und redaktionelle Unabhängigkeit auswirken könnten. In diesem Kontext versteht der Gesetzgeber „Medienpluralität" folgendermaßen:

> In diesem Zusammenhang sollte Medienpluralität als die Möglichkeit verstanden werden, Zugang zu einer Vielzahl von Mediendiensten und Medieninhalten zu erhalten, die unterschiedliche Meinungen, Stimmen und Analysen widerspiegeln.[615]

4.8.2.4 *Sicherung der Meinungsvielfalt in Deutschland*

In Deutschland existiert mit materiellrechtlichen Vorschriften in den §§ 60 bis 66 MStV sowie spezifischen organisations- und verfahrensrechtlichen Regelungen in den §§ 104 und 105 MStV ein eigenständiges – vom Wettbewerbsrecht unabhängiges – Medienkonzentrationsrecht. Die Grundstruktur entspricht somit bereits dem EMFA, der eine Pflicht zur autonomen medienrechtlichen Bewertung von Zusammenschlüssen auf dem Medienmarkt in der gesamten Union statuiert. Nachfolgend soll untersucht werden, ob dem

614 Siehe *Bundeskartellamt,* Merkblatt zum Anwendungsbereich der EU-Fusionskontrolle, S. 3.

615 ErwG 64.

deutschen Medienkonzentrationsrecht vor diesem Hintergrund Modell- oder gar Vorbildcharakter attestiert werden kann.[616]

Mit dem im MStV kodifizierten Medienkonzentrationsrecht ist der Gesetzgeber seiner aus der Rundfunkfreiheit (Art. 5 Abs. 1 Satz 2 GG) fließenden Verpflichtung nachgekommen, eine positive Ordnung zur Sicherung der Meinungsvielfalt im bundesweiten privaten Fernsehen zu schaffen. Das Bundesverfassungsgericht weist den Gesetzgeber in ständiger Rechtsprechung auf seine Aufgabe hin, zur Verhinderung des Entstehens vorherrschender Meinungsmacht eine vorbeugende effektive Konzentrationskontrolle sicherzustellen:

> Insbesondere obliegt es ihm, Tendenzen zur Konzentration rechtzeitig und so wirksam wie möglich entgegenzutreten, zumal Fehlentwicklungen gerade insoweit schwer rückgängig zu machen sind (BVerfGE 57, 295 (323) = NJW 1981, 1774).[617]

Das im Jahr 2020 inhaltlich unverändert in den MStV übernommene Medienkonzentrationsrecht wurde von den Ländern bereits Mitte der 1990er Jahre konzipiert und ist Anfang des Jahres 1997 im Zuge einer Änderung des RStV[618] in Kraft getreten. Dabei wurde die Konzentrationskontrolle zentralisiert und der neu geschaffenen KEK übertragen. Die heutige Textfassung beruht auf einer weiteren Änderung des RStV im Jahr 2002.[619]

Die Gesetzgebung beschränkte sich auf Instrumente zur Sicherung der Meinungsvielfalt im bundesweiten privaten Fernsehen (sog. fernsehzentrierter Ansatz). Zu weitergehenden Regelungen im Sinne einer umfassenden Konzentrationskontrolle aller publizistischen Medien war der Gesetzgeber verfassungsrechtlich nicht verpflichtet.[620]

Das deutsche Medienkonzentrationsrecht ist somit seit dem Jahr 1997 im Wesentlichen in § 60 MStV (zunächst § 26 RStV) als zentraler Norm geregelt. Den Kern bilden zwei Tatbestände, die bei Erreichen eines Zuschaueranteils von 30 % bzw. 25 % (unter Einbeziehung medienrelevanter verwandter Märkte) vorherrschende Meinungsmacht vermuten. Der Zuschaueranteil der beiden großen privaten Sendergruppen RTL (22,4 %) und ProSiebenSat.1 (15,3 %) lag im Durchschnitt des Jahres 2023 deutlich unter beiden Schwellenwerten.[621] Vor

616 "Modell DE", so *Cole/Ukrow,* Webinar des EMR (Präsentation), S. 32.
617 *BVerfG*, NJW 1987, 239, 241.
618 3. Rundfunkänderungsstaatsvertrag, GVBl. Hessen Teil I 1996, 485.
619 6. Rundfunkänderungsstaatsvertrag, GVBl. Hessen Teil I 2002, 38.
620 So jedenfalls noch im Jahr 2014 *BVerwG*, ZUM-RD 2014, 454, Rn. 32.
621 *KEK,* Zuschaueranteile 2023.

Anwendung des (zweiten) Vermutungstatbestandes in § 60 Abs. 2 Satz 2 MStV sind zudem vom tatsächlichen Zuschaueranteil bis zu fünf Prozentpunkte für Regional- und Drittfenster (sog. Bonuspunkte) abzuziehen.[622] Dadurch ergibt sich selbst für die RTL-Gruppe ein Zuschaueranteil unter 20 %, der auch bei Berücksichtigung von Aktivitäten auf verwandten medienrelevanten Märkten nicht mehr zur Annahme einer vorherrschenden Meinungsmacht ausreicht.[623]

Durch die tendenziell bestenfalls stagnierenden Zuschauerreichweiten der beiden großen privaten Sendergruppen und das vorstehend zitierte – den Beurteilungsspielraum der KEK begrenzende – Urteil des BVerwG wurde § 60 MStV „in seiner derzeitigen Fassung zur Bedeutungslosigkeit verdammt".[624] Die KEK bewertet die Konsequenzen aus Reichweitenentwicklung und Rechtsprechung wie folgt:

> Die Entscheidung des Bundesverwaltungsgerichts i. S. Springer./. BLM hat die tatsächlichen Einflussmöglichkeiten der KEK erheblich eingeschränkt. Die Folgen des Urteils beschneiden die KEK so weit, dass faktisch keine Kontrollmöglichkeiten mehr bestehen. Konzentrationsrechtlich relevante Schwellenwerte werden bei den großen Sendergruppen (RTL und ProSiebenSat.1) – insbesondere nach Vorweg-Abzug der Bonuspunkte – nicht mehr erreicht.[625]

Im Ergebnis schärfte insbesondere das von Organen der Beklagten kontrovers aufgenommene Urteil des BVerwG vom 29.01.2014 einen kritischen Blick auf das rund 17 Jahre zuvor eingeführte fernsehzentrierte Medienkonzentrationsrecht, das zwischenzeitlich eingetretene Veränderungen in der Mediennutzung nicht mehr angemessen berücksichtigen kann. Beispielsweise ist die Meinungsbildungsrelevanz der Bewegtbildnutzung aufgrund der hohen Suggestivkraft bewegter Bilder von der Linearität des Angebots vollkommen unabhängig.[626]

4.8.2.5 Reformdiskussion

Die Diskussion über eine Reform des als nicht mehr zeitgemäß geltenden Rechts der Vielfaltsicherung wurde von der KEK am 10.02.2015 mit Vorstellung des Fünften Konzentrationsberichts eröffnet.[627] Als „erster, wichtiger Schritt auf

---

622 Siehe Klarstellung in *BVerwG*, ZUM-RD 2014, 454, Rn. 31.
623 *BVerwG*, ZUM-RD 2014, 454, Rn. 36.
624 BeckOK InfoMedienR-*Müller-Terpitz* MStV § 60, Rn. 2.2.
625 *KEK*, 18. Jahresbericht 2015/2016, S. 144.
626 Vgl. *KEK*, Fünfter Konzentrationsbericht (2015), S. 506.
627 *KEK*, KEK spricht sich für medienübergreifende Vielfaltsicherung aus.

dem Weg zu einer medienübergreifenden Vielfaltsicherung" wurde seinerzeit die moderate Fortentwicklung der etablierten Regeln von einem fernsehzentrierten zu einem fernsehbasierten Konzentrationsrecht präferiert.[628]

In der Folgezeit wurde der Reformansatz der KEK kontinuierlich weiterentwickelt und insbesondere im Rahmen der turnusmäßigen Konzentrationsberichte gemäß § 60 Abs. 6 MStV[629] in wissenschaftlicher Form dargestellt und begründet. Im aktuellen Bericht betont die Kommission (erneut) die Notwendigkeit einer zukunftsfähigen Reform und schlägt eine „Gesamtmarktbetrachtung" vor, die eine Einbeziehung aller publizistischen Medien in die konzentrationsrechtliche Bewertung zulässt.[630]

Neben der offiziellen Positionsbestimmung des Gremiums befindet sich insbesondere der Vorsitzende der KEK im steten Austausch mit der Rundfunkkommission der Länder und nutzt u.a. Interviews oder Veröffentlichungen in der Fachpresse, um beharrlich auf die Notwendigkeit und Dringlichkeit einer grundlegenden Reform hinzuweisen.[631]

Eine konträre Position wird damit begründet, dass wirkliche Gefahren für die Meinungsvielfalt derzeit nicht ersichtlich seien und ein Gesamtmarktmodell methodisch schwer umsetzbar wäre.[632] Der damalige Präsident der BLM unterstützt dagegen den Reformvorschlag der KEK inhaltlich, macht aber gleichwohl den Vorschlag, die Aufgaben der KEK an die ZAK zu übertragen.[633]

4.8.2.6 Reformprozess

Eine Reform des Medienkonzentrationsrechts im Rahmen des im April 2020 unterzeichneten MStV scheiterte an der fehlenden Zustimmung Nordrhein-Westfalens und Bayerns.[634] Die Länder in der Gesamtheit konnten sich bei diesem Thema lediglich auf folgende Protokollerklärung zum MStV verständigen:

---

628 *KEK,* Fünfter Konzentrationsbericht (2015), S. 13.

629 Nach § 60 Abs. 6 Satz 2 MStV soll die KEK im Bericht zu erforderlichen Änderungen der §§ 60 bis 66 Stellung nehmen.

630 *KEK,* Siebter Konzentrationsbericht (2021), S. 55.

631 In chronologischer Reihenfolge *Gounalakis*, pro media 6/2017, 17; *Gounalakis*, pro media 4/2018, 25; *Gounalakis*, pro media 9/2018, 9; *Gounalakis*, textintern 3/2019, 13; *Nünning*, KNA/MK 04.10.2019; *Gounalakis*, medienpolitik.net 28.01.2020; *Gounalakis*, medienpolitik.net 14.12.2020; *Gounalakis*, medienpolitik.net 15.03.2021; *Gounalakis,* Meinungsmacht im Online-Bereich, 51, 55.

632 *Zimmer*, KNA 12.04.2022.

633 *S. Schneider*, medienpolitik.net 08.12.2020.

634 Dazu kritisch *Schrödter*, medienpolitik.net 02.12.2020.

> 5. Medienkonzentrationsrecht
> Die Länder setzen sich für ein zukunftsfähiges Medienkonzentrationsrecht ein. Dieses muss den real bestehenden Gefahren für die Meinungsvielfalt wirksam begegnen können. Die Medienmärkte haben in den letzten Jahren eine Öffnung erfahren, die neben dem Fernsehen auch andere Mediengattungen, die möglichen Folgen crossmedialer Zusammenschlüsse und auch solcher auf vor- und nachgelagerten Märkten verstärkt in den Fokus rückt. Ein reformiertes Medienkonzentrationsrecht muss daher alle medienrelevanten Märkte in den Blick nehmen.

Zur Vorbereitung dieser angekündigten Reform hat die Rundfunkkommission der Länder eine Arbeitsgruppe unter Leitung Schleswig-Holsteins eingesetzt.[635] Einer Ende März 2022 veröffentlichten Publikation der KEK war die Information zu entnehmen, dass der Landesgesetzgeber „kürzlich“ mit der „konkreten Ausarbeitung“ des Reformgesetzes begonnen habe.[636] Die KEK ging zu diesem Zeitpunkt davon aus, dass das neu angedachte Modell noch im laufenden Jahr 2022 der Öffentlichkeit vorgestellt werden sollte.

Entgegen dieser Erwartung wird ein offenbar existierendes Konzept respektive Modell der Länder zur Reform des Medienkonzentrationsrechts weiterhin ausschließlich intern diskutiert und entzieht sich somit einer Bewertung durch die Fachöffentlichkeit. Nachdem die KEK im April 2023 bereits eine zweite Stellungnahme zum angedachten Konzept abgegeben hatte, appelliert ihr Vorsitzender in einer Pressemitteilung der Kommission vom 15.05.2023 an die Länder, anstehende Grundentscheidungen nunmehr zu treffen:

> ‚Die KEK hat ihre Hausaufgaben gemacht, es ist nun an den Ländern zu entscheiden, ob, wann und wie der Reformprozess umgesetzt wird‘, so der Vorsitzende der KEK, Prof. Dr. Georgios Gounalakis.[637]

Ungeachtet der zitierten Protokollerklärung scheint demnach auch ein vollständiges Scheitern der Reform (wieder) im Bereich des Möglichen zu liegen.

Ende Mai 2024 äußerte sich der Vorsitzende der KEK im Kontext des Reformprozesses zu möglichen Auswirkungen des EMFA:

> ‚Die im EMFA vorgesehenen Regelungen zur Medienmarktkonzentration sehen eine breiter angelegte Bewertung von Zusammenschlüssen im Medienbereich, etwa unter

635 Der diesbezügliche Beschluss ist online nicht mehr zugänglich, siehe https://rundfunkkommission.rlp.de/rundfunkkommission-der-laender/beschluesse-der-rundfunkkommission

636 *KEK*, 23. Jahresbericht 2021, S. 6.

637 *KEK*, KEK veröffentlicht 24. Jahresbericht.

Einbeziehung des Online-Umfelds, vor. Dies könnte sich auch auf die Reform des Medienkonzentrationsrechts in Deutschland auswirken.'[638]

4.8.2.7 *Reformimpulse durch den EMFA*

Art. 22 Abs. 1 und 2 wird ab seiner Geltung jeden Mitgliedstaat in die Pflicht nehmen, im nationalen Recht medienkonzentrationsrechtliche Vorschriften festzulegen, die dem weiten Regelungsumfang des EMFA entsprechen. Das Zusammenspiel der in Art. 2 definierten Begriffe *Mediendienst*, *Mediendiensteanbieter*, *Sendung* und *Zusammenschluss auf dem Medienmarkt* wird im Ergebnis dazu führen, dass bei potenziell erheblichen Auswirkungen auf Medienpluralismus und redaktionelle Unabhängigkeit jeder Zusammenschluss im Sinne von Art. 3 FKVO medienrechtlich erfasst werden muss, an dem mindestens ein Anbieter folgender Mediendienste (oder bestimmter Online-Plattformen) beteiligt ist:

- Lineares Fernsehen
- Nichtlineares Video-Streaming (Video on Demand, VoD)
- Linearer Hörfunk
- Nichtlineares Audio-Streaming (Audio on Demand, AoD)
- Presseveröffentlichung

Das inzwischen „anachronistisch(e)“[639] Medienkonzentrationsrecht mit § 60 MStV als Kernvorschrift erfasst Zusammenschlüsse im Sinne von Art. 3 FKVO nur bei Beteiligung bundesweiter privater Fernsehveranstalter. Die Stellung des Anbieters auf medienrelevanten verwandten Märkten (bspw. Presse, Hörfunk, VoD und AoD) kann von der KEK nur dann in die konzentrationsrechtliche Bewertung einbezogen werden, wenn der nach § 60 Abs. 2 Satz 3 MStV berechnete Zuschaueranteil bei zumindest 20 % liegt.[640] Wie bereits erläutert, ist eine vertiefte Prüfung der Stellung eines Fernsehunternehmens auf dem gesamten publizistisch relevanten Medienmarkt bei unveränderter Rechtslage praktisch ausgeschlossen.[641]

Während die Stellung auf „medienrelevanten verwandten Märkten“ in § 60 MStV lediglich eine – zudem faktisch obsolete – Nebenrolle spielt, muss ein

638 *KEK*, KEK veröffentlicht 25. Jahresbericht.
639 *KEK*, 22. Jahresbericht 2019/2020, S. 6.
640 Ein Schwellenwert durch "Richterrecht", siehe *BVerwG*, ZUM-RD 2014, 454.
641 *KEK*, Siebter Konzentrationsbericht (2021), S. 329.

EMFA-konformes Medienkonzentrationsrecht die überholte Fokussierung auf das klassische Fernsehen aufgeben und im Sinne einer Gesamtmarktbetrachtung den jeweiligen Einfluss einzelner Mediendienste oder bestimmter Online-Plattformen auf den Meinungsbildungsprozess angemessen bewerten. Die in Art. 22 Abs. 2 normierten „Elemente" entsprechen zumindest partiell dem deutschen Regelungskonzept der „medienrelevanten verwandten Märkte", obgleich sie unabhängig von Schwellenwerten generell zu berücksichtigen sind.

Bei den künftig auch medienrechtlich zu bewertenden Zusammenschlüssen auf dem Medienmarkt werden sich als Novum „fernsehfreie" Konstellationen ergeben, die bis dato allein der wettbewerbsrechtlichen Kontrolle unterliegen. Im Bereich der Fusionskontrolle bei Medien hat das Bundeskartellamt bspw. in folgenden Verfahren entschieden bzw. geprüft:

- Bundeskartellamt untersagt Online-Video-Plattform von RTL und Pro7Sat1 (2011)
- Bundeskartellamt gibt den Erwerb der Frankfurter Rundschau durch die FAZ frei (2013)
- Pläne für ARD und ZDF Online-Plattform „Germany's Gold" aufgegeben (2013)
- Bundeskartellamt untersagt der Funke Mediengruppe die vollständige Übernahme des Verlags der „Ostthüringer Zeitung" (2021)

Die vorstehende Übersicht mit ausgewählten, nicht repräsentativen Fallbeispielen[642] soll veranschaulichen, wie weit das Aufgabenspektrum der medienrechtlichen Konzentrationskontrolle im Zuge der deutschen Umsetzung des EMFA anzupassen ist.

4.8.2.8 Keine Auswirkungen auf § 63 MStV

Die von der Kommission vorgeschlagene Öffnungsklausel hatte den Mitgliedstaaten lediglich ausführlichere, aber keine strengeren nationalen Vorschriften zugestanden. In der als Dissertation abgegebenen Version dieser Arbeit wurden die die sich daraus ergebenden theoretischen Konsequenzen für § 63 MStV (Veränderung von Beteiligungsverhältnissen) näher untersucht. Die vom Verfasser

---

642 *Bundeskartellamt,* Bundeskartellamt untersagt Online-Video-Plattform von RTL und Pro7Sat1; *Bundeskartellamt,* Bundeskartellamt gibt den Erwerb der Frankfurter Rundschau durch die FAZ frei; *Bundeskartellamt,* Pläne für ARD und ZDF Online-Plattform „Germany's Gold" aufgegeben; *Bundeskartellamt,* Bundeskartellamt untersagt der Funke Mediengruppe die vollständige Übernahme des Verlags der „Ostthüringer Zeitung".

hier befürchtete Nivellierung des deutschen Schutzniveaus wird erfreulicherweise durch die finale Fassung von Art. 1 Abs. 3 vermieden, da nunmehr auch strengere nationale Vorschriften festgelegt oder beibehalten werden können.

Damit kann die bewährte, praxisgerechte Anmeldepflicht gemäß § 63 MStV trotz der weniger strikten Regelung in Art. 22 Abs. 1 Satz 2 lit. b weiterhin angewandt werden. Nach § 63 Satz 1 MStV ist jede geplante Veränderung von Beteiligungsverhältnissen oder sonstigen Einflüssen bei der zuständigen LMA vor ihrem Vollzug schriftlich anzumelden. Die KEK hat von der Ermächtigung in § 63 Satz 6 MStV Gebrauch gemacht und durch die im April 2023 überarbeitete Meldepflicht-RL für bestimmte Bagatellfälle Ausnahmen von der Anmeldepflicht statuiert. In der abschließenden Erwägung im Einleitungsteil dieser Richtlinie betont die KEK, dass

> Verfahrenserleichterungen jedoch nur soweit reichen dürfen, als dadurch nicht das Ziel der Sicherung der Meinungsvielfalt und die Herstellung der hierfür erforderlichen Transparenz beeinträchtigt werden.[643]

4.8.2.9 Zuständigkeit oder maßgebliche Einbeziehung der NRB

Gemäß Art. 22 Abs. 1 Satz 2 lit. c übertragen die im nationalen Recht festzulegenden Vorschriften den NRB die Zuständigkeit für die Bewertung (Alternative 1) oder stellen sicher, dass sie in die Bewertung maßgeblich einbezogen werden (Alternative 2).[644]

Diese Regelung überlässt dem nationalen Gesetzgeber die Entscheidung, welche der beiden gleichrangigen Alternativen umgesetzt werden soll. Bei Realisierung von Alternative 2 muss im nationalen Recht festgelegt werden, welcher Behörde (anstelle der NRB) diese Zuständigkeit übertragen wird und welche Verbindlichkeit dem Votum der maßgeblich einzubeziehenden NRB tatsächlich zukommen soll. Für die Verfahrensbeteiligung der NRB kommen grundsätzlich folgende Varianten in Betracht:

- Die zuständige Behörde kann nur im Einvernehmen mit der NRB entscheiden.[645]

---

643 *KEK*, De-minimis-Richtlinie für Anmeldepflichten – Meldepflicht-RL.

644 Im EMFA-E war hier noch von der NRB (im Singular) die Rede. Der finale Text berücksichtigt nunmehr die föderale Struktur der Medienaufsicht in Belgien und Deutschland.

645 Stärkste Beteiligungsform, siehe bspw. Ernst/Zinkahn/Bielenberg/Krautzberger-*Söfker* BauGB § 36, Rn. 26.

- Die zuständige Behörde muss vor der Entscheidung das Benehmen mit der NRB herstellen.[646]
- Die zuständige Behörde muss der NRB Gelegenheit zur Stellungnahme geben. Diese Stellungnahme wäre für die zuständige Behörde nicht bindend, sondern müsste lediglich berücksichtigt werden.[647]

Die letztgenannte Variante scheidet als Option des nationalen Gesetzgebers aus, da eine NRB bei dieser vergleichsweise schwachen Beteiligungsform nicht „maßgeblich“ einbezogen würde.

Der europäische Gesetzgeber erläutert in ErwG 65 folgendermaßen:

> Nationale Regulierungsbehörden oder -stellen, die über spezifisches Fachwissen im Bereich des Medienpluralismus verfügen, sollten in die Bewertung der Auswirkungen von Zusammenschlüssen auf dem Medienmarkt auf den Medienpluralismus und die redaktionelle Unabhängigkeit einbezogen werden, sofern es sich bei ihnen nicht selbst um die benannten Behörden oder Stellen handelt. Die Einbeziehung dieser nationalen Regulierungsbehörden oder -stellen sollte wesentlich sein, indem beispielsweise sichergestellt wird, dass ihre Auffassungen bei der wettbewerbsrechtlichen Bewertung berücksichtigt werden. [Herv. A.F.]

Der hervorgehobene Passus im vorstehenden Zitat ist ebenso bemerkenswert wie irritierend. Der Gesetzgeber scheint entgegen der ausdrücklichen Klarstellung in Art. 22 Abs. 1 Satz 3 davon auszugehen, dass eine autonome medienrechtliche Bewertung von Zusammenschlüssen auf dem Medienmarkt entbehrlich ist, sofern die Auffassungen der NRB bei der wettbewerbsrechtlichen Bewertung berücksichtigt werden. Es wäre keine Überraschung, wenn der Bund diese Argumentation in der rechtspolitischen Diskussion über Auswirkungen des EMFA auf das Medienkartellrecht aufgreifen sollte.

4.8.2.9.1 Optionen des deutschen Gesetzgebers

Eine NRB ist nach Art. 2 Nr. 12 die von den Mitgliedstaaten gemäß Art. 30 Abs. 1 Satz 1 AVMD-RL benannte Behörde oder Stelle. Inhalt und Zeitpunkt dieser Benennung durch Deutschland konnten vom Verfasser anhand öffentlich zugänglicher Quellen nicht in Erfahrung gebracht werden. Die Kommission als Adressatin dieser Benennungen sorgt hier für Transparenz, indem sie eine entsprechende Liste der Regulierungsbehörden der EU im Bereich audiovisuelle

646 Zum "dritten Weg" zwischen Anhörung und Einvernehmen BeckOK InfoMedienR-*Müller-Terpitz* MStV § 59, Rn. 33.

647 Schwächste Beteiligungsform, siehe bspw. § 42 Abs. 5 Satz 2 GWB.

Mediendienste vorhält.[648] Mit Ausnahme Belgiens[649] und Deutschlands haben sämtliche Mitgliedstaaten jeweils eine zentrale NRB benannt. Die deutsche Benennung umfasst eine Liste aller 14 LMA[650], die gemeinschaftliche Dachmarke „die medienanstalten“[651] sowie die Kontaktdaten des Beauftragten für Europa der DLM.

Solange diese Benennung Bestand hat, werden die Länder als zuständiger Gesetzgeber durch Art. 22 Abs. 1 Satz 2 lit. c verpflichtet, den LMA die Zuständigkeit für die Bewertung zu übertragen oder sicherzustellen, dass die LMA in die Bewertung maßgeblich einbezogen werden.

Diese Kompetenz wird künftig im Außenverhältnis bei beiden Alternativen durch die im Einzelfall zuständige LMA (§ 106 MStV) wahrgenommen. Falls wegen der Unternehmenssitze der Beteiligten mehrere LMA örtlich betroffen sind, ist gemäß § 106 Abs. 1 Satz 2 MStV ausschließlich die LMA zuständig, die zuerst mit der Sache befasst wurde. Das für das zulassungspflichtige private Fernsehen konzipierte Strukturprinzip der zuständigen LMA kann auch dann praktikabel angewandt werden, wenn an einem länderübergreifenden Zusammenschluss allein Presseverlage oder Anbieter anderer zulassungsfreier Mediendienste beteiligt sind.

Für das Innenverhältnis müssen die Länder gesetzlich regeln, welche zentrale Kommission (als Organ der zuständigen LMA) die Bewertung von meldepflichtigen Zusammenschlüssen auf dem Medienmarkt vorzunehmen hat. Im Sinne des oben zitierten ErwG 65 sollte für diese komplexe Aufgabe „spezifisches Fachwissen im Bereich des Medienpluralismus“ konsequent genutzt werden. Daher erscheint es naheliegend, die einschlägige Kompetenz und langjährige Erfahrung der KEK[652] entsprechend zu berücksichtigen und diese bundesweite Kommission mit einem angepassten Aufgaben- und Verantwortungsbereich zu betrauen. Im Zuge einer solchen Reform sollten – wie bereits erwähnt – die persönlichen Voraussetzungen für die Sachverständigen der KEK in § 104 Abs. 5 Satz 1 Nr. 1 MStV aufgabengerecht novelliert werden.

In der Frühphase der deutschen Fachdiskussion über den EMFA-E wurde von Cole noch die Auffassung vertreten, dass der Vorschlag nicht so interpretiert werden könne, dass bspw. die Presse automatisch den LMA und Ihrer

648 *European Commission,* Audiovisual Regulators in Member States.
649 Drei NRB (für Wallonien, Flandern und die Deutschsprachige Gemeinschaft).
650 *Die Medienanstalten,* Adressen aller Landesmedienanstalten.
651 *Die Medienanstalten,* Über uns.
652 *KEK,* KEK zieht Bilanz ihres 25-jährigen Bestehens.

Regulierung unterfallen werde.[653] Unter Berücksichtigung des Wortlauts von Art. 21 Abs. 1 Satz 2 lit. c EMFA-E hat er diese Position später angepasst:

> The assessment shall be carried out by the national regulatory authorities (Art. 21(1) (c)) which in many Member States would amount to an extension of the competences of these authorities.[654]

Welchen Stellenwert der bevorstehende Kompetenzzuwachs der LMA bekommt, wird maßgeblich davon abhängen, welche der beiden Alternativen der Gesetzgeber präferieren wird. Falls die Länder der KEK als Organ der jeweils zuständigen LMA diese Zuständigkeit übertragen, ist damit ein signifikanter Bedeutungszuwachs verbunden. Sollte der Gesetzgeber hingegen die Zuständigkeit einer anderen staatsfernen Behörde festlegen und die KEK in deren Bewertung (nur) maßgeblich einbeziehen, wird es in der Praxis darauf ankommen, welcher Grad an Verbindlichkeit den Voten der KEK zukommen wird. Falls die zuständige Behörde verpflichtet wird, mit der KEK Einvernehmen herzustellen, wird eine derart ausgeprägte Beteiligung bei der Bewertung meldepflichtiger Zusammenschlüsse auf dem Medienmarkt dieser Kommission erheblichen Einfluss auf die Sicherung einer pluralistischen Medienlandschaft vermitteln.

4.8.2.10 Eigenständigkeit der medienrechtlichen Bewertung

Art. 22 Abs. 1 Satz 3 stellt explizit klar, dass sich die in Absatz 1 genannte Bewertung von Zusammenschlüssen auf dem Medienmarkt von den wettbewerbsrechtlichen Bewertungen nach Unionsrecht oder nationalem Recht unterscheidet.[655]

Diese Normierung auf europäischer Ebene könnte eine in Deutschland seit vielen Jahren geführte rechtspolitische Diskussion über die Sinnhaftigkeit der eigenständigen medienrechtlichen Konzentrationskontrolle letztlich beenden. Nach entsprechenden Vorschlägen aus dem Umfeld der privaten Rundfunkunternehmen[656] hatte der Wissenschaftliche Beirat beim Bundesministerium für Wirtschaft und Technologie (BMWT) im Jahr 1999 ebenso pointierte wie provokante Thesen folgender Art veröffentlicht:

---

653 So explizit Cole bei *Cole/Ukrow/Ory*, Webinar des EMR (Webstream), ab Stunde 01:37.

654 *Cole/Etteldorf*, EMFA Background Analysis, S. 36.

655 Insb. Art. 101 f. AEUV, FKVO und GWB.

656 Neben dem VPRT insb. die *Bertelsmann Stiftung*, Kommunikationsordnung 2000.

> Sichert das Kartellrecht die Funktionsfähigkeit des wirtschaftlichen Wettbewerbs, schützt es damit zugleich auch die Meinungsvielfalt. Als Rest an publizistischer [sic] Problemen bleibt nur die Besorgnis, neue oder abweichende Meinungen könnten aus ökonomischen Gründen nicht hinreichend zu Gehör kommen. Um dieses Ergebnis zu vermeiden, genügt die konsequente Anwendung des Kartellrechts.[657]

Dem Beirat war dabei bewusst, dass der ersatzlose Wegfall des Medienkonzentrationsrechts Änderungen in der Rechtsprechung des Bundesverfassungsgerichts voraussetzen würde.[658]

Den als Thesen formulierten Forderungen des Beirats wird seither in der Literatur nachhaltig widersprochen.[659] Neben Kritik am methodischen Vorgehen des Beirats wird insbesondere auf die unterschiedlichen Zielsetzungen im Kartell- und Medienkonzentrationsrecht sowie auf bestehende Defizite des Kartellrechts hingewiesen. Die KEK fasst diese Argumentation folgendermaßen zusammen:

> Der Zweck der kartellrechtlichen Regelungen besteht in der Aufrechterhaltung des ökonomischen Wettbewerbs im Sinne einer Missbrauchsaufsicht, nicht aber in der präventiv ausgestalteten Sicherung von Meinungsvielfalt. Marktmacht und Meinungsmacht sind nicht deckungsgleich. Das Erstarken eines Medienunternehmens durch internes Wachstum wird beispielsweise kartellrechtlich nicht erfasst, kann aber zu vorherrschender Meinungsmacht führen.[660]

4.8.2.11 Leitlinien der Kommission zu den „Elementen“

Nach Art. 22 Abs. 1 Satz 2 lit. d Alt. 2 müssen Kriterien für die Bewertung der Auswirkungen von Zusammenschlüssen auf dem Medienmarkt auf Medienpluralismus und redaktionelle Unabhängigkeit im nationalen Recht vorab festgelegt werden. Die Gesetzgeber der Mitgliedstaaten sind bei Festlegung dieser Kriterien verpflichtet, die zahlreichen Elemente gemäß Art. 22 Abs. 2 zu berücksichtigen. Die Kommission gibt mit Unterstützung des Boards Leitlinien zu den in Abs. 2 lit. a, b und c genannten Elementen heraus.

In der ersten Version dieser Arbeit musste sich der Verfasser noch mit dem weiteren Begriff Faktoren beschäftigen und sah sich zu der Bemerkung

---

657 *Wissenschaftlicher Beirat beim BMWT,* “Offene Medienordnung”, Rn. 25.
658 *Wissenschaftlicher Beirat beim BMWT,* “Offene Medienordnung”, Rn. 1.
659 *Kübler,* ZRP 2000, 131; *Gounalakis,* AfP – Zeitschrift für das gesamte Medienrecht 2004, 394; BeckOK InfoMedienR-*Müller-Terpitz* MStV § 60, Rn. 7 ff; *Beckmann/ Müller,* Teil 10 Kartellrecht, Rn. 19 ff.
660 *KEK,* 21. Jahresbericht 2018/2019, S. 6.

veranlasst, dass die von der Kommission vorgeschlagene Begriffstrias aus *Kriterien, Elemente und Faktoren* den grundsätzlich vorbildlichen Ansprüchen der Union an die Klarheit und Genauigkeit von Rechtstexten kaum gerecht werde.[661] Daher ist uneingeschränkt zu begrüßen, dass die ominösen „Faktoren“ nunmehr aus dem finalen Verordnungstext verschwunden sind.

Die AVMD-RL hatte der Kommission in Art. 13 Abs. 7 und 33a Abs. 3 bereits eine Befugnis zur Herausgabe von Leitlinien übertragen. Die Kommission konnte diesen zweifachen Auftrag des Unionsgesetzgebers inzwischen erfüllen.[662] Beide Leitlinien erwähnen im Text eher beiläufig, dass sie nicht verbindlich sind. Demgegenüber sollten Leitlinien auf der Grundlage von Art. 21 Abs. 3 EMFA-E für die NRB verbindlichen Charakter bekommen. Diesem Wunsch der Kommission ist der Gesetzgeber allerdings nicht gefolgt. Somit werden die künftigen Leitlinien gemäß Art. 22 Abs. 3 für NRB nicht rechtsverbindlich sein, sondern hoffentlich eine nützliche Orientierungshilfe geben.

Die Voraussetzungen einer Delegation von Rechtsetzungsbefugnissen auf die Kommission sind in Art. 290 Abs. 1 AEUV geregelt. Danach kann der Kommission die Befugnis übertragen werden, Rechtsakte ohne Gesetzescharakter mit allgemeiner Geltung zur Ergänzung oder Änderung bestimmter nicht wesentlicher Vorschriften des betreffenden Gesetzgebungsaktes zu erlassen. Im Katalog der Rechtsakte in Art. 288 AEUV ist die „Leitlinie“ nicht enthalten. Dies allein steht der hier in Rede stehenden Delegation auf die Kommission allerdings nicht entgegen, da Art. 288 AEUV die Rechtsakte der Union nicht abschließend charakterisiert und daher weitere Handlungsformen wie u.a. die Leitlinie eröffnet sind.[663]

Nach Art. 290 Abs. 1 UAbs. 2 Satz 2 AEUV sind die wesentlichen Aspekte eines Bereichs dem Gesetzgebungsakt vorbehalten und eine Befugnisübertragung auf die Kommission ist für sie deshalb ausgeschlossen. Daher stellt sich die Frage, ob Leitlinien der Kommission zu bestimmten Elementen wesentliche Aspekte des Regelungsbereiches von Art. 22 betreffen könnten.

In der allein auf den EMFA-E bezogenen ersten Version dieser Arbeit hatte der Verfasser noch gemutmaßt, dass die Kommission mit diesen Leitlinien sowohl medienspezifische als auch medienübergreifende Schwellenwerte festlegen werde, die von NRB dann selbst bei einer Kollision mit dem nationalen

---

661 *Europäische Union,* Leitfaden für Rechtstexte der EU.

662 Mitteilung der Kommission vom 07.07.2020, ABl. EU 2020 C 223, 10; Mitteilung der Kommission vom 23.02.2023, ABl. EU 2023 C 66, 3.

663 Dazu Streinz-*Schroeder* AEUV Art. 288, Rn. 2.

Recht zu berücksichtigen wären. Nachdem der europäische Gesetzgeber diesen Leitlinien aber keine verbindliche Wirkung zuerkannt hat, wurde dieser Spekulation des Autors nachträglich der Boden entzogen. Der nachfolgende Passus zum Wesentlichkeitsvorbehalt in der europäischen Rechtspraxis hat daher im Hinblick auf den finalen EMFA lediglich theoretischen Charakter.

Die vom Verfasser ursprünglich unterstellte Festlegung von Schwellenwerten durch die Kommission hätte zur Untersagung von Zusammenschlüssen auf den Medienmarkt führen können und wäre daher für betroffene Unternehmen grundrechtsrelevant gewesen. Die vom Bundesverfassungsgericht geprägte Wesentlichkeitstheorie[664] würde hier aufgrund des klaren Grundrechtsbezugs der Maßnahme zu dem Ergebnis führen, dass derart wesentliche Aspekte eines Bereichs unmittelbar im Basisrechtsakt EMFA geregelt werden müssten.

Der EuGH hat die in der deutschen Rechtsordnung bewährte Definition der Wesentlichkeit für das Europarecht nicht aufgegriffen.[665] Wesentlich sind nach seiner Rechtsprechung „nämlich nur solche Bestimmungen, durch die die grundsätzlichen Ausrichtungen der Gemeinschaftspolitik umgesetzt werden".[666] Bei dieser Bewertung berücksichtigt der EuGH die Anforderungen der Praxis und geht nach eigener Aussage großzügig zugunsten der Kommission vor.[667] Der Gerichtshof hält es dementsprechend für zulässig, der Kommission eine „weitgehende Beurteilungs- und Handlungsbefugnis" zu übertragen.[668]

Im Ergebnis ist der folgenden, tendenziell kritischen Feststellung Nettesheims nichts hinzuzufügen, obgleich dies Juristen schwerfallen mag, die durch das deutsche Verfassungsrecht geprägt wurden:

> Mit Blick auf die Rechtsprechung lässt sich insofern feststellen, dass der Delegation an die Kommission durch den Wesentlichkeitsvorbehalt bislang noch keine wirklich klar erkennbaren Grenzen gesetzt werden; **er stellt sich der politischen Praxis nicht in den Weg.** Dementsprechend hat der EuGH bis dato auch noch keinen Basisrechtsakt wegen Unvereinbarkeit mit der Wesentlichkeitsschwelle für nichtig erklärt.[669]

---

664 Vgl. nur *BVerfG*, NJW 1998, 2515, 2520.

665 Vgl. *Riedel*, EuR 2006, 512, 518; *Möllers/Achenbach*, EuR 2011, 39, 49.

666 *EuGH*, Urt. v. 27.10.1997 – C-240/90 – Deutschland/Kommission, Rn. 37; Urt. v. 06.07.2000 – C-356/97 – Molkereigenossenschaft Wiedergeltingen, Rn. 21.

667 *EuGH*, Urt. v. 19.11.1998 – Portugal/Kommission, Rn. 40.

668 So schon zum Agrarrecht *EuGH*, Urt. v. 11.03.1987 – 279/84 – Walter Rau Lebensmittelwerke, Rn. 14.

669 Grabitz/Hilf/Nettesheim-*Nettesheim* AEUV Art. 290, Rn. 40.

4.8.2.12 Konsultationspflicht der NRB zu Entwürfen

Wenn ein Zusammenschluss auf dem Medienmarkt das Funktionieren des Binnenmarkts für Mediendienste wahrscheinlich beeinträchtigt, konsultiert die betroffene NRB das Board vorab zu ihrem Entwurf der Bewertung oder Stellungnahme (Art. 22 Abs. 4). Falls eine solche Beeinträchtigung des Binnenmarkts für Mediendienste aber unwahrscheinlich oder auszuschließen ist, kann die zuständige NRB ihre Bewertung oder die beteiligte NRB ihre Stellungnahme in eigener Verantwortung beschließen und auf eine Konsultation des Boards verzichten. In diesen Fällen wird der mit einer Konsultation stets verbundene Verwaltungsaufwand für beide Seiten vermieden. Der Prognose über die Wahrscheinlichkeit einer Beeinträchtigung des Binnenmarkts durch einen Zusammenschluss auf dem Medienmarkt dürfte in der künftigen Praxis erhebliche Relevanz zukommen. In Grenzfällen wird es voraussichtlich zu Meinungsverschiedenheiten zwischen der betroffenen NRB und dem Board kommen.

In ErwG 67 nennt der Gesetzgeber exemplarisch Konstellationen, die zu einer Beeinträchtigung des Binnenmarkts für Mediendienste führen könnten:

> Dies wäre beispielsweise der Fall, wenn solche Zusammenschlüsse mindestens die Übernahme eines Unternehmens oder durch ein Unternehmen betreffen, das in einem anderen Mitgliedstaat niedergelassen ist oder das grenzübergreifend tätig ist, oder wenn sie dazu führen, dass Mediendiensteanbieter einen erheblichen Einfluss auf die Bildung der öffentlichen Meinung in einem bestimmten Medienmarkt haben und dies möglicherweise Einfluss auf das Publikum im Binnenmarkt haben kann.

Die bemerkenswerte Unbestimmtheit dieser Beispiele scheint darauf hinzudeuten, dass Parlament und Rat (wie schon die Kommission im EMFA-E) noch nicht mit letzter Präzision beschreiben können, in welchen besonderen Fallsituationen Zusammenschlüsse auf dem Medienmarkt das Funktionieren des Binnenmarkts wahrscheinlich beeinträchtigen. Eine klarere Konturierung dieses auch kompetenzrelevanten Tatbestandsmerkmals wird sich voraussichtlich erst in der Praxis entwickeln, insbesondere durch Stellungnahmen des Boards und ggf. der Kommission gemäß Art. 23.

4.8.2.12.1 Praktische Konsequenzen am Beispiel der KEK

Die nachfolgende Untersuchung unterstellt, dass die KEK (in aufgabengerechter Zusammensetzung) als zentrales Organ der LMA für die Bewertung von Zusammenschlüssen auf dem Medienmarkt zuständig wird bzw. hinsichtlich des bundesweiten privaten Fernsehens zuständig bleibt. Falls die Länder den LMA die volle Zuständigkeit gemäß Art. 22 Abs. 1 Satz 2 lit. c Alt. 1 nicht übertragen sollten, wird die maßgeblich einzubeziehende KEK ihre Bewertung in Form einer Stellungnahme gegenüber der benannten Behörde vornehmen.

Die KEK wird unter den Voraussetzungen von Art. 22 Abs. 4 verpflichtet sein, das Board vorab zum Entwurf einer Bewertung oder Stellungnahme zu konsultieren. Im EMFA-E war noch vorgesehen, dass das Board innerhalb einer bemerkenswert kurzen Frist von 14 Kalendertagen zu einem Konsultationsentwurf Stellung nehmen sollte. Der Gesetzgeber hat diesen Vorschlag indes nicht übernommen, sondern das Board in Art. 22 Abs. 5 ermächtigt, diese Frist in seiner Geschäftsordnung selbst festzulegen. Nach Vorlage der Stellungnahme des Boards wird die KEK gemäß Art. 22 Abs. 6 Satz 1 verpflichtet sein, diese Stellungnahme „bestmöglich" zu berücksichtigen. Falls die KEK der Stellungnahme des Boards ganz oder teilweise nicht folgt, muss sie dem Board und der Kommission innerhalb der vom Board in seiner Geschäftsordnung festgelegten Frist eine begründete „Rechtfertigung" vorlegen, in der sie ihren Standpunkt darlegt.

Das neue Konsultationsverfahren wird auch die KEK in ein präventiv konzipiertes Kontrollsystem einbeziehen, mit dem der Gesetzgeber (weiteren) Fehlentwicklungen im Bereich der Medienkonzentration vorbeugen will. Stellungnahmen des Boards sollen bewusst diejenigen NRB noch rechtzeitig unter Druck setzen, die ihrer Regierung genehme Zusammenschlüsse auf dem Medienmarkt ungeachtet verlorengehender Meinungsvielfalt unkritisch freigeben wollen. Vor diesem teleologischen Hintergrund kann die KEK einem künftigen Diskurs mit dem Board selbstbewusst entgegensehen. Die Geschäftsordnung der KEK[670] wird voraussichtlich an die vom Board in seiner Geschäftsordnung festzulegenden Fristen anzupassen sein.

4.8.2.13 Ergebnis

Art. 22 Abs. 1 und 2 enthält eine „hinkende Verordnung", die erst nach ihrer Umsetzung in nationales Recht Wirksamkeit entfalten kann. Die Mitgliedstaaten müssen ein vom Kartellrecht unabhängiges Medienkonzentrationsrecht schaffen oder ggf. anpassen. Da der EMFA als Verordnung keine Umsetzungsfrist enthält und somit keinen Zeitdruck auslösen kann, wird die schon per se komplexe nationale Gesetzgebung voraussichtlich viel Zeit in Anspruch nehmen. Selbst bei der mit einer präzisen Frist versehenen AVMD-RL war die Umsetzungsdisziplin vieler Mitgliedstaaten schlecht.

---

670 *KEK*, Geschäftsordnung (zuletzt geändert am 09.05.2023).

Die medienrechtliche Melde- und Bewertungspflicht auf dem Mindestniveau des EMFA wird ausschließlich Zusammenschlüsse im Sinne von Art. 3 FKVO betreffen. Demzufolge werden Erwerb oder Veräußerung nicht kontrollierender Minderheitsbeteiligungen an einem Medienunternehmen weder melde- noch bewertungspflichtig. Da die finale Öffnungsklausel des EMFA strengere Vorschriften der Mitgliedstaaten jetzt doch zulässt, kann § 63 MStV, der mit Ausnahme von Bagatellfällen eine Anmeldepflicht für jede geplante Beteiligungsveränderung statuiert, aber weiterhin angewandt werden.

Der EMFA wird jeden Mitgliedstaat verpflichten, nationale Medienkonzentrationsvorschriften festzulegen, die sämtliche Mediendienste im Sinne des EMFA (lineare und nichtlineare Video- und Audioangebote sowie Presseveröffentlichungen) erfassen müssen. Da diese Mediendienste bei Zusammenschlüssen in unterschiedlichen Kombinationen beteiligt sein können, muss das nationale Recht den Einfluss der verschiedenartigen Mediendienste auf die individuelle und öffentliche Meinungsbildung differenziert berücksichtigen. Falls der andauernde Reformprozess in Deutschland bis zur Geltung von Art. 22 nicht abgeschlossen ist, sollte der EMFA den Ländern den finalen Impuls geben, dass sie über eine grundlegende Reform des Medienkonzentrationsrechts nunmehr Einvernehmen herzustellen haben.

Durch den EMFA wird der Gesetzgeber verpflichtet, den LMA die Zuständigkeit für die Bewertung bestimmter Zusammenschlüsse auf dem Medienmarkt zu übertragen oder die LMA in diese Bewertung maßgeblich einzubeziehen. Die Relevanz dieser Kompetenzerweiterung wird im Wesentlichen davon abhängen, welche der drei hier denkbaren Gesetzgebungsoptionen (Zuständigkeit, Einvernehmen oder Benehmen) die Länder umsetzen werden. Das Strukturprinzip der zuständigen LMA kann auch hinsichtlich zulassungsfreier Mediendienste wie der Presse beibehalten werden. Aufgrund des spezifischen Fachwissens der KEK im Bereich der Vielfaltsicherung wäre es stringent, dieser zentralen Kommission bei Umsetzung des EMFA eine erweiterte Organzuständigkeit einzuräumen.

Die Kompetenz der Kommission zur Herausgabe von nicht verbindlichen Leitlinien zu „Elementen" erscheint nach relevanten Textänderungen im Gesetzgebungsverfahren nicht länger problematisch.

Das hinzukommende Konsultationsprozedere mit dem Board kann sich auf den organisatorischen Ablauf und die Gesamtdauer binnenmarktrelevanter KEK-Verfahren auswirken. Vor dem Hintergrund der bisherigen (zwangsläufig fernsehzentrierten) Spruchpraxis der KEK ist grundsätzlich nicht zu erwarten, das inhaltliche Konflikte mit dem Board und/oder der Kommission auftreten werden.

Kapitel 5: Zusammenfassung in Thesen

Die folgenden Thesen fassen die wesentlichen Ergebnisse dieser Arbeit in möglichst prägnanter Form zusammen. Auf eine Wiederholung der bereits dargestellten juristischen Details wird dabei weitgehend verzichtet. Die Reihenfolge der Thesen orientiert sich am Aufbau dieser Arbeit und nicht an ihrer mutmaßlichen Relevanz für den medienrechtlichen und medienpolitischen Diskurs.

5.1 Rechtsgrundlage, Subsidiarität und Handlungsform

1. Die Voraussetzungen der auf Art. 114 AEUV gestützten Binnenmarktkompetenz der Union werden für die europäische Rechtspraxis ausschließlich vom EuGH bestimmt. Nach dessen Rechtsprechung muss ein Rechtsakt den Zweck haben, gegen spürbare Wettbewerbsverzerrungen vorzugehen, um das Funktionieren des Binnenmarkts zu verbessern. Sofern diese Voraussetzungen erfüllt sind, ist das Verfolgen weiterer Ziele mit maßgebender Bedeutung für den Rechtsakt nicht kompetenzschädlich. Daher sind die Vorschriften des EMFA für private Mediendienste trotz ihrer maßgeblich kulturellen Zielsetzung von der Binnenmarktkompetenz der EU gedeckt.
2. Eine Binnenmarktkompetenz der EU zur Regulierung öffentlich-rechtlicher Medien setzt ebenfalls die Existenz spürbarer Wettbewerbsverzerrungen voraus. Diese Voraussetzungen hat der Gesetzgeber auch in den auf Empfehlung des CLS ergänzten Erwägungsgründen nicht überzeugend dargelegt. Ein ökonomischer Wettbewerbsvorteil durch regierungsnahe Berichterstattung („Staatsfernsehen") ergibt sich aus Reichweitendaten gerade nicht. Wenig überzeugend erscheint zudem die gegenüber dem Bundesrat vertretene These der Kommission, dass bereits die Verbreitung „voreingenommener Informationen und Meinungen" durch öffentlich-rechtliche Medien zu Wettbewerbsverzerrungen führe.
3. Die Subsidiaritätsrügen des Bundesrates und anderer europäischer Parlamente und Parlamentskammern hatten für die Kommission keine formale Wirkung, da das hierfür festgelegte Drittelquorum mit 14 von 54 Stimmen verfehlt wurde. Eine politische Wirkung dieses Instruments ist indes nicht auszuschließen. Der Bundesrat dürfte mit einer gewissen Erleichterung zur Kenntnis genommen haben, dass auch Parlamente bzw. Parlamentskammern aus Frankreich, Dänemark, Portugal, Italien und den Niederlanden entsprechende Beschlüsse gefasst hatten.

4. Bei Auswahl der Handlungsform für Maßnahmen auf der Grundlage von Art. 114 AEUV räumt der EuGH der Kommission einen weiten Ermessensspielraum ein. Einen allgemeinen Vorrang der Richtlinie gibt es in der europäischen Rechtspraxis nicht. Die Kommission muss die Wahl der Handlungsform Verordnung begründen und unterliegt hierbei einer bislang nicht aktivierten Missbrauchskontrolle durch den EuGH. Das vorgeschlagene „Rechtsinstrument" begründet die Kommission hier stringent mit der Notwendigkeit seiner schnelleren Wirkung, negativen Erfahrungen mit der Umsetzung der AVMD-RL und der Einrichtung des Boards als neue Institution. Der Gesetzgeber hat durch Annahme des EMFA zum Ausdruck gebracht, dass er diese Begründung der Kommission akzeptiert.

5.2 Anwendungsvorrang des Unionsrechts

5. Der EMFA wird die Geltung entgegenstehender Vorschriften deutscher Mediengesetze und anderer betroffener Gesetze unberührt lassen. Gerichte und Verwaltungsbehörden dürfen das mit dem EMFA kollidierende nationale Recht aber nicht länger anwenden. Dieses Gebot der Nichtanwendung europarechtswidriger Normen kann insbesondere die Einheitlichkeit der Rechtsanwendung des MStV durch die LMA beeinträchtigen. Daher sollte der Gesetzgeber unverzüglich reagieren und dem EMFA entgegenstehende Regelungen – soweit nötig – aufheben, ändern oder klarstellen.

5.3 Verfassungsrechtliche Kontrollkompetenzen

6. Europäische Rechtsakte wie der EMFA können der Ultra-vires-Kontrolle und der Identitätskontrolle durch das Bundesverfassungsgericht unterliegen. Die Ausübung dieser Prüfungskompetenzen folgt dem Grundsatz der Europarechtsfreundlichkeit des Grundgesetzes. Im Rahmen der Identitätskontrolle wird geprüft, ob Unionsrecht den unantastbaren Kerngehalt der deutschen Verfassungsidentität wahrt. Im Lissabon-Urteil des Bundesverfassungsgerichts werden auch kulturelle Fragen wie die „Ordnung der Pressefreiheit" explizit dem Identitätskern des Grundgesetzes zugeordnet. Diesem Detail der Urteilsbegründung könnte bei einer durch die Presse angestrengten verfassungsgerichtlichen Überprüfung des EMFA hohe Relevanz zukommen.

5.4 Allgemeine Bestimmungen

7. Die Öffnungsklausel erlaubt den Mitgliedstaaten, ausführlichere oder strengere Vorschriften in Teilbereichen des EMFA zu erlassen. Damit steht es dem nationalen Gesetzgeber frei, strengere Vorschriften als in einschlägigen Teilen des EMFA zu erlassen oder beizubehalten, um im eigenen Land ein höheres Schutzniveau für Medienfreiheit und -pluralismus zu gewährleisten.
8. Der Regelungsbereich des EMFA wird im Kern durch die legaldefinierten Begriffe „Mediendienst", „Sendung" und „Presseveröffentlichung" determiniert. Mediendienste im Sinne dieser Begriffsbestimmungen sind für die Allgemeinheit bereitgestellte lineare und nichtlineare Video- und Audioangebote sowie Presseveröffentlichungen. Gegenüber diesem weiten Anwendungsbereich erfasst die AVMD-RL ausschließlich lineare Fernsehprogramme und nichtlineare audiovisuelle Mediendienste. Der EMFA wird zum ersten Mal den klassischen Hörfunk, das nichtlineare Audiostreaming sowie die Angebote der Presse ins europäische Medienrecht einbeziehen.
9. Die mit dem EMFA-E vorgeschlagene Begriffsbestimmung „Redakteur" war nur im Kontext weiterer Legaldefinitionen verständlich. Daher ist zu begrüßen, dass der Gesetzgeber auf diesen Begriff verzichtet hat. Auch die verbliebenen Begriffsbestimmungen „redaktionelle Entscheidung" und „redaktionelle Verantwortung" sind im Zusammenhang auszulegen. Im Ergebnis werden redaktionelle Entscheidungen im Sinne des EMFA allein vom Führungspersonal einer Redaktion getroffen. Bei einer größeren Tageszeitung sind das in der Regel die Mitglieder der Chefredaktion und die Ressortleiter.

5.5 Recht der Empfänger von Mediendiensten

10. Das Recht der Rezipienten in Art. 3 auf Zugang zu einer Vielzahl von redaktionell unabhängigen Medieninhalten wird sich auf solche Inhalte aus der gesamten Union beziehen. Die Vorschrift geht aufgrund ihrer Binnenmarktlogik an evidenten Vielfaltsdefiziten einzelner Mitgliedstaaten vorbei, die durch Zugang zu redaktionell unabhängigem Content aus dem EU-Ausland nicht wirksam ausgeglichen werden können. Ein Indiz für den Alibicharakter der Norm ist bereits der quantitative Begriff „Vielzahl", der mit tatsächlicher inhaltlicher Vielfalt nicht gleichgesetzt werden kann.

5.6 Rechte der Mediendiensteanbieter

11. Das allgemeine Einmischungsverbot in Art. 4 Abs. 2 Satz 2 entspricht spiegelbildlich den durch die Rechtsprechung des Bundesverfassungsgerichts geprägten Kommunikationsfreiheiten der Medien als Abwehrrechte gegen staatliche Eingriffe. Jeder Versuch staatlicher Einflussnahme auf redaktionelle, personelle und sonstige Entscheidungen von Mediendiensteanbietern verstößt somit bereits gegen grundrechtlich garantierte Freiheitsrechte. Der EMFA wird an dieser Rechtslage nichts ändern.
12. Das besondere Einmischungsverbot in Art. 4 Abs. 3 Satz 2 lit. b wird sich in Deutschland nicht relevant auswirken, da nach der Rechtsprechung des Bundesverfassungsgerichts und dementsprechend verfassungskonformen Vorschriften der StPO strafprozessuale Zwangsmaßnahmen gegen Medienangehörige unzulässig sind, wenn sie ausschließlich oder vorwiegend dem Zweck dienen, die Person des Informanten zu ermitteln.
13. Das grundsätzliche Verbot des Einsatzes von intrusiver Überwachungssoftware (vulgo: Spähsoftware) in Art. 4 Abs. 3 Satz 2 lit. c berührt das Spannungsverhältnis zwischen Freiheitsrechten der Medien und dem staatlichen Strafverfolgungsinteresse, das ebenfalls Verfassungsrang genießt. Der Katalog schwerer Straftaten im EMFA-E war erheblich kürzer als sein Pendant in der StPO. Der persönliche Schutzbereich sollte beim EMFA-E auch Mitarbeiter ohne jeglichen Bezug zur Redaktionsarbeit einschließen. Daher hatte der Verfasser dem EMFA-E eine in relevanten Details überschießende Tendenz zulasten einer wirksamen Strafverfolgung attestiert. Wegen der vom Rat durchgesetzten umfangreichen Ausnahmeregelung in Art. 4 Abs. 5 ist diese These nunmehr überholt.
14. Der EMFA als sekundäres Unionsrecht kann nichts daran ändern, dass die nationale Sicherheit nach Art. 4 Abs. 2 Satz 3 EUV weiterhin in die alleinige Verantwortung der einzelnen Mitgliedstaaten fällt. Gemäß Art. 4 Abs. 9 sind die im EUV und im AEUV festgelegten Zuständigkeiten der Mitgliedstaaten zu achten.

    Vor der finalen Abstimmung im Rat hatten Frankreich und Italien deshalb Erklärungen abgegeben, wonach der EMFA die Ausübung ihrer Zuständigkeit für die nationale Sicherheit in keiner Weise beeinflussen kann. Den Beteiligten der Trilogverhandlungen dürfte diese Rechtslage sehr wohl bewusst gewesen sein. Dennoch wurde ein politisches Scheingefecht zum Thema „Nationale Sicherheit“ geführt und die Öffentlichkeit insoweit getäuscht.

5.7 Schutz öffentlich-rechtlicher Mediendiensteanbieter

15. Das Amsterdamer Protokoll räumt den Mitgliedstaaten das Recht ein, den öffentlich-rechtlichen Auftrag ihrer Anstalten eigenverantwortlich festzulegen. Die Befugnis der Mitgliedstaaten zur Finanzierung der Rundfunkanstalten ist aber an die Voraussetzung geknüpft, dass diese Finanzierung dem öffentlich-rechtlichen Auftrag „dient". Das Amsterdamer Protokoll sollte daher nicht im Sinne eines Freibriefs verstanden werden, der die Mitgliedstaaten auch zu einer Unter- oder Überfinanzierung ihrer öffentlich-rechtlichen Medien autorisiert. In interessierten Kreisen wird die Regelungskraft des Protokolls gelegentlich überinterpretiert.
16. Die Vorschrift in Art. 5 Abs. 1 wird sich nicht auswirken, da die hier angestrebte „Vielzahl" unparteiischer Informationen und Meinungen eine Mindestharmonisierung beinhaltet, die das in Deutschland verfassungsrechtlich gebotene Vielfaltsniveau öffentlich-rechtlicher Medien nicht erreicht.
17. Verfahren bei einer Intendantenwahl sind künftig von den zuständigen Gremien transparent, offen, wirksam (!) und nichtdiskriminierend durchzuführen. Eine vorherige Konkretisierung dieser unbestimmten Prinzipien auf nationaler Ebene verlangt der EMFA nicht. Innerhalb der Gremien sind insbesondere zunehmende Diskussionen zu erwarten, ob eine öffentliche Ausschreibung der Intendantenstelle nunmehr obligatorisch ist. Für Konkurrentenklagen werden sich zusätzliche Begründungsansätze ergeben.
18. Transparente, objektive, nichtdiskriminierende und verhältnismäßige Findungs- bzw. Wahlkriterien müssen vorab auf nationaler Ebene festgelegt werden. Sowohl das HR-Gesetz als auch der ZDF-StV enthalten keine derartigen Kriterien. Eine Wahl resp. Wiederwahl des Intendanten wird demgemäß bei beiden Anstalten ab dem 08.08.2025 nur unter der Voraussetzung stattfinden können, dass die vom EMFA geforderten Kriterien vorab in den jeweiligen Satzungen der Häuser festgelegt werden.
19. Die Kriterien für eine EMFA-konforme Entlassung des Intendanten müssen gleichfalls vorab auf nationaler Ebene festgelegt werden. Sowohl beim ZDF als auch beim HR kann der Intendant gegenwärtig mit qualifizierter Gremienmehrheit, aber ansonsten voraussetzungslos entlassen bzw. freigestellt werden. Eine solche Amtsenthebung ohne vorherige Festlegung von Kriterien wird ab dem 08.08.2025 nicht mehr möglich sein.
20. Die Beobachterrolle hinsichtlich Einhaltung der Absätze 1 und 3 kann problemlos mit den Gremien und der KEF besetzt werden. Die Beobachtung der Einhaltung von Absatz 2 durch eine unabhängige Behörde oder

Stelle betrifft ein Herzstück der Gremienkompetenz. Die Gremien selbst oder die nicht unabhängigen Staats- und Senatskanzleien kommen für diese Beobachtung nicht in Betracht. In einer pluralen Medienlandschaft werden Intendantenwahlen insbesondere von der überregionalen Presse kritisch beobachtet. Eine zusätzliche amtliche Beobachtung erscheint aus deutscher Sicht wenig sinnvoll, obgleich sie nunmehr obligatorisch wird.

5.8 Pflichten von Mediendiensteanbietern

21. Die Informationspflichten in Art. 6 Abs. 1 lit. a und c werden sich für die Praxis nur unwesentlich auswirken, da diese Daten entweder bereits nach anderen Rechtsvorschriften offenzulegen oder von der Meldepflicht an das Transparenzregister umfasst sind. Wegen unzureichender Bestimmtheit erscheint die Informationspflicht nach Art. 6 Abs. 1 lit b kaum praxistauglich und sollte zeitnah in Richtlinien der Kommission konkretisiert werden.
22. Mediendiensteanbieter werden zur Offenlegung der „Namen" bestimmter Eigentümer auf einer beliebigen Webpage verpflichtet. Relevante Informationen wie die Höhe der Kapital- und Stimmrechtsanteile dieser Eigentümer müssen jedoch nicht zugänglich gemacht werden. Der Informationswert einer bloßen – womöglich alphabetisch sortierten – Namensliste wird überschaubar bleiben. Die Union betont stets die Wichtigkeit von Transparenz, wird aber hier ihrem eigenen Anspruch nur unzureichend gerecht.
23. In Deutschland existiert bereits die von der KEK aufgebaute und gepflegte „Mediendatenbank" mit umfangreichen Informationen über Inhaber- und Beteiligungsverhältnisse in Hörfunk, Fernsehen, Presse und im Onlinebereich. Eine ähnliche, öffentlich zugängliche Datenbank des BKartA besteht nicht. Daher erscheint es naheliegend, die KEK gemäß Art. 6 Abs. 2 mit der Entwicklung der „Deutschen Datenbank zum Medieneigentum" zu beauftragen. Allerdings müsste eine angemessene Finanzierung dieser anspruchsvollen Zusatzaufgabe sichergestellt werden.
24. Der insbesondere von Verlegerverbänden vehement abgelehnte Vorschlag zur sog. inneren Medienfreiheit in Art. 6 Abs. 2 EMFA-E beruht im Kern auf dem Rechtsverständnis der Kommission, wonach die „redaktionelle Gesamtlinie" eines Mediendienstes von Eigentümern und Redakteuren einvernehmlich festgelegt werde. Den Eigentümern stehe das Vorrecht zu,

„strategische oder allgemeine Ziele festzulegen und das Wachstum und die finanzielle Tragfähigkeit ihrer Unternehmen zu fördern".

25. Die somit von der Kommission angenommene Rollenverteilung zwischen Eigentümern und Redakteuren steht nicht im Einklang mit den durch die Rechtsprechung des Bundesverfassungsgerichts geprägten Kommunikationsfreiheiten der Eigentümer von Mediendiensten. Danach sind allein die Eigentümer legitimiert, die politische, religiöse und weltanschauliche Ausrichtung ihres Mediendienstes frei zu bestimmen. Dieser grundrechtlich garantierte Tendenzschutz berechtigt Eigentümer auch zu Weisungen gegenüber der Chefredaktion und einzelnen Journalisten.

26. Art. 6 Abs. 3 erhebt keinen uneingeschränkten Geltungsanspruch, sondern akzeptiert den Vorrang des nationalen Verfassungsrechts. Zudem sind Mediendiensteanbieter berechtigt, jede Maßnahme abzulehnen, die sie selbst für nicht angemessen erachten. Beide Vorbehalte (Cornils: „Angstklauseln") werden nicht nur in Deutschland dazu führen, dass derartige Maßnahmen aus Gründen der nationalen Verfassung und/oder Nichtangemessenheit im Ergebnis weiterhin freiwillig bleiben.

5.9 Unabhängige Medienaufsichtsbehörden

27. Die verfassungsrechtlich problematische Wahl des Direktors einer LMA durch den Landtag war in Baden-Württemberg und im Saarland Usus. Unter dem Druck eines Normenkontrollverfahrens hatte zuletzt das Saarland diese Regelung aufgegeben. Die formale Rechtslage ist in dieser Hinsicht nunmehr bundesweit unproblematisch. Allerdings kann die ausgeprägte Politiknähe einzelner Akteure weiterhin die tatsächliche Unabhängigkeit der jeweiligen LMA beeinträchtigen. Aus Sicht des Verfassers ist die DLM daher in puncto Unabhängigkeit heterogen zusammengesetzt.

28. Die Regelung in Art. 7 Abs. 3 verpflichtet die Mitgliedstaaten, für eine angemessene Ausstattung der NRB zu sorgen. Diese Norm kann als Teil einer Verordnung die Klagebefugnis einer LMA begründen, sofern diese eine offensichtlich nicht angemessene Ausstattung mit finanziellen, personellen und technischen Ressourcen behauptet und darlegt.

5.10 Europäisches Gremium für Mediendienste (Board)

29. Der Bundesrat hatte bereits im September 2016 während des Verfahrens zur Revision der AVMD-RL eine formelle Etablierung der ERGA aus Sorge

um den Stellenwert des Kontaktausschusses kategorisch abgelehnt. Eine ähnliche Position vertreten die öffentlich-rechtlichen Rundfunkanstalten, die in der ERGA (und zukünftig im Board) nicht vertreten sind. Diese Kritik beruht in beiden Fällen auf Skepsis gegenüber einem Expertengremium, das außerhalb der eigenen Einflusssphäre agiert.

30. Das neue Board bleibt im Wesentlichen ein Beratungs- und Unterstützungsgremium für die Kommission, in dem Informationen, Erfahrungen und bewährte Verfahren ausgetauscht und in bestimmten Fällen nicht rechtsverbindliche Stellungnahmen erarbeitet werden. Die im Bundesrat vertretene These vom Board als „EU-Superbehörde zur Medienaufsicht" war schon vor dem Hintergrund des Aufgabenkatalogs in Art. 12 EMFA-E kaum tragfähig.
31. Die Unabhängigkeit des Boards im Verhältnis zur Kommission wurde im Gesetzgebungsverfahren gestärkt. Bestimmte Stellungnahmen wird das Board jetzt in Beratung (statt im Einvernehmen) mit der Kommission erarbeiten. Außerdem kann das Board grundsätzlich auf eigene Initiative – ohne ein Ersuchen der Kommission – Stellungnahmen abgeben. Die Kommission wird zwar das Sekretariat des Boards stellen, muss aber den vom Board angegebenen Bedarf berücksichtigen und das Sekretariat mit angemessenen Ressourcen ausstatten.
32. Die volle Unabhängigkeit der Kommission und ihrer Mitglieder gegenüber den Mitgliedstaaten wird durch primäres Unionsrecht garantiert und gefordert. In der Praxis besteht eine Grauzone politischer Beeinflussung durch die regelmäßig enge Verbindung eines Kommissionsmitglieds zur Regierung und politischen Elite des Heimatstaates.

5.11 Strukturierte Kooperation

33. Die Kommission kommuniziert offen, dass die Einrichtung des Boards und die Einführung strikter Kooperationsregeln darauf abzielen, gegenüber bestimmten Mitgliedstaaten und deren NRB einen „Druckmechanismus" aufbauen zu können. Die strukturierte Kooperation gemäß Art. 14 wird jede um Kooperation oder Unterstützung ersuchte NRB unter signifikanten Handlungsdruck setzen. Die finale Wirkung einer in Beratung mit der Kommission abgegebenen Stellungnahme des Boards auf uneinsichtige NRB sollte indes nicht überschätzt werden.

5.12 Inhalte von Mediendiensteanbietern auf VLOPs

34. Der neue Mechanismus in Art. 18 wird Inhalte registrierter Mediendiensteanbieter auf VLOPs bis zu 24 Stunden vor Aussetzung oder Beschränkung der Sichtbarkeit schützen. Die schnelle Reaktionsmöglichkeit einer VLOP auf bestimmte Inhalte wird durch die sog. 24-hour-must-carry Pflicht bewusst eingeschränkt. Obwohl das „Medienprivileg" in definierten Fällen nicht greifen soll, könnte sich die neue Regelung in der Praxis dahingehend auswirken, dass von Medien verbreitete Desinformation bis zu 24 Stunden online sichtbar bleibt und solange geteilt werden kann.

5.13 Anforderungen an nationale Maßnahmen

35. Die für Rechtstexte der EU typischen allgemeinen Anforderungen an nationale Maßnahmen in Art. 21 Abs. 1 werden sich auf die deutsche Legislative und Exekutive nicht auswirken, da diese Anforderungen deutschen Verfassungsprinzipien und einfachgesetzlich normierten Verfahrensrechten entsprechen.
36 Die Regelung zu Fristen für nationale Verwaltungsverfahren in Art. 21 Abs. 2 wurde im Gesetzgebungsverfahren verbessert. Die Länder sollten hier den Sachverstand der Praxis nutzen und den LMA die gesetzliche Befugnis zur Festsetzung dieser Verfahrensfristen in einer gemeinsamen Satzung oder Richtlinie einräumen.
37. Das in Art. 21 Abs. 3 Satz 2 Alt. 1 statuierte zusätzliche Beschwerderecht für Mediendiensteanbieter wird mit § 110 MStV kollidieren, wonach bei Rechtsmitteln gegen Entscheidungen zentraler Organe der LMA kein Widerspruchsverfahren stattfindet. Der Gesetzgeber muss diese Norm bei Umsetzung von Alternative 1 ändern und kann dabei ein obligatorisches oder ein sog. fakultatives Vorverfahren einführen, das dem betroffenen Mediendiensteanbieter freistellt, ob er Widerspruch oder unmittelbar Klage erheben will.
38. Im Außenverhältnis gegenüber dem von einer Aufsichtsmaßnahme betroffenen Mediendiensteanbieter wird die zuständige LMA sowohl Ausgangs- als auch Widerspruchsbehörde sein. Das im Einzelfall für die Ausgangsentscheidung zuständige zentrale Organ kann einem Widerspruch ggf. noch abhelfen. Mit dieser Entscheidung wird die Zuständigkeit des erstinstanzlichen Organs enden.

39. Für Entscheidungen über Widersprüche gegen Ausgangsentscheidungen der zentralen Organe ZAK, GVK, KEK und KJM müssen die Länder als Gesetzgeber bei Alternative 1 zumindest ein weiteres Gremium („Beschwerdekommission") einrichten. Zur Absicherung der Unabhängigkeit sollte dieses neue zentrale Organ staats- und politikfern, von der ersten Entscheidungsebene personell getrennt und dennoch fachkundig zusammengesetzt sein.
40. Die Bedeutung und Autorität der gegenwärtig vier zentralen Organe wird allein durch die Existenz einer übergeordneten „Beschwerdekommission" beeinträchtigt werden. Der tatsächliche Einflussverlust dieser nur mehr erstinstanzlichen Organe wird wohl im Wesentlichen von der realen Nutzung des hier favorisierten fakultativen Vorverfahrens und der Spruchpraxis der „Beschwerdekommission" abhängen.

5.14 Bewertung von Zusammenschlüssen auf dem Medienmarkt

41. Durch Art. 22 Abs. 1 und 2 werden die Mitgliedstaaten verpflichtet, ein sämtliche Mediendienste einbeziehendes Medienkonzentrationsrecht zu schaffen oder bestehende Vorschriften anzupassen. Der EMFA hat hier den Charakter einer richtlinienähnlichen Rahmenverordnung, die in der Literatur als „hinkende Verordnung" bezeichnet wird und keine Umsetzungsfrist kennt. Diese Regelungstechnik kann sich angesichts der Erfahrungen mit der AVMD-RL noch als Kardinalfehler erweisen.
42. Melde- und bewertungspflichtig werden auf dem Mindestniveau des EMFA ausschließlich geplante Beteiligungsveränderungen, die zu einer dauerhaften Veränderung der Kontrolle und damit zu einem Zusammenschluss im Sinne von Art. 3 FKVO führen. Der Erwerb einer nicht kontrollierenden Minderheitsbeteiligung kann einen solchen Zusammenschluss nicht bewirken. Die Meldepflicht in § 63 MStV ist dagegen strenger, da sie mit Ausnahme von Bagatellfällen sämtliche Beteiligungsveränderungen erfasst. Dieses höhere Schutzniveau dient auch der Transparenz und sollte unter Nutzung der Öffnungsklausel beibehalten werden.
43. Über eine Reform des anachronistisch wirkenden Medienkonzentrationsrechts wird im Kreis der Länder bereits seit Mitte der 2010er Jahre ohne Resultat und bis dato ausschließlich intern diskutiert. Selbst das Ob einer Reform scheint aus Sicht der in die Beratungen involvierten KEK keineswegs sicher. Falls diese „Hängepartie" bis zur Geltung von Art. 22 andauern

sollte, werden die Länder ab dem 08.08.2025 europarechtlich verpflichtet sein, über eine grundlegende Reform unter Einbeziehung sämtlicher Mediendienste in die konzentrationsrechtliche Bewertung Einvernehmen herstellen zu müssen.

44. Falls den LMA die originäre Zuständigkeit zur Bewertung von Zusammenschlüssen auf dem Medienmarkt übertragen wird, wäre damit ein signifikanter Bedeutungszuwachs verbunden. Sollten die LMA in die Bewertung einer anderen Behörde maßgeblich einbezogen werden, stehen als Regulierungsoptionen „Einvernehmen“ oder „Benehmen“ zur Verfügung. Ein bloßes Recht zur Stellungnahme wäre keine maßgebliche Einbeziehung.
45. Unabhängig von den in These 44 genannten Alternativen des Gesetzgebers wird zu regeln sein, welches zentrale Organ der LMA Zusammenschlüsse auf dem Medienmarkt bewerten soll. Im Sinne des europäischen Gesetzgebers sollte für diese komplexe Aufgabe „spezifisches Fachwissen im Bereich des Medienpluralismus“ genutzt werden. Daher erscheint es naheliegend, die auf Sicherung der Meinungsvielfalt spezialisierte KEK mit einem angepassten Aufgaben- und Verantwortungsbereich zu betrauen und in der Zusammensetzung dieser Kommission zusätzlich presserechtliche und medienökonomische Expertise zu berücksichtigen.
46. Der EMFA wird die Eigenständigkeit der medienrechtlichen Bewertung von Zusammenschlüssen auf dem Medienmarkt gegenüber der wettbewerbsrechtlichen Bewertung solcher Zusammenschlüsse explizit und verbindlich festlegen. Damit kann nunmehr eine rechtspolitische Diskussion ad acta gelegt werden, die insbesondere der Wissenschaftliche Beirat beim BMWT schon im Jahr 1999 mit zugespitzten Thesen zur Entbehrlichkeit der medienrechtlichen Konzentrationskontrolle initiiert hatte.
47. Die Konsultation des Boards soll besonders diejenigen NRB unter Druck setzen, die im Interesse ihrer Regierung bestimmte Zusammenschlüsse auf dem Medienmarkt ungeachtet negativer Folgen für die Meinungsvielfalt freigeben wollen. Vor diesem Hintergrund kann die KEK einem künftigen Diskurs mit dem Board über Entwürfe von Bewertungen oder Stellungnahmen selbstbewusst entgegensehen. Das hinzukommende Konsultationsprozedere wird sich voraussichtlich auf den organisatorischen Ablauf auswirken und kann die Gesamtdauer der KEK-Verfahren verlängern.

6. Anhang

EMFA-E DE CORRIGENDUM vom 16.02.2023 im Dateiformat PDF:
https://eur-lex.europa.eu/legal-content/DE/TXT/HTML/?uri=CELEX%3A52022PC0457R%2801%29

EMFA-E EN vom 16.09.2022 im Dateiformat PDF:
https://eur-lex.europa.eu/legal-content/EN/TXT/PDF/?uri=CELEX:52022PC0457&qid=1713510719246

EMFA DE vom 11.04.2024 im Dateiformat PDF – authentic OJ:
https://eur-lex.europa.eu/legal-content/DE/TXT/PDF/?uri=OJ:L_202401083

EMFA EN vom 11.04.2024 im Dateiformat PDF – authentic OJ:
https://eur-lex.europa.eu/legal-content/EN/TXT/PDF/?uri=OJ:L_202401083

Literaturverzeichnis

Agriculture and Fisheries Council, Voting result, A-item: European Media Freedom Act, Brüssel 26.03.2024, https://video.consilium.europa.eu/event/en/27400 (zugegriffen am 31.3.2024).

Amt für Veröffentlichungen der Europäischen Union, Grünbuch, Luxemburg, https://eur-lex.europa.eu/legal-content/DE/TXT/?uri=LEGISSUM%3Agreen_paper&qid=1690719672148 (zugegriffen am 30.7.2023).

ARD, Final comments on the MFA consultation, Berlin/Potsdam-Babelsberg 17.03.2022, https://ec.europa.eu/info/law/better-regulation/have-your-say/initiatives/13206-Schutz-der-Medienfreiheit-in-der-EU-neue-Regeln/public-consultation_de (zugegriffen am 13.12.2022).

Barthe, Christoph/Gericke, Jan, Karlsruher Kommentar zur Strafprozessordnung, 9. Aufl., München 2023 (zit. als Barthe/Gericke-*Bearbeiter*).

Bauerschmidt, Jonathan, Die Prospektverordnung in der europäischen Kapitalmarktunion, BKR 2019, 324 (zit. als *Bauerschmidt*, BKR 2019).

Baugesetzbuch, Kommentar, 150. Aufl., hrsg. von Michael Krautzberger, Werner Ernst, Willy Zinkahn u.a., München 2023 (zit. als Ernst/Zinkahn/Bielenberg/Krautzberger-*Bearbeiter*).

BDZV/APR/MVFP/VAUNET, Media associations support splitting the European Media Freedom Act, Brüssel, Pressemitteilung vom 13.03.2023, https://vau.net/presse/positionen/emfa-medienverbaende-unterstuetzen-aufteilung-in-verordnung-und-richtlinie/ (zugegriffen am 7.10.2023).

BDZV/MVFP, „Der ‚Media Freedom Act' fördert die Pressefreiheit nicht, er untergräbt sie", Berlin, Pressemitteilung vom 16.09.2022, https://www.bdzv.de/fileadmin/content/6_Service/6-1_Presse/6-1-2_Pressemitteilungen/2022/PDFs/20220916_PM_BDZV_MVFP_Media_Freedom_Act.pdf (zugegriffen am 23.2.2023).

BDZV/MVFP, Rechtsakt zum Schutz der Medienfreiheit („Media Freedom Act"), Kurzposition BDZV und VDZ, Stand 22. März 2022, Berlin, https://ec.europa.eu/info/law/better-regulation/have-your-say/initiatives/13206-Schutz-der-Medienfreiheit-in-der-EU-neue-Regeln/public-consultation_de (zugegriffen am 13.12.2022).

Beaujean, Daniela/Oelke, Christina/Wierny, Thomas, Immer mehr Verordnungen aus Brüssel und ihre Auswirkungen auf die Medienregulierung, Wie viel Handlungsspielraum verbleibt für die Mitgliedstaaten?, MMR 2023, 11 (zit. als *Beaujean/Oelke/Wierny*, MMR 2023).

Beckermann, Benedikt, Widerspruchsverfahren nach Belieben der Behörde?, Das neue niedersächsische Behördenoptionsmodell als Vorbild?, NVwZ 2017, 1431 (zit. als *Beckermann*, NVwZ 2017).

Beckmann, Kirsten/Müller, Ulf, Teil 10 Kartellrecht, in: Thomas Hoeren, Ulrich Sieber, Bernd Holznagel (Hrsg.), Handbuch Multimedia-Recht, Rechtsfragen des elektronischen Geschäftsverkehrs, München 2022 (zit. als *Beckmann/Müller*, Teil 10 Kartellrecht).

BeckOK Grundgesetz, 54. Aufl., hrsg. von Volker Epping, Christian Hillgruber, München 15.02.2023 (zit. als BeckOK Grundgesetz-*Bearbeiter*).

BeckOK Informations- und Medienrecht, 39. Aufl., hrsg. von Hubertus Gersdorf, Boris P. Paal, München 01.02.2023 (zit. als BeckOK InfoMedienR-*Bearbeiter*).

BeckOK VwGO, 65. Aufl., hrsg. von Herbert Posser, Heinrich Amadeus Wolff, Andreas Decker, München 01.04.2023 (zit. als BeckOK VwGO-*Bearbeiter*).

Bernet, David, Democracy – Im Rausch der Daten, Dokumentarfilm über die Entstehung der DSGVO November 2015, https://www.bpb.de/mediathek/video/254194/democracy-im-rausch-der-daten/ (zugegriffen am 3.3.2023).

Bertelsmann Stiftung, Kommunikationsordnung 2000, Innovation und Verantwortung in der Informationsgesellschaft, Gütersloh 1998, https://www.bertelsmann-stiftung.de/de/unsere-projekte/abgeschlossene-projekte/projekt?tx_rsmbstcontent_projectlist%5Baction%5D=show&tx_rsmbstcontent_projectlist%5Bcontroller%5D=Projectlist&tx_rsmbstcontent_projectlist%5Bproject%5D=406&cHash=e882638f42297eaa4ea5f210fc065705 (zugegriffen am 22.8.2023).

Biermann, Henning, Das Widerspruchsverfahren unter Reformdruck, DÖV 2008, 395 (zit. als *Biermann*, DÖV 2008).

Binder, Reinhart/Vesting, Thomas, Beck'scher Kommentar zum Rundfunkrecht, Rundfunkstaatsvertrag, Jugendmedienschutz-Staatsvertrag, Rundfunkbeitragsstaatsvertrag, Rundfunkfinanzierungsstaatsvertrag, 4. Aufl., hrsg. von Reinhart Binder, Thomas Vesting, München 2018 (zit. als Binder/Vesting-*Bearbeiter*).

BKM, Ein Jahr für die Kultur der Demokratie, Kulturstaatsministerin Claudia Roth, Berlin, Pressemitteilung vom 08.12.2022, https://www.bundesregierung.de/breg-de/bundesregierung/bundeskanzleramt/staatsministerin-fuer-kultur-und-medien/aktuelles/kulturstaatsministerin-roth-ein-jahr-im-amt-2150302 (zugegriffen am 10.12.2022).

Bonse, Eric, EMFA: Trilog-Auftakt für die Medienfreiheit, Europe.Table vom 19.10.2023, https://table.media/europe/analyse/emfa-trilog-auftakt-fuer-die-medienfreiheit/ (zugegriffen am 21.10.2023).

Brautmeier, Jürgen, Staatsferne und Politiknähe. Das Beispiel der Landesanstalt für Medien Nordrhein-Westfalen: Eine persönliche Erinnerung des früheren LfM Direktors Jürgen Brautmeier, KNA/MK 31.12.2017 (zit. als *Brautmeier*, KNA/MK 31.12.2017).

Bundeskartellamt, Bundeskartellamt gibt den Erwerb der Frankfurter Rundschau durch die FAZ frei, Bonn, Pressemitteilung vom 27.02.2013, https://www.bundeskartellamt.de/SharedDocs/Meldung/DE/Pressemitteilungen/2013/27_02_2013_FAZ.html (zugegriffen am 10.8.2023).

Bundeskartellamt, Bundeskartellamt untersagt der Funke Mediengruppe die vollständige Übernahme des Verlags der „Ostthüringer Zeitung“, Bonn, Pressemitteilung vom 28.09.2021, https://www.bundeskartellamt.de/SharedDocs/Meldung/DE/Pressemitteilungen/2021/28_09_2021_Funke_OTZ.html (zugegriffen am 10.8.2023).

Bundeskartellamt, Bundeskartellamt untersagt Online-Video-Plattform von RTL und Pro7Sat1, Bonn, Pressemitteilung vom 18.03.2011, https://www.bundeskartellamt.de/SharedDocs/Meldung/DE/Pressemitteilungen/2011/18_03_2011_RTL_Pro7Sat1_Untersagung.html (zugegriffen am 10.8.2023).

Bundeskartellamt, Merkblatt zum Anwendungsbereich der EU-Fusionskontrolle, Bonn Juli 2004, https://www.bundeskartellamt.de/SharedDocs/Publikation/DE/Merkbl%C3%A4tter/Merkblatt%20-%20Europ%C3%A4ische%20Fusionskontrolle.pdf?__blob=publicationFile&v=3 (zugegriffen am 28.7.2023).

Bundeskartellamt, Pläne für ARD und ZDF Online-Plattform „Germany's Gold“ aufgegeben, Bonn, Pressemitteilung vom 16.09.2013, https://www.bundeskartellamt.de/SharedDocs/Meldung/DE/Pressemitteilungen/2013/16_09_2013_Germanys_Gold_aufgegeben.html (zugegriffen am 10.8.2023).

Bundesrat, Beschluß des Bundesrates, Grünbuch der Kommission der Europäischen Gemeinschaften über Pluralismus und Medienkonzentration im Binnenmarkt – Bewertung der Notwendigkeit einer Gemeinschaftsaktion -, Drucksache 77/93 (Beschluß), Bonn 07.05.1993, https://dserver.bundestag.de/brd/1993/D77+93.pdf (zugegriffen am 30.7.2023).

Bundesrat, Beschluss des Bundesrates, Entschließung des Bundesrates zum angekündigten Europäischen Rechtsakt zur Medienfreiheit, Drucksache 52/22 (Beschluss), Berlin 11.03.2022 (zit. als Bundesrat, Entschließung zum Rechtsakt zur Medienfreiheit).

Bundesrat, Beschluss des Bundesrates zum Vorschlag für eine Richtlinie des Europäischen Parlaments und des Rates zur Änderung der Richtlinie 2010/13/EU zur Koordinierung bestimmter Rechts- und Verwaltungsvorschriften der Mitgliedstaaten über die Bereitstellung audiovisueller Mediendienste im Hinblick auf sich verändernde Marktgegebenheiten COM(2016) 287 final, Drucksache288/16 (Beschluss) (2), Berlin 23.09.2016 (zit. als Bundesrat, Stellungnahme zum Vorschlag zur Änderung der AVMD-RL).

Bundesrat, Dritter Beschluss zum EMFA-E, Drucksache 514/22 (Beschluss) (3), Berlin 31.03.2023 (zit. als Bundesrat, Dritter Beschluss zum EMFA-E).

Bundesrat, Erläuterung zu TOP 23 der 1028. Sitzung, Bundesrat, Berlin 25.11.2022, https://www.bundesrat.de/SharedDocs/TO/1028/erl/23.pdf?__blob=publicationFile&v=1 (zugegriffen am 8.12.2022).

Bundesrat, Erster Beschluss zum EMFA-E, Drucksache 514/22 (Beschluss), Berlin 25.11.2022 (zit. als Bundesrat, Erster Beschluss zum EMFA-E).

Bundesrat, Zweiter Beschluss zum EMFA-E, Drucksache 514/22 (Beschluss) (2), Berlin 25.11.2022 (zit. als Bundesrat, Zweiter Beschluss zum EMFA-E).

Bundesregierung, Die Gesetzgebung der Europäischen Union, Wissen vertiefen zur EU, https://www.bundesregierung.de/breg-de/schwerpunkte/europa/eu-gesetzgebung-370498 (zugegriffen am 14.2.2023).

Bundesregierung, Formulierungshilfe der Bundesregierung, Entwurf eines Gesetzes für einen besseren Schutz hinweisgebender Personen sowie zur Umsetzung der Richtlinie zum Schutz von Personen, die Verstöße gegen das Unionsrecht melden, Berlin 13.03.2023, https://www.bmj.de/SharedDocs/Gesetzgebungsverfahren/Dokumente/FH_HinSchG.pdf;jsessionid=9D8E61CE9C62C28C86C695B14FC118DF.1_cid334?__blob=publicationFile&v=1 (zugegriffen am 20.4.2023).

Bundesregierung, Liste der Beauftragten der Bundesregierung, der Bundes beauftragten sowie der Koordinatoren / Koordinatorinnen der Bundesregierung, Stand 01.01.2024, Berlin, https://www.bmi.bund.de/SharedDocs/downloads/DE/veroeffentlichungen/themen/ministerium/liste-beauftragte-bundesregierung.pdf;jsessionid=56D58212FC51DE51856FFEB06F254A4B.2_cid350?__blob=publicationFile&v=11 (zugegriffen am 3.5.2024).

Bundesverwaltungsamt, Transparenzregister Fragen und Antworten zum Geldwäschegesetz (GwG), Stand: 05. Mai 2023, Köln, https://www.bva.bund.de/SharedDocs/Downloads/DE/Aufgaben/ZMV/Transparenzregister/Transparenzregister_FAQ.pdf?__blob=publicationFile&v=28 (zugegriffen am 12.5.2023).

Bundeszentrale für politische Bildung, Trilog, https://www.bpb.de/kurz-knapp/lexika/das-europalexikon/309452/trilog/ (zugegriffen am 6.10.2023).

CDU/CSU-Gruppe in der EVP-Fraktion, Verheyen: Unabhängigkeit europäischer Medienhäuser sichern, Brüssel, Pressemitteilung vom 16.09.2022, https://www.cducsu.eu/artikel/verheyen-unabhaengigkeit-europaeischer-medienhaeuser-sichern (zugegriffen am 5.3.2023).

CLS, Gutachten zur Rechtsgrundlage des EMFA, Dokument 8089/23 vom 4.4.2023, Brüssel 04.04.2023 (zit. als CLS, Gutachten zur Rechtsgrundlage des EMFA).

Cole, Mark David/Etteldorf, Christina, Research for CULT Committee – European Media Freedom Act – Background Analysis, Brüssel April 2023, https://www.europarl.europa.eu/meetdocs/2014_2019/plmrep/COMMITTEES/CULT/DV/2023/04-26/IPOL_STU2023733129_EN.pdf (zugegriffen am 1.5.2023).

Cole, Mark David/Ukrow, Jörg, European Media Freedom Act (EMFA), Das Medienrecht der EU vor weiterer Harmonisierung?, Webinar des EMR (Folien), Saarbrücken 17.10.2022, https://emr-sb.de/wp-content/uploads/2022/10/221017EMFA-1.pdf (zugegriffen am 21.12.2022).

Cole, Mark David/Ukrow, Jörg/Etteldorf, Christina, Zur Kompetenzverteilung zwischen der Europäischen Union und den Mitgliedstaaten im Mediensektor, Eine Untersuchung unter besonderer Berücksichtigung medienvielfaltsbezogener Maßnahmen, im Auftrag der deutschen Länder, Saarbrücken November 2020, https://rundfunkkommission.rlp.de/fileadmin/rundfunkkommission/Dokumente/Aktuelle_Studien_Gutachten/EMR_Gutachten_Zur_Kompetenzverteilung_im_Mediensektor.pdf (zugegriffen am 22.3.2023).

Cole, Mark David/Ukrow, Jörg/Ory, Stephan, European Media Freedom Act, Das Medienrecht der EU vor weiterer Harmonisierung?, Webinar des EMR (Webstream), Saarbrücken 17.10.2022, https://emr-sb.de/events/emfa/ (zugegriffen am 15.8.2023).

Contexte (Hrsg.), Post-meeting Version of Trilogue on December 15, 2023, Paris, Brüssel 18.12.2023.

Cornils, Matthias, CULT, Public Hearing on EMFA, Webstream, Brüssel 06.02.2023, https://multimedia.europarl.europa.eu/en/webstreaming/20230206-1500-COMMITTEE-CULT (zugegriffen am 14.10.2023).

Cornils, Matthias, Proposal for a European Media Freedom Act, Statement in the CULT committee, Brüssel 06.02.2023, https://www.mainzer-medieninstitut.de/wp-content/uploads/20230202_CULT_Stellungnahme-EMFA_presentation_030223.pdf (zugegriffen am 26.2.2023).

Council of Europe, Platform to promote the protection of journalism and safety of journalists, Homepage, Straßburg, https://fom.coe.int/en/accueil (zugegriffen am 25.1.2023).

Council of Europe, Recommendation CM/Rec(2012)1 on public service media governance, Straßburg 15.02.2012, https://search.coe.int/cm/Pages/result_details.aspx?ObjectID=09000016805cb4b4 (zugegriffen am 27.1.2023).

Council of Europe, Recommendation CM/Rec(2018)11 on the need to strengthen the protection and promotion of civil society space in Europe, Straßburg 28.11.2018, https://search.coe.int/cm/pages/result_details.aspx?ObjectId=09000016808fd8b9 (zugegriffen am 26.1.2023).

Council of the EU, Analysis of the final compromise text with a view to an agreement, 5309/24, Brüssel 12.01.2024 (zit. als Council of the EU, Analysis of the final compromise text).

Council of the EU, Mandate for negotiations with the European Parliament, 10954/23, Brüssel 21.06.2023, https://data.consilium.europa.eu/doc/document/ST-10954-2023-INIT/en/pdf (zugegriffen am 7.10.2023).

Council of the EU, Opinion of the Czech Senate on the application of the Principles of Subsidiarity and Proportionality, 16309/22, Brüssel 21.12.2022, https://eur-lex.europa.eu/legal-content/EN/TXT/PDF/?uri=CONSIL:ST_16309_2022_INIT&from=EN (zugegriffen am 21.2.2023).

Council of the EU, Opinion on the application of the Principles of Subsidiarity and Proportionality, The Chamber of Deputies of the Czech Republic, 16061/22 COR 1, Brüssel 16.12.2022, https://eur-lex.europa.eu/legal-content/EN/TXT/PDF/?uri=CONSIL:ST_16061_2022_COR_1&from=EN (zugegriffen am 21.2.2023).

Council of the EU, Opinion on the application of the Principles of Subsidiarity and Proportionality, Senate of the Kingdom of the Netherlands, 16262/22, Brüssel 20.12.2022, https://eur-lex.europa.eu/legal-content/EN/TXT/PDF/?uri=CONSIL:ST_16262_2022_INIT&from=EN (zugegriffen am 21.2.2023).

Council of the EU, Opinion on the application of the Principles of Subsidiarity and Proportionality, Senate of the National Assembly of the Republic of Slovenia, 5182/23, Brüssel 12.01.2023, https://eur-lex.europa.eu/legal-content/SL/TXT/PDF/?uri=CONSIL:ST_5182_2023_INIT&from=EN (zugegriffen am 21.2.2023).

Council of the EU, Opinion on the application of the Principles of Subsidiarity and Proportionality, The Italian Senate, 6262/23, Brüssel 10.02.2023, https://eur-lex.europa.eu/legal-content/EN/TXT/PDF/?uri=CONSIL:ST_6262_2023_INIT&from=EN (zugegriffen am 21.2.2023).

Council of the EU, Reasoned opinion on the application of the Principles of Subsidiarity and Proportionality, German Bundesrat, 15597/22, Brüssel 02.12.2022, https://eur-lex.europa.eu/legal-content/DE/TXT/PDF/?uri=CONSIL:ST_15597_2022_INIT&from=EN (zugegriffen am 29.3.2023).

Council of the EU, Reasoned opinion on the application of the Principles of Subsidiarity and Proportionality, The Hungarian National Assembly, 15891/22, Brüssel 12.12.2022, https://eur-lex.europa.eu/legal-content/EN/TXT/PDF/?uri=CONSIL:ST_15891_2022_INIT&from=EN (zugegriffen am 21.2.2023).

Council of the EU, Reasoned opinion on the application of the Principles of Subsidiarity and Proportionality, The Parliament of Denmark, 15953/22, Brüssel

13.12.2022, https://eur-lex.europa.eu/legal-content/DA/TXT/PDF/?uri=CONSIL:ST_15953_2022_INIT&from=EN (zugegriffen am 21.2.2023).

Council of the EU, Reasoned opinion on the application of the Principles of Subsidiarity and Proportionality, French Senate, 16026/22, Brüssel 13.12.2022, https://eur-lex.europa.eu/legal-content/EN/TXT/PDF/?uri=CONSIL:ST_16026_2022_INIT&from=EN (zugegriffen am 21.2.2023).

Council of the EU, Reasoned opinion on the application of the Principles of Subsidiarity and Proportionality, Oireachtas, 16020/22, Brüssel 14.12.2022, https://eur-lex.europa.eu/legal-content/EN/TXT/PDF/?uri=CONSIL:ST_16020_2022_INIT&from=EN (zugegriffen am 21.2.2023).

Council of the EU, Reasoned opinion on the application of the Principles of Subsidiarity and Proportionality, The Portuguese Parliament, 16086/22, Brüssel 15.12.2022, https://eur-lex.europa.eu/legal-content/EN/TXT/PDF/?uri=CONSIL:ST_16086_2022_INIT&from=EN (zugegriffen am 21.2.2023).

Council of the EU, Statement by Estonia to art. 17 of the EMFA Regulation, Brüssel 21.06.2023, https://data.consilium.europa.eu/doc/document/ST-10570-2023-ADD-1/en/pdf (zugegriffen am 3.10.2023).

Council of the EU, Statement by Hungary, Brüssel 21.06.2023, https://data.consilium.europa.eu/doc/document/ST-10570-2023-ADD-2/en/pdf (zugegriffen am 3.10.2023).

Council of the EU, Summary Record, Permanent Representatives Committee 21, 22, 23 and 26 June 2023, Brüssel 12.07.2023, https://data.consilium.europa.eu/doc/document/ST-10971-2023-INIT/en/pdf (zugegriffen am 3.10.2023).

DER SPIEGEL, Sendung über Ukrainekrieg: Twitter sperrt zeitweise Konto von ZDF-Magazin »Frontal« 22.02.2023, https://www.spiegel.de/netzwelt/frontal-21-twitter-sperrt-konto-von-zdf-investigativmagazin-a-590b8323-30ab-4a7b-be6a-d66bcf1a63f0 (zugegriffen am 17.5.2024).

Deutscher Bundestag, Antrag der Fraktion der CDU/CSU zu dem Vorschlag für eine Verordnung des Europäischen Parlaments und Rates zur Schaffung eines gemeinsamen Rahmens für Mediendienste im Binnenmarkt (Europäisches Medienfreiheitsgesetz) und zur Änderung der Richtlinie 2010/13/EU, hier: Stellungnahme gemäß Artikel 6 des Protokolls Nummer 2 zum Vertrag von Lissabon (Grundsätze der Subsidiarität und der Verhältnismäßigkeit), Drucksache 20/4678, Berlin 29.11.2022 (zit. als Deutscher Bundestag, Antrag der Fraktion der CDU/CSU).

Deutscher Bundestag, Antrag der Fraktionen SPD, BÜNDNIS 90/DIE GRÜNEN und FDP zu dem Vorschlag für ein Europäisches Medienfreiheitsgesetz,

Drucksache 20/4682, Berlin 29.11.2022 (zit. als Deutscher Bundestag, Antrag der Fraktionen SPD, BÜNDNIS 90/DIE GRÜNEN u. FDP).

Deutscher Bundestag, Gesetzentwurf der Bundesregierung, Entwurf eines Gesetzes zur Änderung der Strafprozessordnung, Drucksache 14/5166, Berlin 25.01.2001 (zit. als Deutscher Bundestag, Gesetzentwurf zur Änderung der StPO).

Deutscher Bundestag, Stenografischer Bericht 73. Sitzung, Plenarprotokoll 20/73, Berlin 01.12.2022 (zit. als Deutscher Bundestag, Protokoll 73. Sitzung).

Die GRÜNEN/EFA, Bericht der EU-Kommission bietet schärfere Analyse, aber wenig Biss, Brüssel, Pressemitteilung vom 13.07.2022, https://www.greens-efa.eu/de/artikel/press/commission-rule-of-law-report-sharper-analysis-but-lacks-bite (zugegriffen am 3.3.2023).

Die Medienanstalten, Adressen aller Landesmedienanstalten, https://www.die-medienanstalten.de/ueber-uns/landesmedienanstalten/adressen-aller landesmedienanstalten (zugegriffen am 20.8.2023).

Die Medienanstalten, Die unabhängigen Medienregulierer in Europa zu stärken, ist der richtige Weg, Europäische Medienregulierer begrüßen den Verhandlungsfortschritt beim EMFA und regen weitere Verbesserungen an, Berlin, Pressemitteilung vom 29.06.2023, https://www.die-medienanstalten.de/service/pressemitteilungen/meldung/die-unabhaengigen-medienregulierer-in-europa-zu-staerken-ist-der-richtige-weg (zugegriffen am 30.6.2023).

Die Medienanstalten, Direktorenkonferenz der Landesmedienanstalten (DLM), https://www.die-medienanstalten.de/ueber-uns/organisation/direktorenkonferenz-der-landesmedienanstalten-dlm (zugegriffen am 9.9.2023).

Die Medienanstalten, Positionspapier zum EMFA, Berlin 13.12.2022, https://www.die-medienanstalten.de/service/positionspapiere/positionspapier-der-medienanstalten-zum-verordnungsvorschlag-der-eu-kommission/ (zugegriffen am 15.12.2022).

Die Medienanstalten, Programm DLM-Symposium 2023, Vielfalt gewährleisten, Staatsferne sichern: Europa im Spannungsfeld der Medienpolitik, Berlin 22.03.2023, https://www.die-medienanstalten.de/fileadmin/user_upload/Veranstaltungen/2023/2023_03_22_DLM-Symposium_2023/DLM_Symposium_Flyer_2023-03-22.pdf (zugegriffen am 2.9.2023).

Die Medienanstalten, Rückmeldung von: Die Medienanstalten – DLM, Brüssel 21.03.2022, https://ec.europa.eu/info/law/better-regulation/have-your-say/initiatives/13206-Schutz-der-Medienfreiheit-in-der-EU-neue-Regeln/F2940098_de (zugegriffen am 13.12.2022).

Die Medienanstalten, Über uns, https://www.die-medienanstalten.de/ueber-uns (zugegriffen am 20.8.2023).

Die Medienanstalten, Vertrag über die Zusammenarbeit der Arbeitsgemeinschaft der Landesmedienanstalten in der Bundesrepublik Deutschland (ALM), ALM-Statut, Berlin 24.11.2021, https://www.die-medienanstalten.de/fileadmin/user_upload/Rechtsgrundlagen/Satzungen_Geschaefts_Verfahrensordnungen/ALM-Statut.pdf (zugegriffen am 1.9.2023).

Die Medienanstalten, ZAK Zulassungs- und Aufsichtsfälle, Az. 22-43, Berlin 06.09.2022, https://www.die-medienanstalten.de/service/datenbanken/zak-verfahren?tx_dreipcprocedure_procedurezak%5Baction%5D=show&tx_dreipcprocedure_procedurezak%5Bcontroller%5D=ProcedureZak&tx_dreipcprocedure_procedurezak%5Bprocedure%5D=13079&cHash=10f21c4b97da37f8e5349ea0db6fbbe9 (zugegriffen am 6.7.2023).

DIW ECON, Die Situation der lokalen Presse in Deutschland und ihre Herausforderungen im Zeitalter der Digitalisierung, Gutachten im Auftrag der Beauftragten der Bundesregierung für Kultur und Medien (BKM), Berlin 08.09.2022, https://www.kulturstaatsministerin.de/SharedDocs/Downloads/DE/2023/2023-03-31-gutachten-zur-situation-der-lokalen-presse-data.pdf?__blob=publicationFile&v=1 (zugegriffen am 15.9.2023).

DJV NRW, Rechtsschutzordnung des DJV-Landesverbandes Nordrhein-Westfalen, Beschluss des DJV-Gesamtvorstandes vom 23. September 2003 / Aktualisiert 29. Mai 2008 29.05.2008, https://www.djv-nrw.de/fileadmin/user_upload/lv_nrw/service/Downloadbereich/Satzungen_und_DJV_Regelwerke/Rechtsschutzordnung.pdf (zugegriffen am 30.4.2024).

Dörr, Dieter, Die Bestimmung des § 58 des Saarländischen Mediengesetzes (SMG) und die Vorgaben der Rundfunkfreiheit des Art. 5 Abs. 1 Satz 2 des Grundgesetzes (GG), Kurzgutachten im Auftrag der Bundestagsfraktion Bündnis 90/Die Grünen, https://www.tabea-roessner.de/wp-content/uploads/2020/11/Doerr-Gutachten-Saarlaendische-Medienanstalt.pdf (zugegriffen am 26.6.2023).

Dörr, Dieter, "Regelungen mit kulturellem Schwerpunkt unterlassen", Gutachten im Auftrag der ARD zum Media Freedom Act, epd medien 6/2023, 34–36 (zit. als *Dörr*, epd medien 6/2023).

Dreyer, Malu, Bundesrat – Plenarprotokoll 1028 der Sitzung vom 25.11.2022, Berlin 25.11.2022 (zit. als *Dreyer*, Protokoll 1028. Sitzung).

Ehlers, Dirk/Pünder, Hermann, Allgemeines Verwaltungsrecht, 16. Aufl., Heidelberg 2022 (zit. als *Ehlers/Pünder*, Allgemeines Verwaltungsrecht).

EPP Group, Casa welcomes new proposal for a European Media Freedom Act, Brüssel, Pressemitteilung vom 16.09.2022, https://www.eppgroup.eu/how-we-make-it-happen/with-eu-countries/malta/news/casa-welcomes-new-proposal-for-a-european-media-freedom-act (zugegriffen am 26.12.2022).

EPP Group, We will never stop fighting for Press Freedom, Brüssel, Pressemitteilung vom 21.02.2023, https://www.eppgroup.eu/newsroom/news/we-will-never-stop-fighting-for-press-freedom (zugegriffen am 3.3.2023).

ERGA, ERGA submits its contribution to the Commission's public consultation on the European Media Freedom Act (EMFA), Brüssel, Pressemitteilung vom 07.04.2022, https://erga-online.eu/wp-content/uploads/2022/04/2022-04-07_ERGA-PR_Contribution-EMFA-consultation_final.pdf (zugegriffen am 14.2.2023).

ERGA, European Media Freedom Act (EMFA), ERGA position paper for the Open Public Consultation, Brüssel 25.03.2022, https://erga-online.eu/wp-content/uploads/2022/03/2022-03-EMFA-ERGA-position-paper-for-the-public-consultation-final_adopted.pdf (zugegriffen am 17.2.2023).

ERGA, Memorandum of Understanding, Brüssel 03.12.2020, https://erga-online.eu/wp-content/uploads/2020/12/ERGA_Memorandum_of_Understanding_adopted_03-12-2020_l.pdf (zugegriffen am 8.2.2023).

Etteldorf, Christina, EU-Parlament: Komitee zur Untersuchung von Pegasus-Spionagesoftware, ZD-Aktuell 2022, 01110 (zit. als *Etteldorf*, ZD-Aktuell 2022).

Europäische Kommission, Stellungnahme der Europäischen Kommission zu dem Beschluss des Bundesrates zum Vorschlag für eine Verordnung des Europäischen Parlaments und des Rates zur Schaffung eines gemeinsamen Rahmens für Mediendienste im Binnenmarkt (Europäisches Medienfreiheitsgesetz) und zur Änderung der Richtlinie 2010/13/EU, zu Drucksache 514/22 (Beschluss), Brüssel 31.03.2023 (zit. als Europäische Kommission, Stellungnahme gegenüber dem Bundesrat).

Europäische Kommission, Anhang zum Bericht über die Rechtsstaatlichkeit 2022, Empfehlungen an die Mitgliedstaaten, COM(2022) 500 final ANNEX, Luxemburg 13.07.2022 (zit. als Europäische Kommission, Rechtsstaatlichkeit 2022 Empfehlungen).

Europäische Kommission, Aufforderung zur Stellungnahme zu einer Folgenabschätzung, Ares(2021)7899801, Brüssel 21.12.2021, https://ec.europa.eu/info/law/better-regulation/have-your-say/initiatives/13206-Schutz-der-Medienfreiheit-in-der-EU-neue-Regeln_de (zugegriffen am 16.12.2022).

Europäische Kommission, Ausschuss für Regulierungskontrolle, Arbeitsweise, Rolle, Zusammensetzung, Mitglieder, Berichte und Regeln, https://commission.europa.eu/law/law-making-process/regulatory-scrutiny-board_de#composition (zugegriffen am 21.2.2023).

Europäische Kommission, Bericht über die Rechtsstaatlichkeit 2020, Die Lage der Rechtsstaatlichkeit in der Europäischen Union, COM(2020) 580 final,

Brüssel 30.09.2020 (zit. als Europäische Kommission, Rechtsstaatlichkeit EU 2020).

Europäische Kommission, Bericht über die Rechtsstaatlichkeit 2021, Die Lage der Rechtsstaatlichkeit in der Europäischen Union, COM(2021) 700 final, Brüssel 20.07.2021 (zit. als Europäische Kommission, Rechtsstaatlichkeit EU 2021).

Europäische Kommission, Bericht über die Rechtsstaatlichkeit 2022, Website, https://commission.europa.eu/strategy-and-policy/policies/justice-and-fundamental-rights/upholding-rule-law/rule-law/rule-law-mechanism/2022-rule-law-report_de (zugegriffen am 24.1.2023).

Europäische Kommission, Bericht über die Rechtsstaatlichkeit 2022, Die Lage der Rechtsstaatlichkeit in der Europäischen Union, COM(2022) 500 final, Luxemburg 13.07.2022 (zit. als Europäische Kommission, Rechtsstaatlichkeit EU 2022).

Europäische Kommission, Bericht über die Rechtsstaatlichkeit 2022, Mechanismus, Factsheet, Brüssel 13.07.2022, https://commission.europa.eu/system/files/2022-07/120_1_194506_rol_mechanism_factsheet_de.pdf (zugegriffen am 24.1.2023).

Europäische Kommission, Bericht über die Rechtsstaatlichkeit 2022, Instrumentarium, Factsheet, Brüssel 13.07.2022, https://commission.europa.eu/system/files/2022-07/117_1_194503_rol_toolbox_factsheet_de.pdf (zugegriffen am 24.1.2023).

Europäische Kommission, Beschluss der Kommission vom 3.2.2014 zur Einsetzung der Gruppe europäischer Regulierungsstellen für audiovisuelle Mediendienste, C(2014) 462 final, Brüssel (zit. als Europäische Kommission, Beschluss zur Einsetzung der "Gruppe").

Europäische Kommission, Die Rechtsstaatlichkeit in der EU im Jahr 2021: EU-Bericht zeigt positive Entwicklungen in den Mitgliedstaaten auf, aber auch schwerwiegende Bedenken, IP/21/3761, Brüssel, Pressemitteilung vom 20.07.2021.

Europäische Kommission, EMFA-E DE Corrigendum, COM(2022) 457 final/2, Brüssel 16.02.2023 (zit. als Europäische Kommission, EMFA-E DE Corrigendum).

Europäische Kommission, Europäischer Aktionsplan für Demokratie, COM(2020) 790 final, Brüssel 03.12.2020 (zit. als Europäische Kommission, Aktionsplan für Demokratie).

Europäische Kommission, Europäischer Rechtsakt zur Medienfreiheit: Kommission leitet öffentliche Konsultation ein, IP/22/85, Brüssel, Pressemitteilung vom 10.01.2022.

Europäische Kommission, Europäisches Medienfreiheitsgesetz: Kommission schlägt Vorschriften zum Schutz des Pluralismus und der Unabhängigkeit der Medien in der EU vor, Pressemitteilung IP/22/5504, Brüssel, Pressemitteilung vom 16.09.2022.

Europäische Kommission, Europas Medien in der digitalen Dekade: Ein Aktionsplan zur Unterstützung der Erholung und des Wandels, COM(2020) 784 final, Brüssel 03.12.2020 (zit. als Europäische Kommission, Aktionsplan Medien).

Europäische Kommission, Freiheit der Medien: Kommission leitet Vertragsverletzungsverfahren gegen Ungarn wegen Nichteinhaltung der EU-Vorschriften für die elektronische Kommunikation ein, Brüssel, Pressemitteilung vom 09.06.2021, https://digital-strategy.ec.europa.eu/de/news/media-freedom-commission-launches-infringement-procedure-against-hungary-failing-comply-eu (zugegriffen am 1.2.2023).

Europäische Kommission, Medienfreiheit: Kommission verklagt UNGARN vor dem Gerichtshof der Europäischen Union wegen Nichteinhaltung der EU-Vorschriften für die elektronische Kommunikation, IP/22/2688, Brüssel, Pressemitteilung vom 15.07.2022.

Europäische Kommission, Richtlinie über audiovisuelle Mediendienste: Kommission verklagt fünf Mitgliedstaaten vor dem Gerichtshof der Europäischen Union, IP/22/2707, Brüssel, Pressemitteilung vom 19.05.2022.

Europäische Kommission, Schutz der Medienfreiheit in der EU: neue Regeln, Rückmeldungen und Statistiken, https://ec.europa.eu/info/law/better-regulation/have-your-say/initiatives/13206-Schutz-der-Medienfreiheit-in-der-EU-neue-Regeln/feedback_de?p_id=27601945 (zugegriffen am 16.2.2023).

Europäische Kommission, Schutz der Medienfreiheit in der EU: neue Regeln, Über diese Konsultation, Website, https://ec.europa.eu/info/law/better-regulation/have-your-say/initiatives/13206-Schutz-der-Medienfreiheit-in-der-EU-neue-Regeln/public-consultation_de (zugegriffen am 13.2.2023).

Europäische Kommission, Vertragsverletzung INFR(2020)0531, Irland, https://ec.europa.eu/atwork/applying-eu-law/infringements-proceedings/infringement_decisions/?typeOfSearch=false&active_only=0&noncom=0&r_dossier=INFR%282020%290531&decision_date_from=&decision_date_to=&title=&submit=Search&lang_code=de (zugegriffen am 2.4.2023).

Europäische Kommission, Vorschlag für eine Verordnung der Europäischen Parlaments und des Rates zur Schaffung eines gemeinsamen Rahmens für Mediendienste im Binnenmarkt (Europäisches Medienfreiheitsgesetz) und zur Änderung der Richtlinie 2010/13/EU, COM(2022) 457 final, Brüssel 16.09.2022 (zit. als Europäische Kommission, EMFA DE a.F.).

Europäische Union, Gemeinsamer Leitfaden des Europäischen Parlaments, des Rates und der Kommission für Personen, die an der Abfassung von Rechtstexten der Europäischen Union mitwirken, https://eur-lex.europa.eu/content/techleg/KB0213228DEN.pdf (zugegriffen am 15.3.2023).

Europäischer Ausschuss der Regionen, Stellungnahme, Europäisches Medienfreiheitsgesetz, CIVEX-VII/020, Brüssel 15./16. März 2023, https://dmsearch.cor.europa.eu/search/opinion (zugegriffen am 28.9.2023).

Europäischer Datenschutzbeauftragter, Stellungnahme 24/2022, zu dem Vorschlag für eine Verordnung zur Schaffung eines gemeinsamen Rahmens für Mediendienste im Binnenmarkt (Europäisches Medienfreiheitsgesetz) und zur Änderung der Richtlinie 2010/13/EU, Brüssel 11.11.2022, https://edps.europa.eu/node/10118_de (zugegriffen am 28.9.2023).

Europäischer Wirtschafts- und Sozialausschuss, Stellungnahme, Europäischer Rechtsakt zur Medienfreiheit, SOC/742, Brüssel 14.12.2022, https://www.eesc.europa.eu/de/our-work/opinions-information-reports/opinions/european-media-freedom-act (zugegriffen am 27.1.2023).

Europäisches Parlament, Bericht über die Umsetzung der überarbeiteten Richtlinie über audiovisuelle Mediendienste, 2022/2038(INI), Straßburg 09.05.2023, https://www.europarl.europa.eu/doceo/document/A-9-2023-0139_DE.html#_section2 (zugegriffen am 6.9.2023).

Europäisches Parlament, Besorgnis über Angriffe auf Medien in Polen, Ungarn und Slowenien, Freie und unabhängige Medien sind für demokratische Gesellschaften lebenswichtig, sagen die Abgeordneten und fordern die Kommission und den Rat auf, sie energisch zu verteidigen., Straßburg, Pressemitteilung vom 10.03.2021, https://www.europarl.europa.eu/news/de/press-room/20210304IPR99220/besorgnis-uber-angriffe-auf-medien-in-polen-ungarn-und-slowenien (zugegriffen am 1.2.2023).

Europäisches Parlament, Besprechungen von Sabine Verheyen, https://www.europarl.europa.eu/meps/de/96756/SABINE_VERHEYEN/meetings/past#detailedcardmep (zugegriffen am 5.3.2023).

Europäisches Parlament, Europäisches Medienfreiheitsgesetz, Abänderungen des Europäischen Parlaments vom 3. Oktober 2023 zu dem Vorschlag für eine Verordnung des Europäischen Parlaments und des Rates zur Schaffung eines gemeinsamen Rahmens für Mediendienste im Binnenmarkt (Europäisches Medienfreiheitsgesetz) und zur Änderung der Richtlinie 2010/13/EU, https://www.europarl.europa.eu/doceo/document/TA-9-2023-0336_DE.pdf (zugegriffen am 20.10.2023).

Europäisches Parlament, Medienfreiheitsgesetz: Mehr Schutz für Journalisten und Pressefreiheit in der EU, Pressemitteilung 20240308IPR19014, Straßburg 13.03.2024 (zit. als Europäisches Parlament, Medienfreiheitsgesetz: Mehr Schutz für Journalisten und Pressefreiheit in der EU).

Europäisches Parlament, Medienfreiheitsgesetz: Parlament verbessert Journalisten- und Medienschutz, Straßburg, Pressemitteilung vom 03.10.2023, https://www.europarl.europa.eu/news/de/press-room/20230929IPR06111/medienfreiheitsgesetz-parlament-verbessert-journalisten-und-medienschutz (zugegriffen am 3.10.2023).

Europäisches Parlament, Protokoll der Sitzung vom 10. März 2021, Straßburg, https://www.europarl.europa.eu/doceo/document/PV-9-2021-03-10_DE.pdf (zugegriffen am 1.2.2023).

Europäisches Parlament, Stärkung der Medienfreiheit: Schutz von Journalisten in Europa, Hetze, Desinformation und die Rolle von Plattformen, Entschließung des Europäischen Parlaments vom 25. November 2020, ABl. EU 2021/C 425/05 (zit. als Europäisches Parlament, Entschließung zur Stärkung der Medienfreiheit).

Europarat, Europäische Audiovisuelle Informationsstelle, Homepage, Straßburg, https://www.obs.coe.int/de/web/observatoire/home (zugegriffen am 25.1.2023).

European Centre for Press and Media Freedom, Mapping Media Freedom, Homepage, Leipzig, https://www.mappingmediafreedom.org/ (zugegriffen am 25.1.2023).

European Commission, 2022 Rule of Law Report, Country Chapter on the rule of law situation in Malta, SWD(2022) 518 final, Luxembourg 13.07.2022 (zit. als European Commission, 2022 Rule of Law in Malta).

European Commission, 2022 Rule of Law Report, Country Chapter on the rule of law situation in Hungary, SWD(2022) 517 final, Luxembourg 13.07.2022 (zit. als European Commission, 2022 Rule of Law in Hungary).

European Commission, 2022 Rule of Law Report, Country Chapter on the rule of law situation in Greece, SWD(2022) 508 final, Luxembourg 13.07.2022 (zit. als European Commission, 2022 Rule of Law in Greece).

European Commission, 2022 Rule of Law Report, Country Chapter on the rule of law situation in Slovenia, SWD(2022) 524 final, Luxembourg 13.07.2022 (zit. als European Commission, 2022 Rule of Law in Slovenia).

European Commission, 2022 Rule of Law Report, Country Chapter on the rule of law situation in Poland, SWD(2022) 521 final, Luxembourg 13.07.2022 (zit. als European Commission, 2022 Rule of Law in Poland).

European University Institute, Monitoring Media Pluralism in the digital era, Application of the Media Pluralism Monitor in the European Union, Albania, Montenegro, Republic of North Macedonia, Serbia & Turkey in the year 2020, Florenz 2021 (zit. als European University Institute, MPM 2021 Full Report).

European University Institute, MPM 2022, Country report: Greece, Florenz Juni 2022, https://cadmus.eui.eu/bitstream/handle/1814/74691/MPM2022-Greece-EN.pdf?sequence=1&isAllowed=y (zugegriffen am 15.1.2023).

European University Institute, MPM 2022, Country report: Slovenia, Florenz Juni 2022, https://cadmus.eui.eu/bitstream/handle/1814/74705/MPM2022-Slovenia-EN.pdf?sequence=1&isAllowed=y (zugegriffen am 15.1.2023).

European University Institute, MPM 2022, Country report: Bulgaria, Florenz Juni 2022, https://cadmus.eui.eu/bitstream/handle/1814/74683/MPM2022-Bulgaria-EN.pdf?sequence=1&isAllowed=y (zugegriffen am 15.1.2023).

European University Institute, MPM 2022, Country report: Hungary, Florenz Juni 2022, https://cadmus.eui.eu/bitstream/handle/1814/74692/MPM2022-Hungary-EN.pdf?sequence=1&isAllowed=y (zugegriffen am 15.1.2023).

European University Institute, MPM 2022, Country report: Poland, Florenz Juni 2022, https://cadmus.eui.eu/bitstream/handle/1814/74700/MPM2022-Poland-EN.pdf?sequence=1&isAllowed=y (zugegriffen am 15.1.2023).

European University Institute, MPM 2022 General Ranking, Florenz Juli 2022, https://cmpf.eui.eu/mpm2022-general-ranking/ (zugegriffen am 26.12.2022).

European University Institute, MPM 2022 Results, Florenz Juli 2022, https://cmpf.eui.eu/mpm2022-results/ (zugegriffen am 26.12.2022).

European University Institute, Robert Schuman Centre for Advanced Studies, https://www.eui.eu/en/academic-units/robert-schuman-centre-for-advan ced-studies (zugegriffen am 18.1.2023).

European University Institute/KU Leuven/University of Amsterdam/Vrije Universiteit Brussels, Study on media plurality and diversity online, VIGIE number: 2020-825, Luxembourg 2022 (zit. als European University Institute et al., Study on media plurality).

EUV / AEUV, Vertrag über die Europäische Union, Vertrag über die Arbeitsweise der Europäischen Union, Kommentar, 7. Aufl., hrsg. von Rudolf Geiger, Daniel-Erasmus Khan, Markus Kotzur u.a., München 2023 (zit. als Geiger/Khan/Kotzur/Kirchmair-*Bearbeiter*).

EUV/AEUV, Vertrag über die Europäische Union, Vertrag über die Arbeitsweise der Europäischen Union, Charta der Grundrechte der Europäischen Union, 3. Aufl., hrsg. von Rudolf Streinz, Walther Michl, München 2018 (zit. als Streinz-*Bearbeiter*).

EUV/AEUV, Das Verfassungsrecht der Europäischen Union mit Europäischer Grundrechtecharta, Kommentar, 6. Aufl., hrsg. von Christian Calliess, Matthias Ruffert, München 2022 (zit. als Calliess/Ruffert-*Bearbeiter*).

Frenay, Marie, LIBE, Public Hearing on EMFA, Webstream, Brüssel 31.01.2023, https://multimedia.europarl.europa.eu/de/webstreaming/committee-on-civil-liberties-justice-and-home-affairs_20230131-1400-COMMITTEE-LIBE (zugegriffen am 8.2.2023).

Gangloff, Tilmann, Das teure System der Landesmedienanstalten – Beharrungsvermögen und fragwürdige Personalien, Stuttgarter Zeitung vom 30.01.2018, https://www.stuttgarter-zeitung.de/inhalt.das-teure-system-der-landesmedienanstalten-beharrungsvermoegen-und-fragwuerdige-personalien.9160343c-38fb-4d95-971e-a6f6e503abd5.html (zugegriffen am 1.9.2023).

Gellermann, Martin, § 37 Verwaltungsgerichtlicher Rechtsschutz, in: Hans-Werner Rengeling (Hrsg.), Handbuch des Rechtsschutzes in der Europäischen Union, 3. Aufl., München 2014 (zit. als *Gellermann*, § 37 Verwaltungsgerichtlicher Rechtsschutz).

Gounalakis, Georgios, "Auf die Vorbeugung nicht verzichten", pro media 4/2018, 25 (zit. als *Gounalakis*, pro media 4/2018).

Gounalakis, Georgios, „Den Worten müssen Taten folgen", Intermediäre müssen wegen ihres Einflusses auf die Meinungsbildung beim Medienkonzentrationsrecht berücksichtigt werden, medienpolitik.net 28.01.2020 (zit. als *Gounalakis*, medienpolitik.net 28.01.2020).

Gounalakis, Georgios, „Eine Reform ist überfällig", Vorsitzender der KEK kritisiert fehlende Reformbereitschat beim Medienkonzentrationsrecht, pro media 9/2018, 9 (zit. als *Gounalakis*, pro media 9/2018).

Gounalakis, Georgios, Eine unabhängige KEK als Garant für eine effektive Vielfaltssicherung, Der Grundsatz der Staatsferne verlangt eine unabhängige Medienaufsicht, medienpolitik.net 14.12.2020 (zit. als *Gounalakis*, medienpolitik.net 14.12.2020).

Gounalakis, Georgios, „Für die KEK den Zugang zu Daten aller Streaming-Anbieter sichern", Fragen zum Gutachten zur Nutzungserfassung von Video-Streaming-Angeboten, medienpolitik.net 15.03.2021 (zit. als *Gounalakis*, medienpolitik.net 15.03.2021).

Gounalakis, Georgios, Gesetzlich gefesselt, textintern 3/2019, 13 (zit. als *Gounalakis*, textintern 3/2019).

Gounalakis, Georgios, Medienkonzentrationskontrolle versus allgemeines Kartellrecht, AfP – Zeitschrift für das gesamte Medienrecht 2004, 394 (zit. als *Gounalakis*, AfP – Zeitschrift für das gesamte Medienrecht 2004).

Gounalakis, Georgios, Meinungsmacht im Online-Bereich, Sicherung der Meinungsvielfalt: Von linearem TV bis zu digitalen Medienplattformen, in: Die Medienanstalten (Hrsg.), Vielfaltsbericht 2022, Berlin Oktober 2022, S. 51–55 (zit. als *Gounalakis*, Meinungsmacht im Online-Bereich).

Gounalakis, Georgios, "Wir brauchen ein umfassendes Modell der Vielfaltsicherung", pro media 6/2017, 17 (zit. als *Gounalakis*, pro media 6/2017).

Gounalakis, Georgios/Zagouras, Georgios, Plädoyer für ein europäisches Medienkonzentrationsrecht, ZUM 2006, 716 (zit. als *Gounalakis/Zagouras*, ZUM 2006).

Gounalakis, Georgios/Zagouras, Georgios, Publizistische Vielfaltsicherung – Eine Aufgabe für Europa?, JZ 2008, 652 (zit. als *Gounalakis/Zagouras*, JZ 2008).

Grabitz, Eberhard/Hilf, Meinhard/Nettesheim, Martin, Das Recht der Europäischen Union, Kommentar, 78. Aufl., hrsg. von Meinhard Hilf, Martin Nettesheim, Eberhard Grabitz, München Januar 2023 (zit. als Grabitz/Hilf/Nettesheim-*Bearbeiter*).

GREENS/EFA, Diana Riba alerts on the status of european press freedom, Pressemitteilung vom 15.02.2023, https://www.greens-efa.eu/en/article/news/diana-riba-alerts-on-the-status-of-european-press-freedom (zugegriffen am 3.3.2023).

GREENS/EFA, Diana Riba: "Let's be clear: Press freedom in Europe is in danger.", Pressemitteilung vom 14.12.2022, https://www.greens-efa.eu/en/article/news/diana-riba-lets-be-clear-press-freedom-in-europe-is-in-danger (zugegriffen am 3.3.2023).

Grundgesetz, Kommentar, 99. Aufl., hrsg. von Günter Dürig, Roman Herzog, Rupert Scholz, München September 2022 (zit. als Dürig/Herzog/Scholz-*Bearbeiter*).

Grundgesetz für die Bundesrepublik Deutschland, Kommentar, 17. Aufl., hrsg. von Hans D. Jarass, Bodo Pieroth, München 2022 (zit. als Jarass/Pieroth-*Bearbeiter*).

Gundel, Jörg, Die Fortentwicklung der europäischen Medienregulierung: Zur Neufassung der AVMD-Richtlinie, ZUM 2019, 131 (zit. als *Gundel*, ZUM 2019).

Hain, Karl-E, Die Europäische Transparenz-Richtlinie und der öffentlich-rechtliche Rundfunk in Deutschland, MMR 2001, 219 (zit. als *Hain*, MMR 2001).

Hartung, Helmut, Medienpolitik 2023: Brüssel ist ein Brocken, und dann erst der Beitrag!, FAZ vom 27.12.2022, https://www.faz.net/aktuell/feuilleton/medien/medienpolitik-2023-bruessel-ist-ein-brocken-und-dann-erst-der-beitrag-18561966.html (zugegriffen am 4.10.2023).

Hartung, Helmut, Ralf Ludwig soll MDR-Intendant werden, Kritik am Verfahren, Frankfurter Allgemeine Zeitung vom 08.03.2023, https://www.faz.net/aktuell/feuilleton/medien/ralf-ludwig-soll-mdr-intendant-werden-kritik-am-verfahren-18733089.html (zugegriffen am 28.3.2024).

Heiß, Georg/Schreiner, Thomas, Zum fakultativen Vorverfahren nach Art. 15 I BayAGVwGO n. F., BayVBl 2007, 616 (zit. als *Heiß/Schreiner*, BayVBl 2007).

Hoffmann-Riem, Wolfgang, Die beiden Gesichter der Pressefreiheit, ZRP 2006, 29 (zit. als *Hoffmann-Riem*, ZRP 2006).

Immenga, Ulrich/Mestmäcker, Ernst-Joachim/Thomas, Stefan, Fusionskontrolle, Kommentar zum europäischen und deutschen Kartellrecht, 6. Aufl., hrsg. von Torsten Körber, Heike Schweitzer, Daniel Zimmer, München 2020 (zit. als Immenga/Mestmäcker/Thomas-*Bearbeiter*).

Intellera Consulting/Open Evidence/PwC EU Services, Support for preparation of an impact assessment to accompany an EU initiative on the European Media Freedom Act – Final Report, VIGIE number: 2021–644, August 2022 (zit. als Intellera Consulting/Open Evidence/PwC EU Services, Impact assessment EMFA).

International Press Institute, WPFD 2020: COVID-19 accelerating a global decline in media freedom, Wien, Pressemitteilung vom 03.04.2020, https://ipi.media/wpfd-2020-covid-19-accelerating-a-global-decline-in-media-freedom/ (zugegriffen am 6.2.2023).

Jourová, Věra, Plenary session, Straßburg 03.10.2023, https://multimedia.europarl.europa.eu/de/webstreaming/plenary-session_20231003-0900-PLENARY?seekTo=231003115646 (zugegriffen am 3.10.2023).

KEK, 18. Jahresbericht 2015/2016, Berlin Juni 2016, https://www.kek-online.de/publikationen/jahresberichte (zugegriffen am 21.8.2023).

KEK, 21. Jahresbericht 2018/2019, Berlin Oktober 2019, https://www.kek-online.de/publikationen/jahresberichte (zugegriffen am 21.8.2023).

KEK, 22. Jahresbericht 2019/2020, Berlin Dezember 2020, https://www.kek-online.de/publikationen/jahresberichte (zugegriffen am 22.8.2023).

KEK, 23. Jahresbericht 2021, Berlin März 2022, https://www.kek-online.de/publikationen/jahresberichte (zugegriffen am 22.8.2023).

KEK, Fortschreitende Medienkonzentration im Zeichen der Konvergenz, Konzentrationsbericht der KEK nach § 26 Abs. 6 RSTV, Schriftenreihe der Landesmedienanstalten 17, Berlin 2000 (zit. als KEK, Erster Konzentrationsbericht (2000)).

KEK, Geschäftsordnung für die Kommission zur Ermittlung der Konzentration im Medienbereich (KEK) vom 16. Juni 1997 zuletzt geändert am 09. Mai 2023, https://www.kek-online.de/fileadmin/user_upload/Rechtsgrundlagen/Satzungen_Geschaefts_Verfahrensordnungen/KEK_Geschaeftsordnung.pdf (zugegriffen am 26.8.2023).

KEK, KEK spricht sich für medienübergreifende Vielfaltsicherung aus, Berlin, Pressemitteilung vom 10.02.2015, https://www.kek-online.de/service/pressemitteilungen/meldung/kek-pressemitteilung-022015-kek-spricht-sich-fuer-medienuebergreifende-vielfaltsicherung-aus (zugegriffen am 8.8.2023).

KEK, KEK veröffentlicht 24. Jahresbericht, Berlin, Pressemitteilung vom 15.05.2023, https://www.kek-online.de/service/pressemitteilungen/meldung/kek-veroeffentlicht-24-jahresbericht (zugegriffen am 17.5.2023).

KEK, KEK veröffentlicht 25. Jahresbericht, Vielfaltsgefahren durch KI und Ansätze für deren medienrechtliche Erfassung beschäftigen die KEK, Berlin, Pressemitteilung vom 27.05.2024, https://www.kek-online.de/presse/pressemitteilungen/kek-veroeffentlicht-25-jahresbericht/ (zugegriffen am 9.6.2024).

KEK, Mediendatenbank, Berlin 29.03.2024, https://www.kek-online.de/medienkonzentration/mediendatenbank#/ (zugegriffen am 29.3.2024).

KEK, Richtlinie nach § 63 Satz 6 Medienstaatsvertrag (MStV) zu Ausnahmen von der Anmeldepflicht für geringfügige Veränderungen von Beteiligungsverhältnissen oder sonstigen Einflüssen, De-minimis-Richtlinie für Anmeldepflichten – Meldepflicht-RL 11.05.2021, https://www.kek-online.de/fileadmin/user_upload/Rechtsgrundlagen/Richtlinien/Richtlinie_der_KEK_nach_63_Satz_6_MStV.pdf (zugegriffen am 11.8.2023).

KEK, Stellungnahme der KEK zum EMFA, Berlin 14.02.2023, https://www.kek-online.de/fileadmin/user_upload/KEK/Publikationen/Reden_und_sonstige_Beitraege/Stellungnahme_KEK_EMFA.pdf (zugegriffen am 2.3.2023).

KEK, Unabhängige Medien, Pluralismus, freie Meinungsbildung – Wie sichern wir die Meinungsvielfalt?, KEK veröffentlicht 7. Konzentrationsbericht und zieht Bilanz ihres 25-jährigen Bestehens, Berlin, Pressemitteilung vom 15.03.2022, https://www.kek-online.de/service/pressemitteilungen/meldung/unabhaengige-medien-pluralismus-freie-meinungsbildung-wie-sichern-wir-die-meinungsvielfalt (zugegriffen am 21.8.2023).

KEK, Von der Fernsehzentrierung zur Medienfokussierung – Anforderungen an eine zeitgemäße Sicherung medialer Meinungsvielfalt, Bericht der Kommission zur Ermittlung der Konzentration im Medienbereich (KEK) über die Entwicklung der Konzentration und über Maßnahmen zur Sicherung der Meinungsvielfalt im privaten Rundfunk; Konzentrationsbericht der KEK nach § 26 Abs. 6 RStV, Schriftenreihe der Landesmedienanstalten 49, Berlin Dezember 2014 (zit. als KEK, Fünfter Konzentrationsbericht (2015)).

KEK, Vorstellung des Gutachtens „Die Bedeutung des Internets im Rahmen der Vielfaltssicherung" am 13. Juli 2010, Potsdam, Pressemitteilung vom 13.07.2010, https://www.kek-online.de/service/pressemitteilungen/meldung/kek-pressemitteilung-082010-vorstellung-des-gutachtens-die-bedeutung-des-internets-im-rahmen-der-vielfaltssicherung-am-13-juli-2010 (zugegriffen am 4.5.2023).

KEK, Zukunftsorientierte Vielfaltssicherung im Gesamtmarkt der Medien, Bericht der Kommission zur Ermittlung der Konzentration im Medienbereich (KEK) über die Entwicklung der Konzentration und über Maßnahmen zur Sicherung der Meinungsvielfalt im privaten Rundfunk, Schriftenreihe der Landesmedienanstalten 53, Berlin Januar 2022 (zit. als KEK, Siebter Konzentrationsbericht (2021)).

KEK, Zuschaueranteile 2023, https://www.kek-online.de/fileadmin/user_upload/KEK/Medienkonzentration/Mediennutzung/Zuschaueranteile/Zuschaueranteile_2023.pdf (zugegriffen am 9.6.2024).

Kirch, Daniel, Saarland: Klage gegen Mediengesetz – Bundesverfassungsgericht will entscheiden, Saarbrücker Zeitung vom 26.03.2023, https://www.saarbruecker-zeitung.de/saarland/landespolitik/saarland-klage-gegen-mediengesetz-bundesverfassungsgericht-will-entscheiden_aid-87063783 (zugegriffen am 27.6.2023).

Klatt, Matthias/Meister, Moritz, Der Grundsatz der Verhältnismäßigkeit, Ein Strukturelement des globalen Konstitutionalismus, JuS 2014, 193 (zit. als *Klatt/Meister*, JuS 2014).

Knothe, Matthias, Der EMFA – Lackmustest für das EUZBLG, Verhandlungsführung bzgl. des European Media Freedom Acts auf Grundlage des Gesetzes über die Zusammenarbeit von Bund und Ländern in Angelegenheiten der Europäischen Union, AfP 2023, 377–383 (zit. als *Knothe*, AfP 2023).

Knothe, Matthias, Der EMFA ist da, Webinar des EMR, Panel 3, Saarbrücken 22.01.2024, https://emr-sb.de/wp-content/uploads/2024/01/240122-5.mp4 (zugegriffen am 21.3.2024).

Koch, Tonia, Saarländische Landesmedienanstalt – Kritik an Wahl der Direktorin, Deutschlandfunk.de 15.01.2020, https://www.deutschlandfunk.de/saarlaendische-landesmedienanstalt-kritik-an-wahl-der-100.html (zugegriffen am 26.5.2024).

Kochheim, Dieter, Onlinedurchsuchung und Quellen-TKÜ in der Strafprozessordnung – Neuordnung der tiefen technischen Eingriffsmaßnahmen in der StPO seit dem 24.8.2017, KriPoZ 2018, 60 (zit. als *Kochheim*, KriPoZ 2018).

Kübler, Friedrich, Politikberatung auf Abwegen, ZRP 2000, 131 (zit. als *Kübler*, ZRP 2000).

Kurp, Matthias, Fernsehen ohne Grenzen?, TENDENZ Das Magazin der BLM 02/2016, 12 (zit. als *Kurp*, TENDENZ Das Magazin der BLM 02/2016).

Leyen, Ursula von der, 2021 State of the Union Address by President von der Leyen, SPEECH/21/4701, Straßburg 15.09.2021 (zit. als *Leyen*, State of the Union Address 2021).

Leyen, Ursula von der/Sefcovic, Maros, Lage der Union 2021 Absichtserklärung, Europäische Kommission, Brüssel 15.09.2021, https://state-of-the-union.ec.europa.eu/system/files/2022-12/state_of_the_union_2021_letter_of_intent_de.pdf (zugegriffen am 13.12.2022).

LFK, Novellierung Landesmediengesetz, https://www.lfk.de/regulierung/special-novellierung-landesmediengesetz (zugegriffen am 27.6.2023).

Lictevout, Léo, Règlement sur la liberté des médias: la formule magique qui a fait plier Paris, Contexte vom 18.12.2023, https://www.contexte.com/article/medias/reglement-sur-la-liberte-des-medias-la-formule-magique-qui-a-fait-plier-paris_180193.html (zugegriffen am 22.12.2023).

Loewenheim, Ulrich et al. (Hrsg.), Kartellrecht, Kommentar, 4. Aufl., München 2020 (zit. als Loewenheim/Meessen/Riesenkampff/Kersting/Meyer-Lindemann-*Bearbeiter*).

Malferrari, Luigi, Der European Media Freedom Act als intra-vires-Rechtsakt, EuZW 2023, 49 (zit. als *Malferrari*, EuZW 2023).

Martens, René, Knapp vorbei, Süddeutsche Zeitung vom 25.09.2016, https://www.sueddeutsche.de/medien/verschwinden-die-rundfunkraete-knapp-vorbei-1.3178387 (zugegriffen am 8.6.2023).

Medienanstalt Hessen, TV-Veranstalter mit bundesweiter Zulassung, RTL ZWEI, https://www.lpr-hessen.de/radio-tv/fernsehen-in-hessen/sender-mit-medienanstalt-hessen-lizenz/?L=0 (zugegriffen am 8.7.2023).

Michaelis, Lars Oliver, Der Grundsatz der Verhältnismäßigkeit – Gebrauchsanweisung für die Waage der Justitia, JA 2021, 573 (zit. als *Michaelis*, JA 2021).

Möllers, Christoph, DLM-Symposium 2023, Keynote: Wer darf was in der EU?, Webstream, Berlin 22.03.2023, https://www.die-medienanstalten.de/dlm-symposium-2023 (zugegriffen am 28.3.2023).

Möllers, Christoph/Achenbach, Jelena von, Die Mitwirkung des Europäischen Parlaments an der abgeleiteten Rechtsetzung der Europäischen Kommission nach dem Lissabonner Vertrag, EuR 2011, 39 (zit. als *Möllers/Achenbach*, EuR 2011).

Münchener Kommentar zur Strafprozessordnung, 2. Aufl., hrsg. von Hans Kudlich, München 2023 (zit. als Münchener Kommentar zur StPO-*Bearbeiter*).

Neuberger, Christoph/Lobigs, Frank, Die Bedeutung des Internets im Rahmen der Vielfaltssicherung, Gutachten im Auftrag der Kommission zur Ermittlung der Konzentration im Medienbereich (KEK), Schriftenreihe der Landesmedienanstalten 43, Berlin 2010 (zit. als *Neuberger/Lobigs*, Die Bedeutung des Internets im Rahmen der Vielfaltssicherung).

Nikolay, Renate, DLM-Symposium 2023, Medienaufsicht in Europa – effizient und unabhängig?, Webstream, Berlin 22.03.2023, https://www.die-medienanstalten.de/dlm-symposium-2023 (zugegriffen am 25.6.2023).

Nünning, Volker, Einfach mal gratulieren, Die umstrittene Wahl des SPD-Medienpolitikers Marc Jan Eumann zum LMK Direktor, KNA/MK 23.12.2017 (zit. als *Nünning*, KNA/MK 23.12.2017).

Nünning, Volker, Georgios Gounalakis als KEK Vorsitzender bestätigt, KNA/MK 04.10.2019 (zit. als *Nünning*, KNA/MK 04.10.2019).

Nünning, Volker, Saarländisches Mediengesetz wird vom Bundesverfassungsgericht überprüft, KNA/MK 24.06.2021 (zit. als *Nünning*, KNA/MK 24.06.2021).

Omlor, Sebastian/Heine, Jannik, Digital Services Act und Digital Markets Act, Die unionale Regulierung des digitalen Binnenmarkts, MW 2/2022, 16 (zit. als *Omlor/Heine*, MW 2/2022).

Ory, Stephan, Medienfreiheit – Der Entwurf eines European Media Freedom Act, ZRP 2023, 26 (zit. als *Ory*, ZRP 2023).

Presserat, 50 Jahre Freiwillige Selbstkontrolle, Bonn, Pressemitteilung vom 18.10.2006, https://www.presserat.de/presse-nachrichten-details/50-jahre-freiwillige-selbstkontrolle.html (zugegriffen am 20.4.2023).

Presserat, Aufgaben des Presserats, Berlin 2024, https://www.presserat.de/aufgaben-organisation.html (zugegriffen am 3.5.2024).

Raab, Heike, Debatte um EMFA: Wir wollen ein besseres Europäisches Medienfreiheitsgesetz, FAZ vom 16.05.2023, https://www.faz.net/aktuell/feuilleton/medien/warum-das-europaeische-medienfreiheitsgesetz-schwaechen-hat-18896293.html?printPagedArticle=true#pageIndex_3 (zugegriffen am 22.9.2023).

Rat der EU, Erklärungen zum EMFA, I/A-PUNKT-VERMERK, Dokument 7962/24, Brüssel 22.03.2024, https://eur-lex.europa.eu/legal-content/DE/TXT/PDF/?uri=CONSIL:ST_7962_2024_ADD_1_REV_1&qid=1712727862665 (zugegriffen am 10.4.2024).

Rat der EU, Europäisches Medienfreiheitsgesetz: Rat einigt sich auf Verhandlungsmandat, Brüssel, Pressemitteilung vom 21.06.2023, https://www.consilium.europa.eu/de/press/press-releases/2023/06/21/european-media-freedom-act-council-secures-mandate-for-negotiations/ (zugegriffen am 2.10.2023).

Rat der EU, Europäisches Medienfreiheitsgesetz: Vertreter der EU-Mitgliedstaaten bestätigen vorläufige Einigung, Pressemitteilung 31/24, Brüssel 19.01.2024 (zit. als Rat der EU, Europäisches Medienfreiheitsgesetz: Vertreter der EU-Mitgliedstaaten bestätigen vorläufige Einigung).

Rat der EU, European Media Freedom Act: Council adopts new rules to protect journalists and media providers, Pressemitteilung 268/24, Brüssel 26.03.2024 (zit. als Rat der EU, European Media Freedom Act: Council adopts new rules to protect journalists and media providers).

Rat der EU, Rat und Parlament erzielen Einigung über neue Vorschriften zum Schutz der Medienfreiheit, des Medienpluralismus und der redaktionellen Unabhängigkeit in der EU, Pressemitteilung 1047/23, Brüssel 15.12.2023 (zit. als Rat der EU, Rat und Parlament erzielen Einigung über den EMFA).

Rat der EU, Schlussfolgerungen des Rates zum Thema „Europas Medien in der digitalen Dekade: Ein Aktionsplan zur Unterstützung der Erholung und des Wandels", Dok. 8727/21, Brüssel 18.05.2021 (zit. als Rat der EU, Schlussfolgerungen zum Aktionsplan Medien).

Rat der EU, Schlussfolgerungen des Rates zur Sicherung eines freien und pluralistischen Mediensystems, ABl. EU 2020, Nr. C 422/08, Brüssel 07.12.2020 (zit. als Rat der EU, Schlussfolgerungen des Rates).

Rat der EU, Verordnung über das Europäische Medienfreiheitsgesetz – Fortschrittsbericht, Dok. 8679/1/23 REV 1, Brüssel 04.05.2023 (zit. als Rat der EU, Zweiter Fortschrittsbericht).

Rat der EU, Verordnung zur Einführung des Europäischen Medienfreiheitsgesetzes – Fortschrittsbericht, Dok. 14440/22, Brüssel 22.11.2022 (zit. als Rat der EU, Erster Fortschrittsbericht).

Redeker, Konrad/Oertzen, Hans-Joachim von/Redeker, Martin/Kothe, Peter/Nicolai, Helmuth von, Verwaltungsgerichtsordnung, Kommentar, 17. Aufl., Stuttgart 2022 (zit. als K. Redeker/Oertzen/M. Redeker/Kothe/Nicolai-*Bearbeiter*).

Renew Europe, Rule of law in Greece under serious threat from spyware abuse, Brüssel, Pressemitteilung vom 15.02.2023, https://www.reneweuropegroup.eu/news/2023-02-15/rule-of-law-in-greece-under-serious-threat-from-spyware-abuse (zugegriffen am 3.3.2023).

Reporter ohne Grenzen, Bulgarien, https://www.reporter-ohne-grenzen.de/bulgarien (zugegriffen am 7.1.2023).

Reporter ohne Grenzen, Chronik, Reporter ohne Grenzen – seit 1994, Berlin 2019, https://www.reporter-ohne-grenzen.de/ueber-uns/chronik (zugegriffen am 28.12.2022).

Reporter ohne Grenzen, Feindinnen und Feinde der Pressefreiheit 2021, https://www.reporter-ohne-grenzen.de/feinde/2021 (zugegriffen am 7.1.2023).

Reporter ohne Grenzen, Griechenland, https://www.reporter-ohne-grenzen.de/griechenland (zugegriffen am 7.1.2023).

Reporter ohne Grenzen, Griechenland: Polizei muss Journalisten glaubhaft schützen, Berlin, Pressemitteilung vom 03.05.2021, https://www.reporter-ohne-grenzen.de/griechenland/alle-meldungen/meldung/polizei-muss-journalisten-glaubhaft-schuetzen (zugegriffen am 9.1.2023).

Reporter ohne Grenzen, Malta, https://www.reporter-ohne-grenzen.de/malta (zugegriffen am 7.1.2023).

Reporter ohne Grenzen, Nahaufnahme Deutschland: Pressefreiheit im Überblick, https://www.reporter-ohne-grenzen.de/nahaufnahme/2022 (zugegriffen am 3.1.2023).

Reporter ohne Grenzen, Niederlande/Europa: Vierter Journalistenmord in der EU in vier Jahren, Berlin, Pressemitteilung vom 16.07.2021, https://www.reporter-ohne-grenzen.de/pressemitteilungen/meldung/vierter-journalistenmord-in-der-eu-in-vier-jahren (zugegriffen am 7.1.2023).

Reporter ohne Grenzen, Polen, https://www.reporter-ohne-grenzen.de/polen (zugegriffen am 7.1.2023).

Reporter ohne Grenzen, Rangliste der Pressefreiheit 2022, Weltweite Entwicklungen im Überblick, https://www.reporter-ohne-grenzen.de/rangliste/rangliste-2022-ueberblick (zugegriffen am 5.1.2023).

Reporter ohne Grenzen, Rangliste der Pressefreiheit 2022, Paris 03.05.2022, https://www.reporter-ohne-grenzen.de/fileadmin/Redaktion/Downloads/Ranglisten/Rangliste_2022/RSF_Rangliste_der_Pressefreiheit_2022.pdf (zugegriffen am 11.1.2023).

Reporter ohne Grenzen, Ungarn, https://www.reporter-ohne-grenzen.de/ungarn (zugegriffen am 7.1.2023).

Reporter ohne Grenzen, Ungarn: Mitten in Europa schwindet die Pressefreiheit, Berlin, Pressemitteilung vom 12.07.2022, https://www.reporter-ohne-grenzen.de/pressemitteilungen/meldung/mitten-in-europa-schwindet-die-pressefreiheit (zugegriffen am 7.1.2023).

Reporter ohne Grenzen, Unsere Arbeit, Reporter ohne Grenzen: Recherchieren, Anklagen, Unterstützen, https://www.reporter-ohne-grenzen.de/ueber-uns/unsere-arbeit (zugegriffen am 28.12.2022).

Reporters Without Borders, Bulgaria, https://rsf.org/en/country/bulgaria (zugegriffen am 1.1.2023).

Reporters Without Borders, Greece, https://rsf.org/en/country/greece (zugegriffen am 16.1.2023).

Reporters Without Borders, Hungary, https://rsf.org/en/country/hungary (zugegriffen am 1.1.2023).

Reporters Without Borders, Malta, https://rsf.org/en/country/malta (zugegriffen am 1.1.2023).

Reporters Without Borders, Poland, https://rsf.org/en/country/poland (zugegriffen am 1.1.2023).

Reporters Without Borders, Reporters Without Borders publishes the first worldwide press freedom index (October 2002), Paris, Pressemitteilung vom 19.04.2016, https://rsf.org/en/reporters-without-borders-publishes-first-worldwide-press-freedom-index-october-2002 (zugegriffen am 9.1.2023).

Reporters Without Borders, RSF receives visit from European Commission vice-president Vera Jourova, urges EU to make 2022 "year of right to information", Paris, Pressemitteilung vom 07.02.2022, https://rsf.org/en/rsf-receives-visit-european-commission-vice-president-vera-jourova-urges-eu-make-2022-year-right (zugegriffen am 1.1.2023).

Reporters Without Borders, RSF urges Hungarian regulator to avoid dealing new blow to media pluralism, Paris, Pressemitteilung vom 13.09.2022, https://rsf.org/en/rsf-urges-hungarian-regulator-avoid-dealing-new-blow-media-pluralism (zugegriffen am 12.1.2023).

Reporters Without Borders, RSF's 2021 "Press freedom predators" gallery – old tyrants, two women and a European, Paris, Pressemitteilung vom 02.07.2021, https://rsf.org/en/rsf-s-2021-press-freedom-predators-gallery-old-tyrants-two-women-and-european (zugegriffen am 13.1.2023).

Reporters Without Borders, The European Union caught between two extremes, Paris, Pressemitteilung vom 03.05.2022, https://www.reporter-ohne-grenzen.de/rangliste/rangliste-2022 (zugegriffen am 26.12.2022).

Reporters Without Borders, Viktor Orbán's regime continues to crush media pluralism in Hungary, Paris, Pressemitteilung vom 13.05.2022, https://rsf.org/en/viktor-orb%C3%A1n-s-regime-continues-crush-media-pluralism-hungary (zugegriffen am 1.1.2023).

Reporters Without Borders, Who are we?, https://rsf.org/en/who-are-we (zugegriffen am 5.1.2023).

Rheinland-Pfalz, Medienpolitik, https://www.rlp.de/themen/medienpolitik (zugegriffen am 9.3.2023).

Riedel, Daniel, Die Durchführungsrechtsetzung nach Art. 211, 4. Sp. EG – zwei Arten tertiärer Kommissionsakte und ihre dogmatischen Fragestellungen, EuR 2006, 512 (zit. als *Riedel*, EuR 2006).

Röper, Horst, Zeitungsmarkt 2022: weniger Wettbewerb bei steigender Konzentration, Daten zur Konzentration der Tagespresse im I. Quartal 2022, Media Perspektiven 2022, 295 (zit. als *Röper*, Media Perspektiven 2022).

Rößner, Tabea, KEF-Nachbesetzung: Fatales Signal für das Vertrauen in den öffentlich-rechtlichen Rundfunk, Mainz, Pressemitteilung vom 03.07.2020, https://www.tabea-roessner.de/2020/07/03/kef-nachbesetzung-fatales-signal-fuer-das-vertrauen-in-den-oeffentlich-rechtlichen-rundfunk/ (zugegriffen am 9.5.2023).

Roth, Claudia, So stärken wir die Medienvielfalt in Europa, Gastbeitrag zum EMFA, FAZ vom 27.06.2023, https://www.faz.net/aktuell/feuilleton/medien/claudia-roth-so-staerken-wir-die-medienvielfalt-in-europa-18993960.html (zugegriffen am 21.9.2023).

RTL ZWEI, Impressum & Kontakt, https://www.rtl2.de/unsere-services/impressum-kontakt (zugegriffen am 9.7.2023).

Ruffert, Matthias, Dogmatik und Praxis des subjektiv-öffentlichen Rechts unter dem Einfluß des Gemeinschaftsrechts, DVBl. 1998, 69 (zit. als *Ruffert*, DVBl. 1998).

Rundfunkrat des Hessischen Rundfunks, Findungskommission schlägt Florian Hager und Stephanie Weber vor, Frankfurt, Pressemitteilung vom 28.09.2021, https://www.hr-rundfunkrat.de/presse/2021/findungskommission-schlaegt-florian-hager-und-stephanie-weber-vor,wahlvorschlaege-findungskommission-100.html (zugegriffen am 29.4.2023).

Rüssel, Ulrike, Zukunft des Widerspruchsverfahrens, NVwZ 2006, 523 (zit. als *Rüssel*, NVwZ 2006).

S&D Fraktion, Das EU-Gesetz zur Medienfreiheit ist unerlässlich, um Desinformation, Propaganda und Bedrohungen des unabhängigen Journalismus zu stoppen, Brüssel, Pressemitteilung vom 16.09.2022, https://www.socialistsanddemocrats.eu/de/newsroom/das-eu-gesetz-zur-medienfreiheit-ist-unerlaesslich-um-desinformation-propaganda-und (zugegriffen am 3.3.2023).

Schenderlein, Christiane, Ablehnung der Subsidiaritätsrüge – Ampel drückt sich, CDU/CSU Fraktion im Deutschen Bundestag, Berlin, Pressemitteilung vom 02.12.2022, https://www.cducsu.de/presse/pressemitteilungen/ablehnung-der-subsidiaritaetsruege-ampel-drueckt-sich (zugegriffen am 4.12.2022).

Schladebach, Marcus/Simantiras, Nikolaos, Grundstrukturen des unionalen Rundfunkrechts, EuR 2011, 784 (zit. als *Schladebach/Simantiras*, EuR 2011).

Schmid, Tobias, CULT, Public Hearing on EMFA, Webstream, Brüssel 06.02.2023, https://multimedia.europarl.europa.eu/de/webstreaming/committee-on-culture-and-education_20230206-1500-COMMITTEE-CULT (zugegriffen am 25.6.2023).

Schneider, Siegfried, „Man sollte die Aufgaben der KEK an die ZAK übertragen", Medienanstalten fordern, Intermediäre und soziale Netzwerke im Konzentrationsrecht zu berücksichtigen, medienpolitik.net 08.12.2020 (zit. als *S. Schneider*, medienpolitik.net 08.12.2020).

Schrödter, Dirk, „Wir brauchen einen Pakt für Medienvielfalt und Medienkompetenz", medienpolitik.net 02.12.2020 (zit. als *Schrödter*, medienpolitik.net 02.12.2020).

Seiler, Wolfgang, Verfassungsrechtliche Grenzen der Normierung innerer Pressefreiheit, Ein Literaturbericht aus gesetzgeberischer Sicht, AfP 1999, 7–18 (zit. als *Seiler*, AfP 1999).

Simitis, Spiros/Hornung, Gerrit/Spiecker gen. Döhmann, Indra (Hrsg.), Datenschutzrecht, DSGVO mit BDSG, Baden-Baden 2019 (zit. als Simitis/Hornung/Spiecker gen. Döhmann-*Bearbeiter*).

Staatskanzlei Rheinland-Pfalz, Malu Dreyer: Medienfreiheit durch Vielfalt sichern, Pressemitteilung, Mainz, Pressemitteilung vom 25.11.2022, https://www.rlp.de/service/pressemitteilungen/detail/ministerpraesidentin-malu-dreyer-medienfreiheit-durch-vielfalt-sichern (zugegriffen am 8.3.2023).

Steinbeiß-Winkelmann, Christine, Abschaffung des Widerspruchsverfahrens – ein Fortschritt?, NVwZ 2009, 686 (zit. als *Steinbeiß-Winkelmann*, NVwZ 2009).

Steinbeiß-Winkelmann, Christine, Europäisierung des Verwaltungsrechtsschutzes – Anmerkungen zu einer „unendlichen Geschichte", NJW 2010, 1233 (zit. als *Steinbeiß-Winkelmann*, NJW 2010).

Steiner, Falk, EMFA: Medienfreiheit unter Ratsbeschuss, Europe.Table vom 02.07.2023, https://table.media/europe/analyse/emfa-medienfreiheit-unter-ratsbeschuss/ (zugegriffen am 21.9.2023).

Steiner, Falk, Media Freedom Act: Kulturausschuss beschließt Positionen, Europe.Table vom 08.09.2023, https://table.media/europe/news/media-freedom-act-kulturausschuss-beschliesst-positionen/ (zugegriffen am 21.9.2023).

Stoffregen, Katrin, Die Rolle unabhängiger Regulierungsbehörden in der europäischen Medienpolitik, in: Norbert Holzer, Stephan Ory, Winfried Engel (Hrsg.), Evolution der Medien – Das Ringen um Kontinuität, Festschrift zu Ehren von Professor Wolfgang Thaenert, Schriftenreihe des Instituts für Europäisches Medienrecht (EMR), Saarbrücken Bd. 43, 2013 (zit. als *Stoffregen*, Die Rolle unabhängiger Regulierungsbehörden in der europäischen Medienpolitik).

Streinz, Rudolf, Europarecht, 12. Aufl., Heidelberg 2023 (zit. als *Streinz*, Europarecht).

Strugariu, Ramona, Webstream, 20231215-1330-SPECIAL-PRESSER, Brüssel 15.12.2023, https://multimedia.europarl.europa.eu/de/webstreaming/20231215-1330-SPECIAL-PRESSER (zugegriffen am 23.3.2024).

Thieme, Marlehn, Schreiben an die Mitglieder des ZDF-Fernsehrates, Mainz 22.04.2021, https://www.zdf.de/zdfunternehmen/gremien-fernsehrat-1298.html (zugegriffen am 29.4.2023).

Times of Malta, As it happened: Degiorgio brothers get 40 years for Caruana Galizia murder vom 14.10.2022, https://timesofmalta.com/articles/view/live-blog-daphne-trial-begins-degiorgio-brothers-dock.987443 (zugegriffen am 28.2.2023).

Times of Malta, Daphne Caruana Galizia's killer allowed out of prison for party vom 25.02.2023, https://timesofmalta.com/articles/view/daphne-caruana-galizias-killer-george-degiorgio-allowed-prison-party.1015929 (zugegriffen am 28.2.2023).

Times of Malta, Vince Muscat gets 15 years after pleading guilty to Daphne murder vom 23.02.2021, https://timesofmalta.com/articles/view/live-blog-daphne-murder-suspects-in-court-as-vince-muscat-seeks-fast.853598 (zugegriffen am 28.2.2023).

VAUNET, Rückmeldung zur öffentlichen Konsultation zum Europäischen Rechtsakt zur Medienfreiheit – European Media Freedom Act (EMFA), Berlin 25.03.2022, https://vau.net/wp-content/uploads/2022/08/VAUNET-Positionspapier-zum-European-Media-Freedom-Act-25.03.2022.pdf (zugegriffen am 13.12.2022).

Verheyen, Sabine, Freie und vielfältige Medien sind Pfeiler … [Tweet], Twitter 16.09.2022, https://twitter.com/sabineverheyen/status/1570704808851705859?cxt=HHwWhsDUqfTsocwrAAAA (zugegriffen am 5.3.2023).

Verheyen, Sabine, Sitzung CULT Ausschuss, Webstream, Brüssel 07.09.2023, https://multimedia.europarl.europa.eu/de/webstreaming/committee-on-culture-and-education_20230907-0900-COMMITTEE-CULT (zugegriffen am 7.9.2023).

Verwaltungsrecht VwGO, 43. Aufl., hrsg. von Friedrich Schoch, Jens-Peter Schneider, München 2023 (zit. als Schoch/Schneider-*Bearbeiter*).

Wiesner, Jan, Die Revision der AVMD-Richtlinie, Maßvolle Anpassung der europäischen Regeln im Zeichen der Konvergenz, Media Perspektiven 2017, 567 (zit. als *Wiesner*, Media Perspektiven 2017).

Wille, Karola, Rechtsprobleme im Zusammenhang mit der Überarbeitung des Rechtsrahmens für die elektronische Kommunikation (TK-Review) durch die Europäische Kommission – aus Sicht des öffentlich-rechtlichen Rundfunks, ZUM 2007, 89 (zit. als *Wille*, ZUM 2007).

Wissenschaftliche Dienste/Deutscher Bundestag, Die kartellrechtliche Fusionskontrolle, Rechtsgrundlagen und Verfahrensweise bei der Genehmigung eines internationalen Unternehmenszusammenschlusses, Berlin 06.12.2016, https://www.bundestag.de/resource/blob/487696/2e46f6fe5e3ae39d0cae69b5a9badd6d/WD-7-169-16-pdf-data.pdf (zugegriffen am 28.7.2023).

Wissenschaftlicher Beirat beim BMWT, "Offene Medienordnung", Bonn 15./16. Oktober 1999, https://www.bmwk.de/Redaktion/DE/Publikationen/Ministerium/Veroeffentlichung-Wissenschaftlicher-Beirat/offene-medienordnung.pdf?__blob=publicationFile&v=5 (zugegriffen am 22.8.2023).

Wittreck, Fabian, Schutzbereich der Pressefreiheit, in: Dirk Ehlers, Michael Fehling, Hermann Pünder (Hrsg.), Besonderes Verwaltungsrecht – Band 2, 4. Aufl., Heidelberg 2020 (zit. als *Wittreck*, Schutzbereich der Pressefreiheit).

ZDF, Twitter sperrt Konten mehrerer US-Journalisten 16.12.2022, https://www.zdf.de/nachrichten/panorama/twitter-sperre-journalisten-musk-julian-jaursch-100.html (zugegriffen am 17.5.2024).

Zimmer, Anja, 20 Bausteine für eine konvergente Medienregulierung – Der Digitalisierung Rechnung tragen, KNA 12.04.2022 (zit. als *Zimmer*, KNA 12.04.2022).